杨杜管理思想

伦理 的 逻辑

THE LOGICS OF
BUSINESS ETHICS

杨杜 著

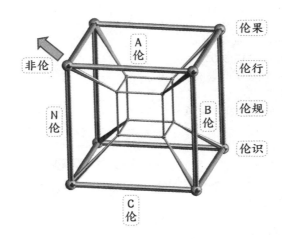

经济管理出版社
ECONOMY & MANAGEMENT PUBLISHING HOUSE

图书在版编目（CIP）数据

伦理的逻辑/杨杜著 . —北京：经济管理出版社，2020. 5
ISBN 978 - 7 - 5096 - 7126 - 9

Ⅰ . ①伦…　　Ⅱ . ①杨…　　Ⅲ . ①企业伦理—研究　　Ⅳ . ①F270 - 05

中国版本图书馆 CIP 数据核字（2020）第 087172 号

组稿编辑：张永美
责任编辑：张永美　乔倩颖
责任印制：黄章平
责任校对：张晓燕

出版发行：经济管理出版社
　　　　　（北京市海淀区北蜂窝 8 号中雅大厦 A 座 11 层　100038）
网　　　址：www. E - mp. com. cn
电　　　话：（010）51915602
印　　　刷：三河市延风印装有限公司
经　　　销：新华书店
开　　　本：720mm × 1000mm/16
印　　　张：24. 25
字　　　数：354 千字
版　　　次：2020 年 5 月第 1 版　　2020 年 5 月第 1 次印刷
书　　　号：ISBN 978 - 7 - 5096 - 7126 - 9
定　　　价：78. 00 元

一、站在巨人的肩膀上

培根说：知识就是力量；杨杜说：思维就是生活。

笛卡尔说：我思故我在；杨杜说：会思故会活。

读书的目的，不仅是学习知识，更是学习如何思考。

有这样一个小故事：两条小鱼遇到一条大鱼，大鱼打招呼道："早上好，孩子们，这水怎么样？"小鱼说："挺好！"两条小鱼继续游了一会儿，一条忍不住问另外一条："什么是水？"鱼在水中生活太长时间，已经不知道水是什么，或者从来就没想过什么是水。

有时候，人不能只是习以为常而不动脑，需要学会思所未思。伦理存在于我们的潜意识中，或者说它是一种思维模式，一般情况下我们不思考伦理。

有一道小学三年级的题目是：移动下图中八枚硬币中的一枚，让每一行都变成五枚。

有时候，人不能只是活在直线或平面上，需要学会升维思考。人们经常说换角度思考，换角度其实就是换维度，比如由左右换为前后，由前后换为上下。

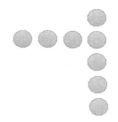

把思考的东西表述出来，需要尽量准确，以减少误解和随意。逻辑方法就是有效的方法之一。逻辑方法之一就是分类。我们认为，"许不许""可不可""禁不禁"是法律用词，"愿不愿""想不想""敢不敢"是心理用词，"是不是""真不真""能不能"是科学用词，"该不该""当不当""应不应"是伦理用词。所以，根据用词可以区分你说的是什么问题，用词混淆则问题混淆。

二、企业伦理五讲五不讲

本书研究企业伦理，就要首先界定我们认为"该讲不该讲"的原则。主要包括以下"五讲五不讲"。

1. 讲"应该"不讲强制和质疑

法律强调"必须"，科学强调"质疑"，伦理强调"应该"。你觉得应该怎么想，就是你的伦理认识；你觉得应该怎么做，就是你的伦理准则；按照你认为的伦理准则去做，就是你的伦理行为；你觉得这个行为得到的结果是应该的，就是你的伦理回报。对个体来讲，只要你愿意承担后果，选择怎样的伦理认识是你的自由。但你不能强制别人遵从你的伦理，不能质疑别人的伦理。不过，对于企业的管理者来讲，你可能不具备这样的个人自由。因为你是组织人，你的言行会影响到整个企业。加入组织的人，必须按照组织的制度办事。

2. 讲"论理"不讲道德和说教

本书重论证、重理性，本书不是要感化道德上的坏人并使他们变为好人，而是使那些本来就德才优异的读者，使那些现在或将来要负起企业管理重任的领导者或管理者，能够将企业的本质目标与企业伦理认识和准则联系起来，做出负责任、有效率、受尊敬的经营管理决策。企业管理重在选拔人，不在改造人。

3. 讲"分类"不讲统一和普世

古人云：文无第一，武无第二。我们说，法律无例外，科学无善恶，伦理无统一。伦理各有其伦，没有统一的对错和标准。企业是按照各自的伦理认识、伦理准则从事其经营管理行为的，但又不是一企业一观念、一企业一准则，而是一类企业一类观念、一类企业一类准则。因此，本书要用类化和归纳的方法分析和讨论企业伦理课题，既不认为每个企业的伦理是独一无二的，也不认为世界上存在大一统的企业伦理。企业可以按照行业、地区分类，我们可以将企业按照伦理分类，正所谓"物以类聚，企以伦分"。正因为企业伦理有分类，员工才有选择的自由，员工选择企业，就是选择了这个企业的伦理观，就必须认同和遵循这个企业的伦理观。

4. 讲"逻辑"不讲主观和臆断

伦理认识、准则、行为和结果的逻辑关系是什么呢？我们认为，从伦理"理论"的逻辑来看，伦理认识是大前提，伦理准则是小前提，伦理行为也是小前提，伦理回报就是结论。从伦理"实践"的逻辑说，你的伦理认识是大前提，伦理准则是小前提，伦理行为也是小前提，伦理回报就是结果。理论得出的是结论及理论的证明，实践得出的是结果，即企业的业绩。如果你把个人的"你"，换成组织的"企业"，企业的伦理认识是大前提，企业伦理准则和伦理行为是小前提，伦理回报就是结果。

5. 讲"公式"不讲概念和因果

伦理不能光讲演绎，还要讲演算。演绎推理讲三段式，比如"凡人都有死（大前提），苏格拉底是人（小前提），所以苏格拉底有死（结论）"这样的三段式演绎。我们在此采用的伦理演算公式是：（观念 + 准则）×行为 = 结果。观念是想，准则是说，行为是做。观念与准则是相加，两者之和与行为是相乘。即无论企业对观念和准则如何思考、提倡和制定，最终都要看企业实际采取的伦理行为，不同的行为会导致正伦理结果、负伦理结果和零伦理结果共三种结果。比如，衡量企业伦理的结果首先是看它获得的是正伦理、负伦理，还是被人无视。

在正、负伦理中还可以测量它的伦理度，比如它获得了多少社会舆论的尊重——比较一下联想公司和华为公司，你会知道二十年前和现在它们的社会伦理度变化。

当然，不讲也不是绝对的，本书要体现以下五个特点：

前人思考伦理重感性，我希望多一些理性的东西，故说论理少说道德；

前人分析伦理重因果，我希望多一些推理的东西，故重框架而非线性；

前人处理伦理重概念，我希望多一些方法的东西，故重形式而轻内容；

前人涉及伦理重人品，我希望多一些职业的东西，故谈职业少谈人品。

前人看待伦理重普世，我希望多一些次元的东西，故多分类少用归纳。

三、企业伦理的四类问题

讨论企业伦理，在弄清楚是什么（WHAT）和是谁（WHO）的基础上，首先是讨论应该（SHOULD BE），其次是探讨为什么（WHY），最后是提出怎么做（HOW）。企业伦理引导我们思考企业（谁的伦理）"应该"怎样管理才有利于实现企业和社会、自己和他人的伦理性均衡（为了谁），以及"为什么"要如此管理的背后道理。主要有以下四类问题：

（1）"是什么"的问题：①企业伦理是个人的还是组织的？②企业伦理是特殊的还是普遍的？③企业伦理是为了自己还是为了社会？等等。

（2）"该不该"的问题：①"无商不奸，无奸不商""为富不仁，为仁不富"该不该？②为客户服务应该是企业生存的之一、第一还是唯一理由？③社会责任应该是企业的首要责任、次要责任或者不该是企业的责任？

（3）"为什么"的问题：①为什么有的人有钱有权了反而过得不舒服？②为什么有能力、贡献大的人反而容易出事？③为什么谁都认为经济发展不能牺牲环境但总是做不到？

（4）"怎么办"的问题：①遇到"不偷税漏税就赚不到钱"的状况，你怎么办？②遇到个人利益和企业利益发生冲突的情况，你怎么办？③企业的法律责任和伦理责任相冲突的时候，你怎么办？

四、企业管理的七个层面

本书依然采取逻辑的方法进行讨论，主要是笔者认为，现代管理已经发展到了在哲学层面思考的阶段。根据多年思考企业管理的感悟，笔者认为，作为一个企业的领导者，应该随着企业的发展而不断提高思考问题的层面，把基层、中层的问题放给组织和下属去解决，自己不断突破"天花板"，挑战和探讨管理的高层问题，否则你的成功也就意味着你无事可干了。你总不能天天百般无聊地游山玩水，汗流浃背地跑半马全马，兴趣盎然地收集古董，闲情逸致地吟诗作赋，心无旁骛地烧香礼拜吧！你需要日日精进，你需要长期坚持艰苦奋斗！

笔者把企业管理问题的层面做了七层排列：第一层也就是基层是事理学，第二层是管理学（狭义上的），第三层是治理学（公司治理），第四层是心理学（管理心理），第五层是伦理学，第六层是哲理学，第七层是命理学。本书《伦理的逻辑》，内容上属于第五层伦理学，方法上属于第六层哲理学。企业组织体的成功，就是先做好产品和服务，再做好管理体系，后完善公司治理，从而形成企业的心理、伦理定位和企业方法论，最后听命于时代和命运的召唤。企业领导个人的成功，就是完成一层，分权或授权一层，自己再挑战高一层。停留在事理层面太劳累，停留在管理层面太僵化，停留在治理层面太权势，停留在心理层面太情绪化，上升到伦理层面较超脱，提升到哲理层面较自由，进入命理层面较空灵。使命感和天职意识不允许他停下来——尽管外人会认为他的行为甚至人生过得很不合理。

五、企业伦理的时代要求

三流企业只知道赚钱，二流企业知道如何赚钱，一流企业知道不赚什么钱，超一流企业知道遵从企业伦理。改革开放 40 多年来，中国企业已经成长壮大，学习和实践企业管理的人们已经到了重视和遵从企业伦理的阶段了。没有唯一正确的伦理，只有时代的伦理。

尽管笔者较早就意识到了企业伦理的必要性、可能性和重要性——这和笔者在国外留学八年有关系，十多年前就计划写《伦理的逻辑》，并形成了大约 20 万字的草稿，但就是写不出来，重要原因之一是自己没想清楚：企业伦理及其逻辑到底是什么？有了些零星的结论，但没有足够的勇气把它写出来——尽管某些观点在样板企业中已经得到了证明。自己脑子里的一些企业伦理观点和当时的社会主流伦理有着相当多的不同之处，所以只能想想，只能在企业内小范围地说和做，不能大面积公开发表。后来笔者在 MBA 课堂上做了公开某些观点的尝试，少数同学非常感兴趣，多数同学认为这时候讲企业伦理有点早。由于他们职位低、责任小，还处在做事比做人重要的职业生涯阶段。因此，笔者在讲了几年企业伦理后就又撤回企业文化的领域了。后来笔者发现，企业伦理和企业文化一样，应该是由企业家或企业老板思考的问题，不是一般中高层管理者或职业经理人的重要工作。2017 年中国企业数量为 1809.8 万个，法人单位数量为 2200.9 万个，近五年年均增长 15.7%。截至 2018 年底，我国规模以上工业企业已经高达 37.8 万户，进入世界 500 强的中国企业也超过美国企业，达到 129 家，企业家群体已经成为社会的中坚力量，并逐渐走向世界的舞台，因此，我们必须顺应时代要求，挺进主航道！研究中国企业伦理，并推动中国企业伦理走向全世界。

六、企业伦理的应用价值

管理学是应用学科，企业伦理属于管理学，所以企业伦理也是应用学科。随着中国企业的大规模成长和国际化，企业伦理管理已经为企业和社会所广泛接受，但多年来笔者只为一家企业做过企业伦理的项目，主要还是做企业文化建设项目时顺便加上企业伦理的部分内容。反正企业也不在乎理论上是文化还是伦理，有价值就行，企业提出的需求就是实用、适用、好用。

没有正确的伦理，只有有用的伦理。但有用要看对象。有的研究对企业有用，有的研究只对研究者自己有用，本书当然对笔者自己有用，因为笔者真心想研究一下企业伦理，这至少满足了自己的欲望，但鉴于笔者一贯坚持"学以致企业用""学以致领导用"的研究宗旨，本书旨在达到"优先满足企业领导应用，兼顾我自己欲望"的双赢目标。

既然是著作，在满足实用、适用、好用的需求之上，还要比企业伦理大纲、员工品行准则等文件更系统、更有条理、更有普遍价值。因此，我们需要形成自成体系的理论框架、创新的概念和多维的空间。

七、企业伦理的矩阵框架

一本书要有一个整体框架，而且要是创新的框架，否则不叫研究著作。思维决定框架，框架决定功能。本书的核心要素是伦理认识，具体到企业伦理就是企业伦理认识，简称伦识，又称伦理观念。框架则是按照佛学唯识论，在伦识的基础上，产生伦理准则、伦理行为和伦理结果。不同伦识，则产生不同的准则、行为和结果。按佛学的说法则是：善念，善言，善行，善果。

表 0 - 1　伦理的矩阵框架

伦理类型	伦理认识	伦理准则	伦理行为	伦理结果
A 型	A 型伦识	A 型伦理准则	A 型伦理行为	A 型伦理结果
B 型	B 型伦识	B 型伦理准则	B 型伦理行为	B 型伦理结果
C 型	C 型伦识	C 型伦理准则	C 型伦理行为	C 型伦理结果
……	……	……	……	……
N 型	N 型伦识	N 型伦理准则	N 型伦理行为	N 型伦理结果

如表 0 - 1 所示，关于 A、B、C 等各种伦理类型，我们在各章中均从不同角度进行探讨。

不同类型的伦理认识和不同伦理准则、伦理行为、伦理结果的组合，会产生现实企业的不同的伦理管理模式，类型繁多。有比较统一的 "A + A + A + A" 型、"B + B + B + B" 型，也可能有 "A + A + B + C" 型或 "A + B + C + D" 型，等等。统计分析则会找到几种主要模式或类型。

八、企业伦识与佛学八识

伦理的本质之一是一种认识，但这是一种什么认识呢？佛学的唯识论研究八识：眼识、耳识、鼻识、舌识、身识、意识、潜识、藏识，前五识得感觉，第六识生意念，第七识起欲望，第八识藏种子。其中第六识和第七识的关系最微妙，意识乃显识，和潜识之间有如量子纠缠态，人们在此会产生两种分别，一分善恶，二分价值，我们认为，第六识和第七识之间还有两类意念，一是伦理分别念，二是价值分别念。伦理观决定取舍，价值观决定顺序，伦理观区别应当不应当，价值观区别值得不值得。我们借鉴佛学的八识学说，在此提出两个新概念：伦识和值识。因此形成八识加两识的十识新框架，如图0-1所示。

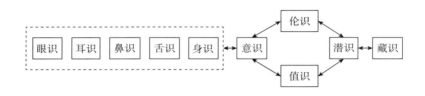

图0-1 十识及伦识和值识的定位

眼识、耳识、鼻识、舌识、身识是前五识，意识、伦识、值识、潜识、藏识是后五识。前五识出感觉，感觉一般只是一种确认，不是创想。创想需要脑洞，佛学叫天眼或慧眼、法眼等，类似于爱因斯坦所说的想象力。在科学研究中，经验主义研究主要靠前五识，创想主义研究主要靠后五识。

伦识和值识，因第八识藏识（或称佛性、基因）而决定，受第七识潜识的影响，具体体现在意识。伦理分别念在前的人属于道德人格者，价值分别念在前的人属于智能人格者。重理性者，有感觉之后一般停留在客观的意识层面；重价值者，则产生价值分别念而对意识进行优先劣后的排序；重德性者，往往越过价值分别念直奔伦理分别念，产生善恶、爱恨。偏客观的意识、偏主观的伦识和偏中观的值识皆是一念之差，微妙得难以捉摸和恒常化，故唯识论曰"审而不恒"。且藏识是传承，各有其种子，基因是排序，各有先后，不能普世，人类对善恶、价值等问题争论不休，概因此。本书我们主要讨论伦识，也就是人们的伦理认识，我们继承唯识论的八识说，创新并定位了伦识（伦理观念）的位置，并因此找到了"伦理有类型，无统一"的认识论基础。

九、企业伦思的 3D、4D 空间

思考需要框架，行动需要焦点。我们对伦理认识的思考，简称"伦思"。不是 1D 线性的，而首先是一个有上下、左右、前后的 3D 结构。我们把思考的方向分为六个，即上、下、前、后、左右、不动。往上是归纳，往下是分类。往前是推翻，往后是推理。左右是类比，不动是定理。

思考的方向产生思考的类型，我们将其分为八个。与前面思考的六个方向相对应的有六个，即综合、分析、求解、创新、转型、待机。综合是建构，分析是解构。求解要推理，创新要推翻。类比为转型，不动为待机。

因为企业伦理的应用性，不能是纯粹的理论，所以实践应用中需要脑动和行动，因此，思考的类型还包括升维和降维。脑动要升维和降维，行动也要升维和降维。维度的升降能把思考的六个方向和六个类型联结起来，灵活组合、灰度运用，这就到了 4D 空间。

比如，表 0 - 1 就是上、下、前、后的 2D 平面思考，纵向 1D 是对不同企业伦理内容的分类，横向 1D 是对企业伦理表现形式的分类。如果成为 3D 立体思考，我们还可以对每个企业的伦理度进行测量分类，或者对企业不同成长阶段的理念、准则、行为和结果进行时序比较。要成为 4D 超立体思考，则把企业伦理和其他组织伦理做出类比。它们之间是相连接的。最后，我们认为，企业伦理管理可简可繁，可升维也可降维。在某些时候，企业还可以停止伦理思考，在 0D 即零维处待机不动。从 0D 到 4D，在本书中，我们已经尝试做了这些企业伦理思考。

十、超立体结构的伦理问题

本书封面图是超立体的三维投影，我们把本书一些主要概念标示在了这个复杂的投影图中。我们靠三维思维的人很难理解 4D 超立体的真容，只能靠把 4D 结构变形为 3D 或 2D 来近似地表示。

我们对超立体的 3D 投影和 2D 线架正投影做出如下简释。

图 0 - 2 是超立体的一种 3D 投影。超立体有 8 个胞（立体）、24 个面（方形）、32 条棱和 16 个顶点。图 0 - 3 是超立体的 2D 线架正投影，A、B、C、D 分别是四个轴，容易看清楚的是 32 条棱和 16 个顶点。

图 0 - 2 超立体的 3D 投影

资料来源：百度。

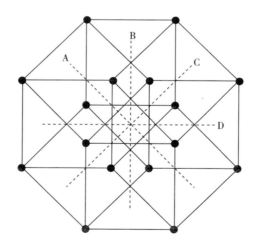

图 0 - 3 超立体的 2D 线架正投影

D 是一个点，包含 1 个零维元素（点），无方向。即：企业伦理中可表示其定义，在超立体中可能有 16 个企业伦理定义。

1D 是一条线段，包含 1 个一维元素（线段）和 2 个零维元素（端点），单一方向。在企业伦理中可表示为伦理管理构成要素从伦理认识一端，通过伦理准则和伦理行为，到伦理结果一端。

2D 是一个方形，包含 1 个二维元素（平面）、4 个一维元素（边）和 4 个零维元素（顶点），平面中有多个方向。在企业伦理中可表示为伦理管理构成要素维和不同伦理类型维构成的平面。

3D 是一个立体，包含 1 个三维元素（立体）、6 个二维元素（面）、12 个一维元素（棱）和 8 个零维元素（顶点），空间中有多个方向。在企业伦理中可表示为伦理管理构成要素维和不同伦理类型维构成的平面之上，再加上同一企业的伦理的时序变化，构成立体（见图 0 - 4）。

4D 是一个超立体，包含 1 个四维元素（四维超立体）、8 个三维元素（立体）、24 个二维元素（面）、32 个一维元素（棱）和 16 个零维元素（顶点），超立体中方向未知。在企业伦理中可表示为各个维度的顶点，与社会其他相关伦理的相互连接、结合和影响。

从四条轴的顶点坐标上下分就是正负。2D 方形的坐标为（±1，±1），3D 立体的坐标为（±1，±1，±1），类比可以得到 4D 超立体的坐标为（±1，±1，±1，±1）。在企业伦理中则表示为伦理和非伦理（或不伦理、反伦理）。

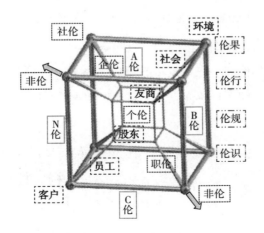

图 0 - 4　标示了伦理主要要素的超立体 3D 投影

我们认为企业伦理问题就像一个 4D 超立体的复杂架构，靠肉眼难以识别，必须靠心眼或靠脑洞才能理解，我们力图在本书试用一下这个超立体框架，来对复杂的伦理问题做出简化处理，但愿这个框架能构成研究企业伦理的新逻辑——从 0D 到 4D 又回到 0D 的演进逻辑。由于这个框架具有几何性和哲学性，应该可以泛用于其他研究领域。

十一、至诚感谢

感谢经济管理出版社一直以来的厚爱，这是笔者继《成长的逻辑》《文化的逻辑》之后，在这里出版的第三本研究企业管理逻辑的书。本书参考和引用了不少前人的成果，应该是一一注明了，在此一并感谢！

十多年前形成的草稿一直在那里放着，整理不出来，和笔者对企业伦理问题没想明白有关系，和近十年日常工作琐碎繁忙也有很大关系。做研究和处理日常事务不一样，需要整块时间而不是碎片时间。其实，做管理也是如此，管理是处理重要但不紧急的事情，需要整块时间才能完成，所以计划职能成为管理职能中的第一职能，管理者需要留出一整块时间来做文化、战略、计划、规划等有些务虚的工作，否则你永远没有时间。中国人民大学要本人主编《企业伦理》教材，借此机会又开始动笔。地无压力不出油，人无压力不出活。本人是被动型的人，一般不会自己主动找事做，一般是从外部压力或从别人的需求出发做事，因而做得了"买卖"，做不了领导。只能研究管理学，给领导们帮个忙或支个招儿。人生有命理，只能顺应，改不了的。

从成长、文化到伦理，三本逻辑终于成了系列，也算是对自己有所交代了。感谢一路走来的各位朋友！感谢家人无私无怨的支持！感谢时代！感谢命理！

中国人民大学商学院教授

杨 杜

2019 年 3 月 8 日（一个值得纪念的日子）

|第一章|
企业伦理的"三定一变"

社会上有各种各样的组织，企业是其中一种，不同组织有不同的伦理，企业伦理就是企业组织特殊的伦理。组织离不开人，人属于各种不同的组织，做企业人，和做政治人、社会人、学校人、宗教人、家庭人等的伦理行为就有不同。本书首先阐明我们的三个基本立场。一是本书站在企业管理者的角度，以促进企业可持续成长为目的进行企业伦理的讨论，不去过多关注员工个人的角度和个人的伦理修养。二是本书重点从企业伦理学应用的视角去展开，不去深究企业伦理学的理论视角。三是本书对企业伦理不做定论，不评是非，我们要从悖论和灰度的视角讨论企业伦理的各种观点，并表明我们的观点。

本章开宗明义，给出企业伦理的定义、定位、定量和变维分析。向外扩展看其与传统伦理和现代伦理的关系，向内细分进行企业伦理的变维思考，最后做企业伦理度的测量。

第 一 节　HOW – WHAT – WHY

一、HOW：按企业伦理标准招人

A 公司一个岗位需要招人，先后来了四位应聘者，在招聘条件一栏中，有一项条件是必须具备两年以上的相关工作经验。前三位应聘者都称自己有类似的经验，但面对企业考官的面试询问，很快就显示出自己对这一行的无知。最后来了一位学生，他坦率地对招聘者说自己不具备这方面的工作经验，但对这项工作确实感兴趣，并且有信心经过短暂的实践后能够胜任。招聘者经过一番测试之后，最终录用了他。此后招聘者问道，有很多求职者在介绍自己的情况时并不诚实，在求职信上夸大甚至编造很多东西，可你为什么能够以实相告呢？他说小时候有一次拿了家里的钱，奶奶问他时，他撒了谎。奶奶在他的屁股上重重地打了一下，然后告诫他："穷不可怕，只要你诚实，就有救！"他说他永远记着奶奶这句话。

一个诚实的人，其实是需要勇气的。他必须敢于面对事实和真理，在别人含含糊糊、精明算计的时候，勇敢地说出真相。

这是一个企业伦理问题，但很明显这不是一个简单的问题。你可能对此有不同意见。比如：①你怎么看待应聘者的这一所谓诚实做法？②有人认为这是有德无才战胜了无德无才，要是碰上有才的怎么办？③招聘条件中有一项是必须具备两年以上的相关工作经验，招聘者按诚实录用他是否违反这个条件？

这里涉及企业伦理的概念，我们要先给出本书认为的企业伦理的基本概念，否则就没有讨论的大前提。

二、WHAT：什么是企业伦理

《矛盾管理学》一书中专门有企业伦理与企业成长一章，其中企业伦理的概念是："所谓企业伦理，是指调整企业内外关系的一种非正式规范，它用于指导人们分辨经营管理过程中哪些是可以做的，哪些是不可以做的。它着眼于企业有序、协调、健康和持续发展，力图实现社会伦理与企业性质的统一，并依靠领导人的权威和实践，以及企业文化、激励制度等约束力量得到推行。"企业的正式规范就是制度，非正式规范就是伦理。企业伦理和企业文化类似，有约定俗成的特征。

成中英在《文化、伦理与管理》一书中对此有一种简单的概念："企业伦理是指任何商业团体或生产机构以合法手段从事营利时，所应遵守的伦理规则。"企业伦理是约束企业营利行为的。伦理是合法基础上的一种规则，但又不像法律制度那么硬核，也不像信仰那么唯心。

从上下层次看，企业伦理应该是在信仰之下、制度之上的一种非正式规范。从左右区别看，企业伦理是处于个人伦理和社会伦理之间的组织伦理。

我们认为，企业伦理是指企业在生产经营过程中，为了与权益相关者之间保持共存共生、竞争合作、持续成长关系，所提倡的伦理认识和观念，所遵循的伦理准则和规范，所采取的伦理行为，以及所获得的伦理结果和责任。如果用矩阵表述，则横轴是各个权益相关者，纵轴是各个伦理相关内容。我们在序言中所说的 A 型、B 型、C 型、…、N 型，在这里是用不同利益相关者替代的（见表 1 - 1）。

表 1 - 1　企业伦理矩阵

	客户	员工	股东	合作者	竞争者	银行	政府	媒体	公众	环境
认识与观念	√	√	√	√	√	√	√	√	√	√
准则与规范	√	√	√	√	√	√	√	√	√	√
行为与态度	√	√	√	√	√	√	√	√	√	√
结果与责任	√	√	√	√	√	√	√	√	√	√

什么是有伦理的企业？笔者认为是明确表述了伦理认识、伦理准则、伦理行为并取得较好伦理结果的企业。你不明确表述，别人就不了解你的承诺，也无从判断

你是否兑现承诺。至于企业表述和承诺的伦理认识、伦理准则、伦理行为和取得的伦理结果是什么，那要看具体企业——企业伦理不是普世的，而是分类的。

由于企业伦理学研究历史很长，国内外有关企业伦理的概念很多（从超立体思维看至少有 16 种以上），各有不同角度和侧重，不再一一列举。我们认为，企业伦理是企业组织中人的伦理规范，要界定其特殊含义必须了解企业人的基本特征。这种特征包括组织伦理特征和职业伦理特征。一般伦理学探讨抽象伦理，相对而言，企业伦理应该是具体伦理，应该从企业人所隶属的具体组织和所从事的具体职业来谈企业伦理。因此，我们认为，企业伦理是隶属于企业这种营利组织以及从事为他人提供产品和服务的职业企业人的伦理观念和准则。而其他各种组织，就不同时具备这种组织性质和职业特征。人是有某些共同伦理规范的，但企业的组织性质和职业特征使企业人伦理成为一种特殊伦理范畴。这种特征包括观念的、言论的、态度的、行为的、结果的等。很明显，这和作为一个政治组织的党员、一个学校的教师和学生、一个政府的公务员、一个寺庙的僧侣或一支军队的军人的伦理是不一样的。

我们认为，企业作为当代社会最普遍的组织形式之一，其有自己相对独立的伦理规范。企业人的伦理也不完全等同于社会人伦理，企业组织的伦理也不同于社会组织的伦理。社会现代化进程的特征之一就是分工化或分层化。本书按分工法把它们分为企业生活领域和社会生活领域，又按分层法将它们分为个人生活领域和组织生活领域。

因此，我们以企业伦理为坐标，可以升维思考一下企业伦理与其外延相关领域的关系。如图 1 - 1 所示。

我们在图 1 - 1 上画出明确的边界和象限。首先，企业伦理不是一个通用的、泛指的、抽象的社会伦理，而是特定组织——企业的伦理，尽管企业和社会之间有着理不尽的关系。其次，企业伦理不是企业中某个人的伦理而是企业组织的伦理。最后，企业伦理与企业制度密切相关，我们所定义的企业伦理，来源于社会伦理但不是社会伦理，来源于企业领导个人伦理但不是个人伦理，指导着企业制

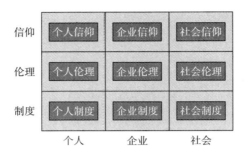

图 1 - 1　企业伦理的定位

度的制定但又不是企业制度。就好比子女生于父母，但已经不是父母，而是一个独立的个体一样。如果把企业伦理看成一个三维立体，则其与社会伦理和个人伦理的升维或降维连接，会构成四维超立体，这充分体现了企业伦理的错综复杂性。

三、WHY：为什么要思考企业伦理

为什么要思考企业伦理？因为这和企业人的人生三观有关系，比如这和你如何看待企业、职业的意义，如何看待和同事的关系，如何看待家庭和工作的关系，以及和自己的内心感受都有密切联系。

首先，思考企业伦理是为了"辨别"。企业伦理学告诉我们，做企业应该思考，哪些事业领域是有意义的，哪些是没意义的？哪些职业是受尊敬的，哪些职业是不受尊敬的？哪些业务是于人于己于社会有利的，哪些业务不是有利的？哪些领域是健康的，哪些是不健康的？哪些领域是能够长久的，哪些领域是短命的？哪些工作是安心的，哪些工作是不安心的？据此选择企业自己认为伦理的投资和伦理的经营领域。

其次，思考企业伦理是为了"选择"。人生有四件事：做事、做人、盈利与悟道。第一件事是做事。做东西要有用，哪怕把"我"当枪使，只要"我"有用也行。第二件事是做人。一般认为做人与伦理密切相关，但是，企业做人不是要你做一个高尚的人，高尚的人很难做，你越高尚别人可能感觉越低俗，还有可

能会树敌。所以我们认为企业伦理所讲的做人，是要有底线，不坏，不做恶，也就是有控制力、有自制力。第三件事是盈利。这与企业联系更紧密。企业做的事情是付出有回报，做事有成效，企业做的事情没有附加值就基本没有意义了。做事做不完，做人难完美，盈利不一定。第四件事是悟道，就是活明白。明白做企业的道理、道路和道德（伦理）。明白哪些产品该做，哪些产品不该做？明白哪些事情该做，哪些事情不该做？明白哪些言论该说，哪些言论不该说？明白哪些人该合作，哪些人不该合作？

再次，思考企业伦理是为了"自律"。企业的成功往往不是在于其做了很多好事，而是有自律不做坏事。毛泽东说过，一个人做点好事并不难，难的是一辈子做好事，不做坏事。一辈子不做坏事可是难上加难。企业经营面临激烈的竞争，会遇到各种压力、挫折或者诱惑，有的企业可能做了很多好事，但有时可能恶意孳生，或者疏忽管理，或者侥幸心理，做了几件甚至仅一件被人抓住的坏事，就可能一败涂地！如河北三鹿事件、长春长生事件，导致企业破产的巨大违法行为屡有发生，那么，好的伦理管理就更不是很简单可以做到的了，这需要企业具有相当强的自律能力。

最后，思考企业伦理是为了"表白"。企业要向社会权益相关者说明自己的立场，比如制定与合作伙伴的关系准则，与干部员工及其家庭的关系准则，与政府和社会组织的关系准则，以及走向海外时处理国际商务关系的准则等，都是为了向外界说明企业的立场，争取友好合作的生态环境。因此，企业伦理比企业文化带有更多的外向性。

第二节　传统伦理与现代伦理

虽然本书以企业伦理为主，但没有比较就没有鉴别，为了更好地理解企业伦理，我们还必须先了解一下传统社会伦理和现代社会伦理。这是从高维到低维，也是遵循历史的脉络——因为现代企业产生得晚，不少企业伦理的原则深受传统伦理、现代社会伦理，特别是家庭伦理的影响，当然包括有效的、无效的甚至反效的影响。

一、中国传统伦理观

中国社会历来是极其重视伦理的，我们甚至可以说中国是个"以伦为本"的社会。在儒、道、释之中，儒家的影响可谓最大，时间最长。孔孟的经典著作先不说，宋代王应麟所著《三字经》的第一句就是讨论人性问题，"人之初，性本善"，而且是把伦理排在第一，把知识、才能放在第二的位置，"首孝悌，次见闻"。做人首先要懂伦理，然后才学知识、技能。如果你才能可以，但是道德不行，那就是最坏的情况，干坏事的能力学得多还不如不学。司马光的道德论就是如此——德高才高是圣人，德高才低是君子，才高德低是小人，才低德低是愚人，他告诫人们宁用愚人不用小人。同样的话，在清代李毓秀所著《弟子规》中说得更明白："弟子规，圣人训，首孝悌，次谨信，泛爱众，而亲仁，有余力，则学文。"翻译成现代语言就是，首先要孝敬父母，尊敬兄长；其次要对自己谨慎约束，对人诚实可信；再次要博爱民众，并亲近有德行的人；最后，做好了这些如果还有余力，就去学习文化知识。

另外，中国的传统社会，是以家族为核心的，并且信奉欲治其国者，必先齐其家。因此，传统社会伦理很重要的一部分内容是家规、家训。人们最推崇的是《颜氏家训》，是南北朝时期颜之推记述个人经历、思想、学识以告诫子孙的著作，共七卷，分序致篇、教子篇、兄弟篇、后娶篇、治家篇、风操篇、慕贤篇、勉学篇、文章篇、名实篇、涉务篇、省事篇、止足篇、诫兵篇、养生篇、归心篇、书证篇、音辞篇、杂艺篇、终制篇共二十篇，甚至被认为"古今家训，以此为祖"。此外有名的如《钱氏家训》共四篇，文字简短，抄录如下：

个人篇：心术不可得罪于天地，言行皆当无愧于圣贤。曾子之三省勿忘，程子之四箴宜佩。持躬不可不谨严，临财不可不廉介。处事不可不决断，存心不可不宽厚。尽前行者地步窄，向后看者眼界宽。花繁柳密处拨得开，方见手段。风狂雨骤时立得定，才是脚跟。能改过则天地不怒，能安分则鬼神无权。读经传则根柢深，看史鉴则议论伟。能文章则称述多，蓄道德则福报厚。

家庭篇：欲造优美之家庭，须立良好之规则。内外门闾整洁，尊卑次序谨严。父母伯叔孝敬欢愉，姒娣弟兄和睦友爱。祖宗虽远，祭祀宜诚；子孙虽愚，诗书须读。娶媳求淑女，勿计妆奁；嫁女择佳婿，勿慕富贵。家富提携宗族，置义塾与公田；岁饥赈济亲朋，筹仁浆与义粟。勤俭为本，自必丰亨；忠厚传家，乃能长久。

社会篇：信交朋友，惠普乡邻。恤寡矜孤，敬老怀幼。救灾周急，排难解纷。修桥路以利人行，造河船以济众渡。兴启蒙之义塾，设积谷之社仓。私见尽要铲除，公益概行提倡。不见利而起谋，不见才而生嫉。小人固当远，断不可显为仇敌；君子固当亲，亦不可曲为附和。

国家篇：执法如山，守身如玉。爱民如子，去蠹如仇。严以驭役，宽以恤民。官肯著意一分，民受十分之惠。上能吃苦一点，民沾万点之恩。利在一身勿谋也，利在天下者必谋之。利在一时固谋也，利在万世者更谋之。大智兴邦，不过集众思；大愚误国，只为好自用。聪明睿智，守之以愚；功被天下，守之以让。勇力振世，守之以怯；富有四海，守之以谦。庙堂之上，以养正气为先；海宇之内，以养元气为本。务本节用则国富，进贤使能则国强。兴学育才则国盛，交邻有道则国安。

与《颜氏家训》地位相当的家训还有宋代袁采的《袁氏世范》，分《睦亲》《处己》《治家》三卷。《睦亲》凡60则，论及父子、兄弟、夫妇、姒娣、子侄等各种家庭成员关系的处理，具体分析了家人不和的原因、弊害，阐明了家人族属如何和睦相处的各种准则，涵盖了家庭关系的各个方面。《处己》计55则，纵论立身、处世、言行、交游之道。《治家》是其中最重要的一卷，共72则，虽属于持家兴业的经验之谈，可其中提倡的选择仆佣，要勤谨朴实；置办田产，要公平交易；经营商业，不可掺杂使假；借贷钱谷，要合理取息；向人举债，要有宽余可偿；起造屋宇，要量力而行；田园山地，要界至分明；修桥铺路，要热心公益；管理家产，要依法缴税等原则，俨然是一部宋代的"企业伦理"教材。

再往近代，则属清朝朱柏庐的《朱子治家格言》有名。其内容汲取了前人不少观点，主要是修身治家，不少内容是戒美色，如奴仆勿用俊美，妻妾切忌艳妆；婢美妾娇，非闺房之福等，与企业伦理基本无关。在此略过。

二、现代社会伦理观

进入现代社会，家规依然存在。但现代流行小家庭，家规家训的作用逐渐减小。但重视管理的家庭，有的传承着祖上流传的族规祖训，有的制定有新时代的家规家训。网上流传周恩来的周家《十条家规》：第一，晚辈不准丢下工作专程来看望他，只能在出差顺路时去看看；第二，来者一律住国务院招待所；第三，一律到食堂排队买饭菜，有工作的自己买饭菜票，没工作的由总理代付伙食费；第四，看戏以家属身份买票入场，不得用招待券；第五，不许请客送礼；第六，不许动用公家的汽车；第七，凡个人生活上能做的事，不要别人代办；第八，生活要艰苦朴素；第九，在任何场合都不要说出与总理的关系，不要炫耀自己；第十，不谋私利，不搞特殊化。

作为学者，笔者比较重视家规。在儿子的婚礼上，笔者送了他们关于家庭管理的四项基本原则：

（1）中心意识原则。家庭要有中心意识，男主外、女主内，有效分工是我们的祖传家规之一，双方要时刻惦念着家庭，而家庭的中心就是妻子。

（2）内外分工原则。男是耙子，女是匣子。挣钱的任务主要靠丈夫，花钱的任务主要靠妻子。花钱不仅是消费，更是投资，所以妻子的任务更重。

（3）最大孝顺原则。从今天开始，你们独立了。但我们依然需要你们。我们不需要你们的金钱，我们需要你们的幸福。你们小家庭的幸福才是对双方父母最大的孝顺。

（4）家庭稳定原则。经营家庭要讲物质文明，要讲精神文明，更要讲政治文明。家庭最大的政治就是稳定压倒一切。

这也算是笔者的家规、家训。家庭的核心不仅是家人，更是家风和家规，家风、家规的关键是建立共同伦理观和价值观。

重视传承是中华文化的特点之一，到企业网站的企业文化或社会责任栏目去搜一下，你会看到不少企业把传统伦理理念或口号引入企业，并作为行为准则。

现代社会依然注重家庭伦理，但是更重视组织和社会伦理了。前些年，社会提倡"五讲""四美""三热爱""两个文明""一个中心"。后来提倡培养"四有"新人——有理想、有道德、有文化、有纪律。要建立正确的"三观"，"三观"是什么？就是正确的世界观、人生观和价值观。还有"四信"，就是坚定对马克思主义的信仰、坚定对社会主义的信念、增强对改革开放和现代化建设的信心和增强对党和政府的信任。

从马克思主义、毛泽东思想、邓小平理论、三个代表重要思想、科学发展观到习近平新时代中国特色社会主义，党和国家提倡的革命信仰，自中华人民共和国成立以来一以贯之。从井冈山精神、长征精神、延安精神、大庆铁人精神、雷锋精神、两弹一星精神到载人航天精神，中国共产党人坚定的信念、艰苦奋斗的作风，构成了新社会伦理和精神的主调。

2001年公布的《公民道德建设实施纲要》和2019年公布的《新时代公民道德建设实施纲要》是建设社会道德的重要文件之一，社会上，很多学校和企事业单位也在学习、贯彻和实践类似的纲要。不少企业搞企业文化建设、精神文明建设都是以这个《公民道德建设实施纲要》为蓝本的。这反映了我们对伦理的看法，认为社会伦理与企业伦理是一脉相承甚至是同一的。无论如何，这表现了社会组织伦理对企业组织伦理的影响作用，甚至是一种决定作用。而且由于企业，特别是国有企业中有健全的党、团、工会、妇联等党群组织，通过这套组织系统，政治伦理、社会伦理与某些企业的伦理建设形成了密切关联。因此在某些企业，不了解社会伦理的某些说法，就难以解释为什么企业也会提倡这些内容。

《公民道德建设实施纲要》和《新时代公民道德建设实施纲要》内容丰富，着意分清是非、善恶、美丑的界限。比如它反对三个主义——拜金主义、享乐主义和极端个人主义（请注意有定语"极端"两字），反对见利忘义、只讲金钱不讲道德、损公肥私、不讲信用、欺骗欺诈、以权谋私、腐化堕落等现象，如果说这些是社会上的非、恶、丑，与此相对的是、善、美是什么呢？这就是要提倡的"二十字"公民道德规范——"爱国守法、明礼诚信、团结友善、勤俭自强、敬业奉献"，并提倡人们的自立意识、竞争意识、效率意识、民主法律意识和开拓创新意识。

《公民道德建设实施纲要》与政治组织伦理的关系密切，其中核心内容基本相同。比如，我们提倡的时代精神是解放思想、实事求是、与时俱进、勇于创新、知难而进、一往无前、艰苦奋斗、务求实效、淡泊名利、无私奉献，而这些内容也为许多企业所模仿提倡。我们还提出了公民道德建设的具体内容，那就是要坚持以为人民服务为核心，以集体主义为原则，以爱祖国、爱人民、爱劳动、爱科学、爱社会主义为基本要求，以社会公德、职业道德、家庭美德为着力点。

其中，第16条讲到的职业道德，与企业伦理关系更为密切。"职业道德是所有从业人员在职业活动中应该遵循的行为准则，涵盖了从业人员与服务对象、职业与职工、职业与职业之间的关系。随着现代社会分工的发展和专业化程度的增强，市场竞争日趋激烈，整个社会对从业人员职业观念、职业态度、职业技能、职业纪律和职业作风的要求越来越高。要大力倡导以爱岗敬业、诚实守信、办事公道、服务群众、奉献社会为主要内容的职业道德，鼓励人们在工作中做一个好建设者"。《新时代公民道德建设实施纲要》还特别增加了"网络空间道德建设"一节内容。

一般性的社会伦理道德对特殊性的企业伦理是俯视的、灌输的。第21条则强调了企业是伦理道德教育的重要场所。机关、企事业单位是对公民进行道德教育的重要场所。各类机关、企事业单位应当从自己的实际出发，有计划、有重点地抓好道德教育。要把道德特别是职业道德作为岗前和岗位培训的重要内容，帮助从业人员熟悉和了解与本职工作相关的道德规范，培养敬业精神。要把遵守职业道德的情况作为考核、奖惩的重要指标，促使从业人员养成良好的职业习惯，树立行业新风。

但是，企业人毕竟不同于社会人，企业性质和使命毕竟不同于其他组织，企业伦理自然不同于社会和政治组织伦理，因而在企业伦理建设中，要特别注意区别不同企业，同一企业中的不同职业、不同层次，注意伦理管理的实用性、适用性和有效性。

三、社会伦理与企业伦理比高低

传统和现代的社会伦理，是包围着企业的一种伦理环境，因此我们说是从高维到低维的分析，但这不是说社会伦理就一定高于企业伦理。由于中国现代企业出现的历史还不太长，企业伦理和社会伦理的关系还处于比较难以处理的"混沌"阶段，在涉及政治伦理和家庭伦理的纠葛时，就更麻烦。本书的观点如下：

第一，提倡地位平等的企业伦理和社会伦理观。不能把企业的集体利益和社会利益、广大公众利益对立起来，也不能机械地对它们进行排序，分出个高低贵贱。企业制度规定不能违反国家法律，但从社会和公众立场提出的对职工个人伦理的要求，也没必要高于从企业立场提出的对职工个人伦理的要求。如企业提出的"职工要热爱企业""要维护企业利益"等要求，在正常情况下是对的。但如果企业做出违背国家法律、政策的行为时，则职工个人必须按照"职工要爱国、要守法"的要求对企业的行为予以否定。比如社会可以讲无私奉献，讲尊老爱幼，企业可以提出按贡献分配的原则，可以提出不讲资历学历，不讲关系以及不迁就有功人员等伦理标准。企业伦理和社会伦理应该地位平等，最终由职工个人做出选择。

第二，社会伦理和企业伦理标准互有高低。有观点提出，"从社会立场提出的对个人伦理的要求要高于从企业立场提出的对职工个人伦理的要求，后者要服从前者"。这种观点需要讨论。首先，社会成员范围较企业成员更大，参与组织和不参与组织等的情况更复杂，这种情况下的伦理标准应该更有普遍性，一般情况下会比个别组织的伦理要求更宽松，才能照顾到大多数人，否则社会伦理就是多数人做不到的，就成为陷多数人于不义的标准了。其次，对于某些企业来讲，则完全有可能制定高于社会的伦理标准，好比企业在产品质量上制定高于国家标准的企业标准，企业对干部的要求高于国家对公民的要求，"党纪要挺在国法"前面一样。

第三，有人会提出社会标准高于企业标准的观点，是因为其观念里依然有着个人服从组织、局部服从整体、地方服从中央的观念，这在市场经济的规则中是不符合实际的。市场经济的基本规则是机会和地位平等、公平交易和谈判、自由进入和退出交易，以及对承诺和协议的遵守。因此，市场经济中或企业中处理不同伦理标准的可参考原则——首先是尽量避免伦理冲突的出现；其次是选择更现实有效的伦理标准；最后是通过法律和经济手段协调两种伦理之间的矛盾，而不局限在伦理手段范畴之内。

四、伦理思维的包容性

要理解企业伦理的特质，可能需要理解伦理的不同思维模式。我们把宗教思维、科学思维和伦理思维做一简单比较。

首先，某些宗教思维认为，其经典的说教和结论是"不可质疑"的，不能加一句，也不能减一句，甚至不能解释和怀疑。如果你怀疑，诅咒都必追随于你，灾祸将降临到你身上。不过，佛教思维具有一定的开放性，有经、有律、有论，你可以解释和添加，所以后人撰写的佛教论著浩如烟海。

其次，科学思维认为什么都是"必须质疑"的，甚至都是可以推翻的。一个真正懂科学思维的人，一定不会认为自己永远是对的，自己的研究结论一定是可以被质疑、被推翻的。

最后，伦理思维从本质上讲，其道理和结论是"可以质疑"的。我有我企业的伦理，你有你企业的伦理，相同或类似的就是一类伦理的企业，不同的就是另一类伦理的企业。没有世界大同的企业伦理。各信其伦，各行其路，并存不争，因而企业有着不同的伦理纲领，却都经营得不错。

宗教讲求唯一性，科学讲求创新性，伦理讲求包容性。判断一个人说话的含义，可以看他是从宗教的角度、科学的角度还是从伦理的角度说话。所以研究企业伦理，就要从伦理角度说话。如果你作为企业领导，你说的话别人不能怀疑，必须听你的话，按你的思路走，质疑就干掉对方，这时你就是在用宗教的方法做事情。企业成功了，你作为领导就是精神领袖；企业失败了，你就是一个独裁者。如果从伦理的角度做企业，那就要做好自己，制定自己企业的伦理准则，不要与其他不同伦理准则企业之间做无谓之争，更不要介入宗教之争、政治之争。

第三节　企业伦理的变维思考

企业伦理管理既包括上面所说的企业伦理与社会伦理关系处理，也包括企业内部不同伦理的关系处理。前者是升维思考，升维就是类比。后者是降维思考，降维就是切分。本节提出两种降维伦理思考法：一是立场三分法的降维，二是源泉三分法的降维。

一、企业伦理的立场三分法

企业伦理要研究的应该是属于企业组织人的伦理，这又不同于政府人、学校人、军队人等伦理。企业组织人可以分为三个立场来看待伦理，简称企业伦理的立场三分法，即站在个人立场的个人伦理、站在职业立场的职业伦理和站在企业立场的组织伦理。它们之间的基本关系可用图 1 - 2 表示。

企业员工作为有自由意志和自主的个体人有自己的个人伦理；作为担任具体岗位职责任务的职业人要遵循职业伦理；作为企业组织的一员要承诺和遵循组织伦理。

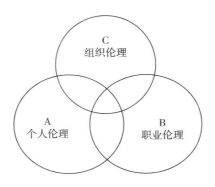

图1-2 企业伦理三分法

　　但企业内部人的具体身份和立场是不同的。如果再细分一下，不同的企业人所应遵守的核心伦理或者说伦理要求排序可以有所不同（见图1-3）。比如，作为一个个体老板，首先要遵守作为一个个人的伦理准则，这种伦理准则可能主要来自他的世界观、人生观和金钱观等，其次要遵守的是他的职业伦理和组织伦理——因为他的企业规模较小，职业分工和组织要求较弱。而对于从事律师、医生和会计师职业的人，最重要的应该是职业伦理，其次是个人伦理和组织伦理。但是，在大企业工作的人，特别是企业的经营管理者，就必须时刻遵守组织伦理，其次要重视职业伦理和个人伦理。

　　因此，一个人的伦理倾向会随着企业的成长和自己在企业中的职业身份做出调整，否则可能会产生相应的伦理冲突。

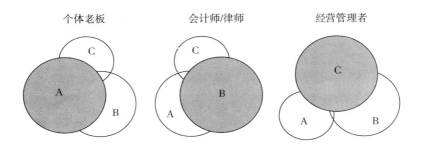

图1-3 不同人的不同伦理结构

注：A表示个人伦理；B表示职业伦理；C表示组织伦理。

二、组织优先，兼顾个人和职业

组织伦理是作为一个组织成员要遵守的，职业伦理是作为一个职责岗位的责任人要遵守的，个人伦理是作为一个成年人要遵守的。企业人自然是同时具备这三个身份，因此三个角度的伦理都要遵守，并努力达到协调。我们可以把这三个角度的伦理叫作"三个牢记"。

第一，牢记我们是组织人。

企业首先是由个体构成的组织，员工尤其是管理者，应该优先考虑组织目标和组织利益。比如华为公司的任正非总裁就曾讲过："一个职业管理者的社会责任（狭义）和历史使命，就是为了完成组织目标而奋斗。实现组织目标不是他的个人成就欲所驱使而是他的社会责任（狭义）无时不在地给他压力。"这种狭义的社会责任感就是时刻不忘自己是组织人的伦理意识。

企业管理的目标之一是流程化组织建设，每个员工都是这个组织中的一员。企业按照工作流程所确定的责任、权力进行职位角色设计，按照"始于客户需求、终于客户满意"进行服务链建设，就是要淡化直线职能制组织中的职能部门的权威，减少本位主义言行，换句话说就是在一定程度上淡化部门的专业权威，强化融入流程的组织权威。但是有些员工，特别是组织伦理不强、不善于组织协调的专家型员工，就可能因为接受不了这种变革而离开企业。

第二，牢记我们是企业人。

政府官员、大学教授、军队官兵、僧侣尼姑各有各的职业使命。为客户服务是企业生存的唯一理由，客户的价值观就是企业的价值观，客户的伦理观就是企业的伦理观。企业的一切行动，就是为客户服务，使客户满意，在此基础上使公司得以发展，除此之外没有什么纯技术、纯业务的个人或集体成就感可以激励企业人，使企业人满足。对企业而言，不能变为市场价值的创新就不是真正的创新，不能实现企业功利目的的管理就不是真正的管理，这是企业人的职业使命所系。

第三，牢记我们是诚信人。

作为个人，核心应该是重承诺、守承诺、言行一致，即诚信。不少企业建立了员工诚信档案，这种记录实际是让员工对自己未来进行的一种投资。在遵守组织伦理和职业伦理的基础上，每位员工可以通过诚信使自己的职业生涯资本增值。

诚信就是实事求是——错了就是错了，不懂就是不懂，不能只要面子不要人格；诚信就是信守承诺——答应了就要照办，签约了就要履约，不能只要利益不要信用。

企业伦理管理的具体工作之一，就是辅导员工如何避免个人伦理与组织伦理、职业伦理发生冲突，以及发生冲突时如何妥善处理。比如实行干部员工区别对待的政策：对一般员工提倡做贡献，但不让其在利益上吃亏，不提倡为了公司利益牺牲员工个人利益，而应对待员工是宽松的。反过来，提倡干部要有敬业精神、献身精神、有强烈的责任感和使命感，某些时候要暂时牺牲个人利益去完成企业任务目标，只选拔这样的员工进入干部队伍，只对高级管理者严格要求。

要正确处理组织伦理、职业伦理和个人伦理的关系，就必须明确企业伦理的核心内涵。企业是组织，不是个人，企业是经济组织，不是职业协会，所以首先要遵守的是组织伦理。它的首要目标是规范作为经营性组织的企业的组织行为，这并不排除企业职工的个人伦理和职业伦理，不能在个人服从组织的原则下，将职工的个人伦理简单置于组织伦理的统率之下。譬如有企业要求职工个人行为无条件服从企业组织行为，即使企业行为已侵害了社会公益或者职工个人利益，也让职工个人必须按企业行为的要求云干，这显然是错误的。职工既是企业组织的成员，又是自主的个人；职工个人的行为既要受企业组织伦理的规范，也要受个人伦理和职业伦理的约束，企业和职工应该尽量保证三者不发生矛盾和冲突。

在三者发生矛盾和冲突时，应该允许职工做出自主选择：是选择组织伦理行为，还是选择个人伦理行为或职业伦理行为。因此，必须明确当企业组织伦理严重扭曲到违背个人伦理或职业伦理的要求时，它对职工个人伦理和职业伦理就难以起到约束作用。在这种情况下，最可能起作用的是员工的核心伦理准则——员工更认同的是组织伦理、个人伦理还是职业伦理，决定了他如何行动。这就必须破除狭隘的企业本位主义和企业中心论。

其实处理矛盾的办法有很多。比如可以把企业的职工做出分类，对干部可以要求得高些，对一般员工则要求得低些。并且干部要和企业之间签订平等、自主的协议，自愿做出某些关键时刻个人服从组织的承诺。做到的就当干部，做不到的就当一般职工。人格上要一视同仁，管理上不要"一刀切"。

三、企业伦理的源泉三分法

中国企业的伦理还可以从其源泉进行分类。我们认为中国企业的伦理有三个源泉：第一个是中国传统伦理，第二个是革命信仰伦理，第三个是改革开放以来发展起来的现代市场伦理。经过几十年的融合、演变，形成了中国企业特有的伦理管理模式。

相对于过去中国传统的老庄思想、孔孟之道、阳明心学等传统伦理，和某些优秀的大家族所制定和遵守的家规、家风等家庭伦理，企业基本采取"应用主义"；对于社会主义核心三观所形成的社会和政治伦理，我们基本采取"灌输主义"。由于西方企业走在前面，和现代管理的进步一样，是"西学东渐"，因而对于西方的企业伦理，企业基本采取"拿来主义"。我们相信随着中国企业的成长发育壮大，企业伦理将快速成为整个社会伦理的最普遍和核心的部分。

2017年9月25日，中共中央、国务院公布《关于营造企业家健康成长环境，弘扬优秀企业家精神，更好发挥企业家作用的意见》。其中的企业家精神内涵相当符合这个伦理三源泉（见图1-4）。

伦理三源泉，三位一体，缺一不可。中国企业，尤其是以中央企业、国有企业为核心的中国企业力量，是"中国传统伦理+革命信仰伦理+现代市场伦理"三位一体的代表，三种伦理或三种精神经过几十年的兼容、融合，构成了独特、优秀的中国企业精神特质。尤其是其中的革命信仰伦理，是中国企业家人群的最为典型特质，不了解中国近代革命史的外国企业家很难理解。

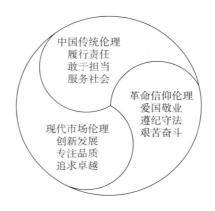

图 1 - 4　企业伦理三源泉的结合

同时，我们又从西方汲取了很多现代科学的管理思想，既包括对市场竞争、产品竞争、规则竞争的理解，也包括对它们的科学精神和创新意识的吸收。同时又能始终坚守不输于西方企业家虔诚宗教信仰的革命信仰。

国有企业中的优秀企业家奋力地引领中国企业的成长，使之成为世界"500强"中的佼佼者。国有企业建成的独特体系，代表着先进的生产力和生产关系。他们干得多，挣得少，依然在很努力地奋斗，他们的精神令人钦佩，他们的境界志伟高尚。他们是具有天职观念、组织观念的一批人。

从时间维度看，中国传统伦理是传承过去，现代市场伦理是把握现在，革命信仰伦理是开创未来。世界上如此具有包容性、时空性的企业和组织并不多。

四、扎根三源泉，不逾三边线

过去，我们秉承"以我为主、博采众长、融合提炼、自成一家"的十六字方针，成就了中国企业管理比学赶超的辉煌业绩。未来的中国企业家，应该思考"政治信仰、中国道路、全球意识、底线思维"的新十六字方针，设计我们30年的未来。政治信仰是组织信仰而不一定是宗教信仰，中国道路是普适道路而不一定是特色道路，全球意识是共同体意识而不一定是结盟意识，底线思维是边界思维而不一定是扩张思维。

中国企业家中的优秀分子，是能够扎根三源泉、不逾三边线的人，这三边线一是政治边线，二是法律边线，三是技术边线。

政治边线就是要求企业家"有政治觉悟，不做政治家"。职业不能越界，不能坏规矩，企业家要管好自己的嘴巴，不乱说企业家职业之外的话，比如政治家说话经常包含人民、自由、公平、民主、贫富等概念，而企业家的专业用语应该是客户、市场、竞争优势、效率、效益等。

法律边线就是要求企业家"有法律意识，不做法学家"。创新不能违法，了解做企业应负的主要相关法律责任。与企业经营行为相关的各种法律比如公司法、税法、合同法、劳动法、证券法等太多，如果自己记不住，身边就要经常有法律顾问，按照标准法律文本格式、程序等处理相关经营活动。无知者无畏，但无知者有罪。买卖不成自由在，不能因利失足。

技术边线就是要求企业家"有科学素养，不做科学家"。创新不能越线，不能忘记企业使命是以客户为中心赚钱盈利。正如华为公司任正非所指出的，永远不要忘记我们是商人，不是科学家；华为没有院士，只有"院土"。创新不要有技术情节，要在技术进步曲线和客户需求曲线的平衡点周围确定动态战略目标，而不是盲目创新。

第四节　谁是更有伦理的企业

伦理管理是个原则性问题，对具体企业而言是非善即恶的排他性问题，伦理行为和伦理结果主要是定性而非定量，但同样的伦理行为和伦理结果也有程度上的差别，我们可以称为企业伦理度。分类就有边界，测量就有程度。任何一种或一类企业伦理行为和结果都有其伦理度的表现。企业伦理度评价可以有自评、外界评。一般来说，自评靠对照企业的伦理理念和准则，外界评价靠媒体或专业机构的专家指定的指标体系。目前还没有看到有说服力的对企业伦理度的研究，仅可以看到评价企业受尊敬度的一些调查研究。这里暂且用企业受尊敬度标准来替代企业伦理度标准，以便使我们的讨论向前推进一步。

一、企业受尊敬度评价

美国《财富》杂志提出的指标体系是：管理质量、产品/服务质量、创新、长期投资价值、雇员技能、财务合理性、社会责任感、公司资产的运用和全球业务反应的敏锐程度，共九项。

英国《今日管理》杂志的指标体系与美国《财富》杂志基本相似，它们是：管理质量、产品与服务质量、财务合理性、吸引发展保留顶尖人才的能力、长期投资价值、创新能力、营销质量、环境质量、公司资产使用，也是九项。

咨询公司普华永道用于评价澳大利亚企业受尊敬度的指标有：客户满意度（20）、高质量的产品和服务（14）、创新（14）、强大的公司品牌形象（13）、对新技术及公司资产的有效使用（12）、招聘发展保留人才的能力（12）、已知增长潜力（7.5）、对社区环境及道德问题的承诺（7.5），共八项，其中括号中数字为权重。

北京大学企业管理案例研究中心和《经济观察报》参考上述指标，提出了认为符合中国企业情况的指标：吸引维持发展人才的能力、财务能力、社会责任感、公司形象、领导、管理质量、发展潜力、创新，共八项。后来由《经济观察报》修改为五个关键指标：行业领袖、创新竞争、永续发展、环境友好、公益慈善。

这些指标的含义不是特别清晰，实际上操作起来还有一些困难，而且参与企业评价的人也没有那么全面。如美国《财富》杂志采用给企业领导人、财经记者和经济管理学者发问卷的方式进行评价。但无论如何，这样的调查研究为了解所谓受尊敬的企业提供了一定的参考，并且这些指标也基本上涵盖了我们上面所提到的企业权益相关者主要方面。比如，客户满意度、高质量的产品和服务反映了客户利益；长期投资价值、财务合理性、公司资产使用等反映了股东利益；而吸引发展顶尖人才的能力、雇员技能则反映了员工利益；社会责任感、环境质量、对社区环境及道德问题的承诺则反映了对社会公众利益的关注；而管理质量和创新等则具有影响上述指标水平的综合性。本书认为，如果可能按照企业权益相关者的十个分类，而不是对企业领导人、财经记者和经济管理学者发问，对特定对象企业进行更让人信服和全面的评价应该是可行的，但这只能有赖于以后的深入研究了。

为了参考，在此将北京大学企业管理案例研究中心和《经济观察报》联合推出的早年研究做一简单介绍。2001 年首次评选，入围中国最受尊敬企业名单50 家如表 1 - 2 所示。

表 1 - 2   2001 年首届中国最受尊敬企业（按得票率排序）

序号	企业名称
1	海尔集团公司
2	北京首信诺基亚移动通信有限公司
3	TCL 集团股份有限公司
4	华为技术有限公司
5	招商银行
6	杭州娃哈哈饮料有限公司
7	中国惠普有限公司
8	春兰（集团）公司
9	爱立信（中国）有限公司
10	上海通用汽车有限公司
11	麦肯锡中国公司
12	凤凰卫视控股有限公司
13	可口可乐（中国）饮料有限公司
14	北京北大方正集团公司
15	中国平安保险股份有限公司
16	青岛啤酒股份有限公司
17	远大空调有限公司
18	南方日报报业集团

续表

序号	企业名称
19	中国乐凯胶片公司
20	上海贝尔有限公司
21	上海宝钢集团公司
22	柯达（中国）股份有限公司
23	中国银行
24	中国工商银行
25	宝洁（中国）有限公司
26	联想集团控股公司
27	微软中国公司
28	国际商业机器中国有限公司（IBM）
29	北京麦当劳食品有限公司
30	摩托罗拉（天津）电子有限公司
31	戴尔计算机中国有限公司
32	上海大众汽车有限公司
33	沃尔玛中国公司
34	通用电器中国公司
35	搜狐公司
36	万科企业股份有限公司
37	强生（中国）有限公司
38	英特尔科技（中国）有限公司
39	雀巢中国投资公司
40	朗讯科技（中国）有限公司
41	思科系统（中国）网络技术有限公司
42	一汽—大众汽车有限公司
43	中兴通讯股份有限公司
44	新希望集团
45	西门子（中国）有限公司
46	大唐电信科技股份有限公司
47	上海光明乳业有限公司
48	新浪网公司
49	中国北京同仁堂集团公司
50	西安杨森制药有限公司

表 1-2 基本包括了当时人们在媒体上耳熟能详的企业,这可能给人们造成一种印象:最受尊敬企业和最知名企业差不多。的确,名声可能是评价企业受尊敬度的一个基本条件,连名声都没有的企业,好坏就没法说。

没有成功的企业,只有时代的企业!这份 2001 年的名单在今天看来,也能让人们感受到企业界的沧桑巨变。柯达(中国)股份有限公司、诺基亚(中国)投资有限公司、摩托罗拉(中国)电子有限公司、朗讯科技(中国)有限公司、中国乐凯胶片公司等在业界地位下降甚至消失有目共睹。和 2016~2017 年的名单比较,也会看出企业位置和企业业绩一样会发生巨大的变化,只有八家企业(表中带#号者)依然榜上有名(见表 1-3)。同时,2016~2017 年名单不再给企业打分,也不再排序,反映了企业伦理主要是定性,不是定量。因为很难精细地评价一家企业的伦理水平,企业也不一定喜欢这样的排名。

表 1-3　2016~2017 年中国最受尊敬企业名单（按企业首字母排序）

序号	企业名称
1	3M 中国有限公司
2	阿里巴巴集团控股有限公司
3	宝马(中国)汽车贸易有限公司
4	华晨宝马汽车有限公司
5	北京京东世纪贸易有限公司
6	帝斯曼(中国)有限公司
7	东旭集团有限公司
8	泛海控股股份有限公司
9	复华控股有限公司
10	高通无线通信技术(中国)有限公司
11	广东欧珀移动通信有限公司(OPPO)
12	广汽本田汽车有限公司
13	国际商业机器(中国)有限公司(IBM)#
14	海尔集团(青岛)金融控股有限公司#
15	华侨城集团公司

序号	企业名称
16	华为技术有限公司#
17	华夏幸福基业股份有限公司
18	嘉实基金管理有限公司
19	平安国际融资租赁有限公司
20	青岛啤酒股份有限公司#
21	三星（中国）投资有限公司
22	上汽通用汽车有限公司#
23	神州优车股份有限公司
24	施耐德电气（中国）有限公司
25	腾讯控股有限公司
26	完美世界股份有限公司
27	万科企业股份有限公司#
28	微梦创科网络科技（中国）有限公司（微博）
29	协鑫集团有限公司
30	兴业银行股份有限公司
31	雪松控股集团有限公司
32	阳光保险集团股份有限公司
33	一汽—大众汽车有限公司#
34	招商局蛇口工业区控股股份有限公司
35	中国东方航空集团公司
36	中国贵州茅台酒厂（集团）有限责任公司
37	中国民生投资集团
38	中国农业银行股份有限公司
39	中国平安保险（集团）股份有限公司#
40	紫光集团有限公司

在 2001 年的 50 家企业中，有 25 家外企和中外合资企业，占比为 50%；13 家国有和大集体企业、9 家股份制企业、3 家民营企业，分别占总数的 26%、18% 和 6%。这显示了当时外企和中外合资企业对此类榜单的熟悉和重视，而国内企业还无暇顾及这个方面。

2016~2017 年的企业数由最初的 50 家减少到 40 家，其中中国企业数量大幅增加，外企和中外合资企业 11 家，占比为 28%，比第一次评选时几乎下降了近一半。这展现了中国企业对伦理管理的高度重视和迅猛进步。不过，评选单位似乎在标准选择上妥协了一些，贵州茅台酒厂又上榜了。如此看来，企业上不上受尊敬企业名单，和名单的评选者的立场及其标准设计有很大关系，任何排名都具有一定的妥协性和导向性，不可能完全客观。

二、行业的社会伦理性

我们可以升维到行业层次来评价企业的伦理性。

笔者认为，和网络型企业、房地产企业、矿产企业的自然垄断性一样，企业所处行业也会产生自然的社会伦理性。比如环保企业、治病救人的医疗企业、教书育人的教育企业、半企业性质的老年颐养机构等，公益性的行业会自然产生受人尊敬的高伦理性。反过来，有些行业会产生自然的低伦理性，甚至不应进入受人尊敬的企业行列。例如，尽管烟酒行业企业给政府缴了很多税，解决了不少就业问题，其员工的收入和生活很好，却难以进入受人尊敬的企业名单，这就是社会普遍伦理所起的排序作用了。人们知道，在这类企业的巨大营利中，多数不是由企业经营努力所得来的，而是由行业垄断、政府政策所致，而且产品本身不利于健康。这种企业为社会以及为客户所创造的利益，有时还不如造成的损失大。因此，非健康产业的企业基本被排除在名单之外。《经济观察报》解释道："2001 年候选名单中的烟、酒行业企业像长沙卷烟厂、昆明卷烟厂、玉溪红塔烟草（集团）有限责任公司、宜宾五粮液集团、贵州茅台酒厂等企业没有出现在后来几年的名单上。虽然烟草公司是国家利税大户，但是烟草本身对人类的健康造成危害，所以它们不再被作为候选企业；而以粮食为主要原料的白酒企业，除了酒精对人的健康也有一定程度的危害外，其加工过程中对粮食也造成了浪费，基于这样的原因，像贵州茅台、宜宾五粮液这样众所周知的品牌也不再进入候选名单。"

而对于某些行业的企业，是不能名利双收的。公益性的企业利低名高，公害性的企业利高就必须名低。当然，这些企业毕竟是少数，大多数普通企业是可以通过经营管理和伦理管理，达到中等程度的名利双收的。我们可以用图1-5来表示这种区别。

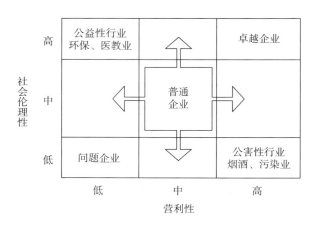

图1-5 行业的社会伦理性

三、伦理投票是否决权

社会对企业的伦理投票不是决定权，而是否决权。企业伦理做得好不一定进入受尊敬企业名单，但只要企业在名声上出了问题，就一定会从受尊敬企业名单中消失。比如著名咨询公司安达信，由于为美国安然公司做假账而被曝光，对于这种主要靠声誉、信用生存的公司，来自社会的不信任是致命的，委托安达信做账和审计的客户公司都怕被牵连，避之而恐不及，因此几天之内其客户就流失殆尽，公司倒闭。

俗话说，病来如山倒，病去如抽丝。企业名声正好相反，名来如抽丝，名去如山倒！成功需要所有因素齐备，而失败只要一个要素出事。企业声誉就是其中一个容易出事的要素。这表明了著名企业声誉管理的必要性和风险性，显示了企业和媒体、公众这两个权益相关者的密切关系。

媒体企业、食品企业、药品企业等属于企业伦理风险比较高的行业。

比如媒体企业百度搜索的竞价排名出现的问题，就是没有处理好价格决定权和伦理否决权的关系。百度搜索把"出高价者排前"作为唯一或第一指标，就不能有效地阻止出高价的骗子医院。百度需要在自己的竞价排名规则中，兼顾"价高者上和虚假者下"的平衡。在市场经济中，价格是重要的，但价格又只是定量的，能解决"排序"问题，不能解决"排除"问题。价格指标是决定权，伦理指标是否决权。伦理指标和价格指标相比不是权重大小，而是高一维。必须添加定性的伦理指标，才能比较有效地保证排名的名声和权威性。

我们可以把企业伦理称为伦理资本。并不是所有企业的伦理资本要求都同样重要，除了媒体企业、食品企业、药品企业等行业的企业伦理资本要求高以外，越是靠知识、信用、品牌、名气、企业家个人声望等要素支撑的公司，其伦理资本也越重要，更需要做好伦理度和伦理风险管理。

第二章

错综复杂的企业伦理

从上一章可以看到，企业伦理是一个相当复杂的领域。企业伦理在微观上可以分为伦理观念、伦理准则、伦理行为和伦理结果；可以分为个人伦理、职业伦理和组织伦理；可以分为中国传统伦理、革命信仰伦理、现代市场伦理。在中观上可以分为与十种不同权益群体关系的伦理。在宏观上可以分为个人伦理、企业伦理和社会伦理。在量化方面可以对伦理度进行评价和测量。后面我们还会看到，企业伦理管理还应该认真分析伦理和企业文化、企业制度以及国家法规的关系；还要按照企业成长阶段对企业伦理的时序变革进行分析。所以，本书用超立体结构来形容企业伦理的逻辑框架。

伦理是个上不着天（信仰）、下不着地（法规）、外延边界模糊、内涵错综复杂的领域，因而伦理学在大学归属于哲学，哲学可不是一般人能搞定的东西。复杂难办的伦理再加上企业这个复杂多样的经济组织所形成的企业伦理管理，就更是颇具挑战性的研究对象。

第一节　现代新伦理的发源地

企业已经成为新伦理的重要发源地。虽然企业伦理是特定组织的伦理，但是，由于企业组织已经成为当今社会最普遍的组织，企业伦理也就成为了这个社会最重要的伦理范畴。据统计，世界上 3/4 的就业人口生活在企业组织中，企业作为一个追求经济效益、创造经济价值的组织，也在创造新的伦理规范。尽管我们国家现代企业的发展还比较落后，但我国的企业人口也在随着经济的发展和企业的成长迅速增加，企业伦理也正在受到人们的广泛重视。

一、伦理理论来自于伦理实践

现代企业不发达，对企业伦理的研究自然就相对落后，中国的企业伦理研究可以说还没有真正从一般伦理学和经济伦理学中分离出来。目前我们一讲企业伦理往往用"诚信"这个内涵很窄的概念代替。美国学界和企业界真正开始重视和研究企业伦理是在 20 世纪六七十年代，日本是在 20 世纪八九十年代，都和企业发展到一定阶段有关，伦理问题开始成为不可忽视的课题。我们则刚刚开始关注和研究，积累较少，企业伦理的研究内容主要还是在传统伦理学的范围内，由哲学或经济学领域过来的研究者较多，直接借鉴欧美伦理研究的较多，而且我们还没有成熟的企业伦理研究体系。

企业多数忙于生存问题，"衣食足而知荣辱"，尽管企业诚信等问题比较严重，但目前也不可能太重视。我们认为大概还得等一段时间，多数企业才能真正重视起来，企业伦理学界也才能成长出像样的研究队伍。

既然企业已经成为我国社会重要的组织，不管重视不重视、研究不研究，企业组织所形成的成文或是不成文的观念、行为规范必然成为影响社会观念和规范的一个重要因素。

二、中国企业伦理研究成果

20 多年来，中国管理学界已经产出了一定数量的企业伦理专著、教材和案例集。

具体说来，企业伦理专著和教材分为以下几类：一是一般的企业或商业伦理学，包括《企业伦理学》《企业伦理》《当代中国企业伦理模式研究》《企业伦理学教程》《企业伦理通论》《新商业伦理学》等。二是具体到一定管理不同领域内的研究，如《市场经济与企业伦理论纲》《国际商业伦理》《企业文化与企业伦理》《伦理管理：现代管理的道德透视》《信息技术与企业伦理》《企业营销道德》《公司治理层面的伦理结构与机制研究—公司治理学术文库》等。三是和社会责任相联系的企业伦理研究，如《企业伦理与社会责任》《商业伦理与社会责任》《企业社会责任研究系列：企业社会责任概论》等。四是强调管理伦理学，如《商业伦理管理》《管理伦理学教学案例精选》《公司道德：高绩效企业的基石》等。五是伦理学专家研究社会伦理与企业伦理，如《新加坡的挑战：新儒家伦理与企业精神》等。与此同时，中国人民大学出版社等还引进了一批国外的企业伦理图书，如吉耶尔的《企业的道德：走近真实的世界》、詹姆斯·E.波斯特等的《企业与社会：公司战略公共政策与伦理》、曼纽尔·G.贝拉斯克斯的《工商管理经典译丛：商业伦理：概念与案例（第7版）》、伦纳德·J.鲁克斯的《商业伦理与会计职业道德（英文版·第5版）》等，在国内影响较大的还有韦伯的《新教伦理和资本主义精神》一书。

与此同时，不少企业开始制定自己的伦理准则，如华为公司的《华为员工商业行为准则》和《瑞福油脂公司的企业伦理宪章》等。行业也开始进行《食品行业伦理与道德建设》《医药企业伦理准则》的制定活动。常亚平的《企业道德守则》一书则介绍了几十家国外企业的道德守则文本。

三、企业伦理引导社会伦理的趋势

学而优则仕，传统社会伦理之所以成为中国社会的核心伦理，是因为社会精英基本走的是仕途，即使在改革开放政策实施之后的几年，社会精英依然希望进入政府部门当政府官员，在有权有势有利的官本位机制下，自然会产生出相应的官场伦理，而且会左右社会伦理的方向。而现在情况发生了变化，企业伦理的兴盛不仅是因为企业人口大幅度增多，还因为有很多才俊之人、社会精英在走向企业。做企业自然有做企业的追求、观念和约束，它要向消费者表白，向社会诉求，被消费者和社会所接受的部分慢慢地就成为了社会的观念导向，成为一种伦理规范。改革开放以来，很多社会上新的东西、提法是从企业里出来的，比如竞争意识、市场意识、效率意识、经济效益意识、开拓创新意识等，包括仅仅因为"8"是广州话"发"的谐音寓意发财，"8"也成为了吉祥的数字，"8"字结尾和多个"8"字的汽车牌照和手机号码也成了"抢手货"。可见，在以经济建设为中心、建设是第一要务的今天，企业正在成为社会上新伦理观念的重要发源地。

第二节 "绿水青山"OR"金山银山"

在这个时代，伦理自律程度应该和生存状况有关，就好比中国人首要追求的是生存权、发展权一样，如果超越现存时代去讲理想化的伦理标准，就成了空想伦理主义者。一味追求谁都认为正确但根法无法实现的东西，就不是实事求是。我们所讲求的伦理行为和要求，当然不能落后于这个时代，但过于超越时代反而更坏。企业伦理不是数学命题，我们在企业伦理标准上要的不是最优解，而是满意解，是和现实中多数企业和企业家的基本伦理意识相符合的标准。

一、企业伦理的满意解

一个有污染的企业我们一定会说它不好，污染环境是明摆着的坏事。一个企业要生产东西，一定会有废水、废气、废料等副产品，有"三废"就可能会影响环境。比如说买车就是扩大内需为国家做贡献了，但开车上路排尾气总会污染空气，这到底是好还是坏？大家平时习惯把污染看成是企业行为，但如果静下心来，认真分析一些统计数字，就会发现，世界上最多的污染物不是来自企业而是来自生活。也就是说，每个人的衣食住行造成的生活污染是最严重的污染，比工业生产造成的污染还厉害。那么请问，你还吃不吃饭？洗不洗衣？

所以，污染问题是很复杂的，我们可能忘记了自己既是在创造财富又是在创造污染，而只是习惯性地站出来批评企业。我们不是要为污染企业开脱什么，而是希望大家来思考，应该怎样去分析这个问题。谁都希望我们的社会是个环境优美又非常富裕的社会，但是我们现在不是，可以说我们还处在环境不太优美、经济不太富裕的非全面小康的水平。在走向这种理想社会的过程中，我们该怎样迈脚呢？是先迈右脚，先富裕起来，再抓环保？还是先迈左脚，决不污染环境，以后慢慢再富？某些聪明人一定会认为这是个弱智的问题，干吗非选这两种走法，直接走又环保又富裕的道路不是最好吗？环保主义者多数会教导我们要像青蛙一样走路——两脚一起跳。不能说世界上绝对没有这样的走法，但每天跳着走路的人还真不多。

有人可能会说，这不就是"先污染，后治理"吗？社会上批判的就是这个观点！首先声明，本书绝不赞成"先污染，后治理"的观点和做法，这里想说的是"先致富，后散步"的观点——有财富了，全面小康了，就有余力绿化好环境，在辛劳之余休假散步了。

记得有一位日本大学的老师在 1980 年和 1996 年来过北京，笔者问她两次来北京的感想如何，她说虽然现在北京发展了，但她还是喜欢 1980 年的北京。笔者问她为什么，她说那时的北京一片田园风光，城市里还有马车走过，人们很纯朴，很有意思。原来她欣赏的是这样的北京。想想那时，污染北京的不是汽车尾气，不是雾霾，而是大街上走的马车、驴车留下的大粪味和每年都有的铺天盖地的风沙。社会不进步，经济不发展，追求一种田园生活，也不错。但在竞争的社会，别人发展你落后，你的田园就可能成为别人的田园了。即便不如此，别人的污染工厂、工业废料照样会搬到你的美丽田园来。世界上那些所谓的先进国家治理污染，主要不是靠资金投入和环保技术，而是靠向发展中国家转移污染。

二、不要成为垃圾出口大国

经济学把世界上的国家分为资源国、制造国和消费国三类。一直以来，中国被认为是制造大国和贸易大国，而不是消费大国。但我们并没有认真区分中国在制造什么，消费什么。

循环经济的链条是：原料—产品—消费—垃圾—再生原料。我们可能负责了两头：原料—产品，垃圾—再生原料。在西欧，平均每人每年要生产 100 千克的塑料垃圾，中国是 20 千克。我们是产品制造国，发达国家是产品消费国，同时发达国家是垃圾出口国，我们是垃圾消费国。

我们曾经认为资源比环境重要，于是有了所谓的"环境换资源"政策——尽管没有"市场换技术"那么为人所知——我们从美国、英国、欧洲、日本每年进口大量高污染的工业垃圾和生活垃圾，2016 年，中国接收了全球 56% 的垃圾。我们不但是工厂、市场，更是垃圾场和垃圾加工国，对我国环境的污染、人身体健康的损害日益严重，并以此成就了发达国家的美好环境。

2017 年，中国正式通知世界贸易组织，从 2017 年底开始将不再接收外来垃圾，包括废弃塑胶、纸类、废弃炉渣与纺织品等。从洋垃圾进口到禁止进口，我们走到这一步实属不易。我们一直强调垃圾分类，学习发达国家的做法，以为这样能解决环境问题，但这种做法有些舍本逐末。西方发达国家主要不是靠垃圾分类，而是靠垃圾出口解决环境问题的，他们所做的垃圾分类主要也是为了垃圾出口。

不同时代，我们的认识是在进步的——我们曾经认为技术比市场重要，并实行"市场换技术"的政策，结果失败了。尤其是汽车业，市场没了，技术也没换来。我们已经知道了环境比资源重要的道理，所以必须改变"环境换资源"的政策。

因此，要向发达国家学习，在努力由制造大国转型为消费大国的同时，通过技术、分类等手段减少垃圾的产生，在保持货物贸易出口大国地位的同时不要成为垃圾出口大国，虽然这很难，西方发达国家也没有做到，但这何尝不是符合人类最高伦理的目标追求。

三、企业伦理是个悖论问题

先看一个案例："我是 A 公司的环保处长。我们是一家化工企业，污染很严重，政府有关部门对环保抓得很紧，我们不得不采取了一些措施。实事求是地讲，我们为此做了很大的努力，成效也是显著的，但离国家标准还是有相当的距离，真正环保达标是不现实的，不得已之下，我们只好采取一些变通的方法蒙混过关。其实有关部门也是心知肚明，但是近 6000 人的大企业，如果让我们停产，员工生活出了问题，成了社会不稳定因素，势必影响巨大，因此也就睁一只眼闭一只眼。我自认为是个讲求诚信的人，这是我做人的准则。但是在这件事面前，我不得不做违心的事，说违心的话，也只能用企业利益，6000 人的饭碗来安慰自己。"

如果你是 A 公司的环保处长会怎么办？是继续纠结，还是辞职不干？

贫穷不是社会主义，污染也不是社会主义，2003 年的"非典"（SARS）告诉我们，不卫生、多病患更不是社会主义，"小康不小康，关键看健康"。但财富依然是基础中的基础，没有比较丰厚的财力，我们对付 SARS 可能会更不容易。我们得先富起来，富起来是我们解决其他大大小小问题的先决条件之一。迈右脚可能是一个满意的决策，尽管有很多人会冠冕堂皇地提出反对意见，而且一定会轻易地把我们驳倒——因为在嘴上说比在路上走要容易得多。这就是价值观排序问题了："发展是硬道理"，你到底是要先迈右脚，还是先迈左脚？是跳着走？还是坐着论道？

"绿水青山"就是"金山银山"。这是未来的梦想，关键是怎么把"绿水青山"变成"金山银山"，这需要实现梦想的方法和智慧。有些发达国家做到了，但手段并不太符合伦理，那就是把污染产业和垃圾搬到别的国家去，然后让别的国家的有钱人到自己这里来学习和旅游。

第三节　三种伦理观

虽然古人说，天下大势，合久必分，分久必合。但其实"分"才是真正的大势，比如现在世界上已经有 195 个主权国家了，以后可能越分越多。和国家的分化一样，伦理也在不断地分化，由过去统一的社会伦理分化成了一些独自的、有着自己的逻辑、程序和规则的细分伦理。过去的大一统伦理共同体，演化成了既相互独立，又相互联系的伦理组合体。

一种观点认为，以中国几千年深厚的历史传统而言，我们不必要研究什么企业伦理，有社会伦理应用在企业就行了。这里要讨论的是，用社会伦理标准来判断企业伦理行为是否恰当呢？P. 普拉利在《商业伦理》一书中详细研究了商业伦理的相对独立性问题，他提出了一元论、区别论和整合论三种观点，本书借鉴他的研究角度，提出关于社会伦理和企业伦理关系的三种伦理观，一是普遍伦理观，二是特殊伦理观，三是辩证伦理观。下面我们逐一讨论。

一、普遍伦理观

普遍伦理观是将社会伦理视同于企业伦理，赞成用社会通用的伦理标准来判断企业的活动，从社会伦理标准中汲取内容进行企业伦理的建设。有着宗教色彩、政治色彩的组织和人一般采纳这种普遍伦理观念。他们一般采取政治组织成员企业任职、宗教渗透、道德灌输等手段将社会伦理输入企业中，比如一些企业照搬《公民道德建设实施纲要》的内容，就产生于这种观念指导之下。

普遍伦理观不承认社会分化带来的伦理分化，认为提出与大一统伦理所不同的领域化伦理，是对传统伦理共同体的威胁。他们也承认有企业伦理，但他们认为企业伦理只不过是一般伦理的原理在企业中的应用。普遍伦理观认为社会伦理对企业伦理是一种包含关系，如图 2-1 所示。

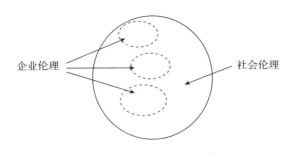

图 2 - 1　普遍伦理观

由于普遍伦理观将社会伦理与企业伦理等同起来，因而无法区别那些由企业活动的内在逻辑所要求的特殊行为。比如普遍伦理论的批评者约里森说："道德原则本身，不能告诉企业家应该投资多少于环境保护，应该为失业者做些什么，哪些种类的反竞争措施在道德上是允许的。要回答这些问题，道德原则就必须面对经济的内在逻辑，而在这一点上，普遍论是做不到的。"

二、特殊伦理观

古典经济学家所持的特殊伦理观很有名，亚当·斯密就是其中一个代表。特殊论者把企业领域看作是完全独立自治的市场系统的一部分，它完全独立于生活世界的文化伦理领域而存在。特殊论者认为企业有其自身的伦理规范，反对将社会道德规范运用于企业。亚当·斯密著名的"看不见的手"理论，解释了企业在各自追求孤立的利益时是怎样促进人类的福利的。市场机制正是通过主观为自己的个体行为最终达到了客观为社会的机制。

虽然特殊论者认为社会伦理和企业伦理是不同的，但他们不排除社会伦理对企业伦理的影响。为了防止企业行为对社会可能造成的破坏性后果，社会是通过两种非伦理性的手段来影响企业的，如市场手段和法律手段。如企业违反了环保要求，政府就可以用法律手段给予处罚，从而通过提高企业成本、减少利润来影响企业改变自己的行为。特殊论者认为，将社会普遍的道德规范简单地应用到企业领域，实际上只会引起法律要求和市场规则两者之间的混乱。

比起直接向企业提出普遍伦理的要求，聪明的人应该采取变通的手段，即把伦理要求转换为法律和市场的语言，那么企业就会听懂，这种伦理要求就会得到企业的响应，为企业所遵守。但要知道，来自企业的响应并不是对伦理的响应，而是对法律和市场的响应。

特殊论者认为，普遍伦理是一种理想甚至是幻想中的伦理，不仅用在企业中不合适，即使用在实际生活中也有较大的弊病。很多例子告诉我们，主观上为他人的实际结果反而为不了他人，比如形式主义的"学雷锋"，反而使需要得到帮助的人得不到真正的帮助，因为"志愿者"机制比"奉献者"机制更能达到帮人的实效；逢年过节访贫问苦、送粮送油的活动，使人们忽视了应该建立其他机制才能使更多的人获得帮助，这就是后来的精准扶贫和帮勤治懒。

特殊论者认为，社会要实现对企业的合德要求，必须找到实现这种要求的具体形式。这种实现形式必须是与企业的语言相接轨的，企业的语言就是以自我利益为导向的语言。如图2-2所示，实现形式主要有三个：第一是法律形式。法律是一种强制，有了法律约束，即使企业或个人不赞成，但尊重法律背后的伦理思想，也会出于强烈的利益动机而遵守法律规定，使其行为合法。第二是市场形式。市场是一只无形的手，可以把买卖双方的定价行为、质量行为、广告行为等，约束在一个适当的范围之内，使其合理。第三是暴力形式。极端行为也是一种力量，比如往厂家所卖的棉被里扎针、在药品中下毒、破坏机器设备、纵火爆炸等，企业感受到这些极端分子的威胁，就不得不改变某些决定。当然，暴力行为是违法的。

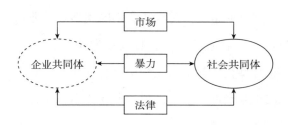

图2-2　特殊伦理观①

---

① P.普拉利引用约里森的观点将图2-2中的市场和法律作为社会和企业之间的"转换器"，我们认为此外还有暴力作为一种"转换器"存在。

不少企业认识到了社会普遍伦理与企业伦理的不同，同时又认为伦理是企业管理的重要一环，于是就开始制定自己的伦理规范，成立伦理委员会，有计划地开展慈善捐赠活动等。

三、辩证伦理观

普遍伦理观认为社会伦理和企业伦理是全体和部分的关系，特殊伦理观认为社会伦理和企业伦理是分开的。而辩证伦理观则认为两者既有相同的交叉部分，又有不同的各自领域（见图 2 - 3）。

图 2 - 3　辩证伦理观

两者的交叉部分来自于组织成员的角色和身份的重叠，比如一个人是企业总经理，同时又是一个家庭的家长；是一个企业的领导，同时又是行业组织的理事；是一位人大代表，还是一名共产党员或者党委书记。那么，他的伦理行为可能会受到不同组织性质的影响，不管是有意识的还是无意识的，多多少少总会带到企业内部，或者带到其他组织。所以才有不同类型的企业伦理、不同类型的企业家。比如除了商业型企业之外，还会有政治型企业、技术型企业、家族型企业、社会型企业、慈善型企业甚至黑社会型企业等。

辩证伦理观承认企业伦理和社会伦理的辩证关系，认为企业伦理基本是独立的、特殊的，但其又会因为核心成员的原因，而与社会伦理产生各种类型的、权变的相互影响关系。

同时，辩证伦理观还认为企业伦理本身不是不非、不对不错、不善不恶。

管理理论没有大家共同认可的对错，管理实践却有真实确切的成败。这句话适用于企业伦理吗？管理理论没有对错，企业伦理也没有对错吗？本书认为确实如此。企业伦理是在探讨是非、对错、善恶，但企业伦理所讲的各种观点本身同样没有绝对的是非、对错和善恶。企业伦理的概念有多种，企业伦理的主要观点也有很多种，它们本身也没有所有人共同认可的对错，也就是没有人类普世的伦理观。

但企业又必须界定自己企业的伦理观点和伦理立场，界定自己对企业各种行为是非、对错和善恶的选择。比如经营企业到底是不是一种高尚行为？企业本质上是不是自私的？通过做企业赚钱成为一个富人后心底是否清净？为什么要赚钱？不被社会、员工理解的时候怎么办？做民营企业家有人看不起自己时怎么办？同行竞争甚至攻击自己时怎么办？等等。

我们发现，有些企业家认为自己挣来的钱是罪恶的，或许是法规上的"原罪"，有些钱来路不正；或许是理念上的"原罪"，财富是自私欲望所生，因而心有不安，或移民海外，或遁世反省。也有些企业家认为财富是上天、佛祖给的，因此要还愿，要把钱捐出去求得心理平衡。还有些企业家认为自己企业能发展起来是国家政策和时代所赐，因而报效国家和感恩时代。每个人总会对事业、财富，对自己的行为是否正当做出判断，三观不同，方法不同，自然结论和对策不同。"逻辑地"思考企业伦理问题，目的之一就是使自己的所作所为被自己认可，然后被社会上的"部分人"认可。

企业伦理没有是非、对错和善恶，企业又必须选定自己认为是、对、善的伦理决策。这是矛盾的，正因为是矛盾的，企业就要在伦理管理上求得这个矛盾的平衡点。那就是对外宽容，承认世界上有多种伦理观，然后去选择志同道合的合作者；对内严格，对员工尤其是干部要求明确的伦理观念承诺和准则遵从，并按照承诺考核其伦理行为和伦理结果。对外包容开放，对内制定规则，记录伦理行为，奖励伦理贡献。这正是企业伦理对立统一的辩证关系。本书则秉承辩证企业伦理观。

四、伦理三观矛盾时的案例分析

企业伦理研究的主要任务，是寻找更多的方法，帮助企业的领导者或管理者，将企业的本质目标与企业伦理观念和准则联系起来，同时考虑社会或个人伦理的要求，做出负责任、有效率、受尊敬的经营管理决策。P. 普拉利在《商业伦理》一书中提到了一个著名的案例，讨论了遇到伦理两难问题时，如何用整合和辩证的方法来处理。我们在此完整引用这个案例。

哈林根医院医生偷窃病人捐款案例。

1. 事实真相

1994 年春，在荷兰北部哈林根一家名为奥拉涅沃德的公立医院中，院长发现医院人员偷了病人的捐款。这是小偷小摸，因为每周失窃的只有几十荷兰盾。尽管如此，院长对此极其重视，因为这些捐款是准备在圣诞节期间奖励医院护理人员的。偷窃这种捐款意味着对待同事极不忠诚。在与地方警察局联系后，院方悄悄安装了录像监控装置。一开始，院长就决定不论小偷是谁，一经发现立即开除。到了 6 月底，真相大白。录像机留下的是本院唯一一名神经科医生的身影。他踮着脚尖，走向捐款箱，用钳子夹走了纸币。

当发现这种区区小偷竟是他们十分尊敬的神经科大夫所为时，医院董事会先是大吃一惊，然后转而愤怒。然而很快他们便意识到他们遇上了一个大难题。要解雇他，医院可能在近期受到严重打击。他们医院正在与一个更强劲的对手——吕伐登医疗中心进行谈判，而对手早就示意，他们已有秘密对策。吕伐登医疗中心很可能把开除这位神经科大夫作为关闭哈林根医院神经科诊室的借口。如果这样，那么近 20 名工作人员就可能长期失业，就诊的病人也不得不去 25 公里以外的吕伐登医疗中心看病。

他们在道德要求和战略考虑之间走进了两难境地，这种两难可用多种形式来表述：

（1）我们是否应该在社会公众面前表现正义，解雇这位神经科医生，同时接受关闭神经科的可能性后果？

（2）我们是否应该以医院利益的大局为重，考虑这位医生的价值，改变开除的决定，继续留用这名医生？

（3）如果留用这名医生，我们如何向员工做出解释？他们是否会要求维护正义，坚持规定面前人人平等？

（4）这种消息如何向公众说明？要不要全部见诸于报端？如果有人指责这样做有违正义，我们如何作答？

2. 案例背景

哈林根医院是一个为生存权而奋斗的小医院。卫生主管部门的改革方案是希望将小医院中的特殊科室全部撤掉，合并到大医院中去。小医院当然不愿意，全体员工也支持医院董事会的决定，希望保留现在的神经科。

在本地，这位神经科医生是位知名大夫。虽然人们觉得他作为一个人有性格上的缺点，非常自负，有时目中无人，但他有着非常优秀的专业技能和医术。医院找他谈话，要求他本人在这件事情上要谨慎，不要随意说话。这位医生也希望院方不要把曾经准备给他的惩罚透露出去。

医院也拒绝评价这位医生做这件事的动机（看行为、看结果、不看动机），却解释了他们不愿解雇这位医生的理由。这个决定先是在一个有中层干部和神经科员工参加的会议上宣布的，并说明已经对他实施了惩罚。干部和员工的反应同样经过了三个阶段：先是吃惊，再是愤怒，最后是在医院利益和道德要求之间进行权衡判断。几个月之后，对这位医生心存鄙视的同事已经不多了。

医院公开说明了留用这名医生是出于医院战略利益的考虑，虽然这样做会造成严重的道德后果。因为不这样，医院就可能失去神经科，而失去神经科就可能意味着20名医护人员面临失业。而且，失去神经科还可能会使他们医院在和市医院的谈判中变得更被动。

医院在较长一段时间后才向全体员工公布了他们的决定。院方解释说他们的道德和自信心受到了挑战，也承认留用这种人的危险，但他们仍坚持医院的战略利益是应该优先考虑的。院长说在场的所有人都支持他的决定，尽管这个决定有违公平正义原则，但他们都把这个决定看作是明智决策。

3. 四方立场的不同伦理标准

从医院方看：

（1）（一开始）偷盗捐款是错误的，任何嫌疑犯都应该受到开除的惩罚。

（2）（看了录像之后）我们找不到其他神经科医生，惩罚他意味着要关闭神经科，出于这一考虑，我们必须应用另一条标准：正义面前人人平等这条标准无法与医院的生存和未来的重要性相比较。

（3）但根据普遍伦理观的观点，开除那位神经科医生也许是在道德上唯一可被接受的事情。

从人事委员会方看：

（4）从恶有恶报的观点看，应该给予惩罚，而不管其有什么地位。

（5）组织的利益凌驾于行使正义之上。

（6）作为一名专业人员，他有良好的声誉。

从涉事医生方看：

（7）被人抓住是很痛苦的经历，我对其他人的义愤表示理解。

（8）我出于个人考虑愿意留下来，经受同事情感的考验，因为我相信在院方领导创造的环境中，能和同事把这件事情处理好。

从中心医院方看：

（9）作为未来的合作伙伴，医院应该把这件事情通知我们，也许我们可以给予适当的帮助。

（10）仅仅考虑哈林根医院20名护理人员可能面临失业，而不考虑留用此人给整个医疗界带来的影响，真是荒唐！

（11）正义的伸张，人人平等，如果护士偷了钱就要被解雇，那么为什么对他要另当别论呢？

院方的关键选择：

放弃对正义的伸张，把医院的战略利益选择放在首位。而方法就是首先获得和利益密切相关的内部科室员工的支持。

结果：

几个月之后，院方的选择深受员工的支持，当事医生自然对院方的宽容心存感激，表示不满的只剩几位医疗专家和几家合作伙伴，当地社区也有人议论这件事，而医院保住了自己的神经科和员工。

伦理管理不能只是议论，首先必须有自己的理念和准则，并且做出排序和选择，排序用的是价值观方法，选择用的是决策方法。最终要敢于承担伦理决策的后果。

但是，关于这个案例，如果是你，你会站在什么立场？做出什么选择呢？

第四节　只缘身在伦理中

本节我们着重讨论一下企业伦理所要提倡的四项基本原则：一是跳出伦理看伦理；二是伦理标准不宜拔高；三是最适伦理度管理；四是不评是非的建设性思维。

一、跳出伦理看伦理

中国人的优点是重视伦理，而缺点是太重视伦理。不识庐山真面目，只缘身在此山中。跳出管理看管理，跳出伦理看伦理，就是跨界思维。笔者不是学伦理出身，而是学管理出身，因而是从企业经营管理的角度看企业伦理，不受伦理学的思维模式约束，不同方法用在同一对象上，会有突破的可能。

知识的方法总是少于知识的内容，方法的变化总是少于内容的变化。我们研究的领域变了，但我们坚持的某些研究或学习方法不需要变。我们不是局限在人们平时所理解的所谓伦理知识的领域里面来讲，而是可能要越雷池一步，跳出传统伦理学的圈来观察企业伦理，这样就要用"心眼"来观察，更能把握和了解企业伦理的真谛和本质。不仅要用手"摸象"，还要用眼"观象"，用心"知象"。盲人摸象凭感觉，常人观象凭眼力，智者知象靠心思。

我们想要强调的是，跳出伦理看伦理，即研究伦理尽量不要把自己的伦理观放进去。只有站在客观的立场，才能真正看清伦理的本质；只有对伦理不带情绪地热爱，才能说清伦理的逻辑；只有研究伦理的形式而不是内容，才能做出正确的伦理解析。我们知道这是很难做到的，但我们应该努力做到。

同时，学习和研究企业伦理不能只研究书本，要深入企业实践，甚至要亲自做过企业。比如，没钱的人责骂有钱的人，其动机就值得怀疑。没做过富人，一般对富人的感觉就不清晰，就不会知道越有钱的人越缺钱，他们缺的不是消费的钱，而是投资的钱。把钱拿来用于消费是有够的，但用于投资则永远缺钱。甚至可以说，只有富人才有责骂财富的权力，因为只有他们，才知道财富增值的压力、才知道财富持有的风险等。同样，没做过企业，就没有足够的能力评价企业经营者的好坏，他们很难有和经营者同样的立场和角度，也不可能了解企业经营者的责任压力和事业苦恼。其实，口头上挂着"为富不仁"，天天说"无商不奸"的人，往往有暴力夺取财富的心理倾向，其理论根据是"造反有理"——"你不仁，就别说我不义"，"你奸商，就别怪我抢你东西"。这往往成为黑恶势力攻击企业的理论基础，成为"绿林好汉"劫富济贫的理论基础。

因此，学习和研究企业伦理，要跳出自己的伦理观，要跳出伦理学者的立场，而这不影响经营企业时再跳回自己的伦理观。

二、伦理标准不宜拔高

人们尊重创造财富而不享受财富的人，比如家财万贯衣着简朴之人、身家百亿辛勤工作的公司老板。马克斯·韦伯认为，具有新教伦理和资本主义精神的新教徒的人生是这样的：拼命赚钱禁欲花钱，为上帝尽天职使命。一个持续成长有活力的企业实际就是这样的，毛利水平很高，但净利并不高，他们把费用用于研发和投资，而不是用于分红、享受甚至浪费。我们经常讲党的干部尤其是党的领导干部，要"先天下之忧而忧，后天下之乐而乐"，努力工作，牺牲奉献，这就是高标准、严要求。

但同时，人不能总是站在道德制高点俯视众生，伦理标准不能太过拔高。伦理标准太高，众生就皆恶，企业就皆恶。反过来，伦理标准适合时，人就有善有恶，企业就有善有恶。但是，因为强调伦理的人有伦理越高越好的思维习惯，于是有人就拿高标准来压制不同观点。伦理标准不是越高越好，而是能够为目前大多数人所做到为好，即追求现实性、适用性的原则。企业伦理标准按某些崇高理想定得过高，实际是把广大员工置于非伦理之地，有追求的员工因做不到而心里难受，没追求的员工觉得反正也做不到而心安理得。如果把这种多数人达不到的高伦理标准，以法律制度的形式规定下来强制考核，那就属于整人不浅、害人于无形了。这是喜欢斗争的政客式管理者常用的方式，讲得严肃些就是用法律手段反伦理。

伦理管理的基本原则是，追求高标准，实行中标准，确保低标准；考核言论、行为和结果，不考核动机；高标准用于考核干部，中低标准考核一般员工。

三、最适伦理度管理

有关企业伦理与经营业绩的关系方面，已经有了很多研究成果。有人强调，讲伦理、讲诚信的企业更有利于公司的发展，有利于利润的获得，有利于成本的降低。他们认为，虽然在短期内，不太重视伦理道德的约束也会带来不少的利润，但长期来看，符合伦理道德要求的企业行为将会带来更多的并且是经常的利润。他们列举了很多著名的、公众形象很好的公司，比如万科等来论证他们观点的正确性。

但也有不少人认为，遇到不良竞争对手或者处于不良市场秩序的时候，企业越是讲伦理道德和社会责任，竞争力就越弱，利益就会受到损害。现实中确实有这样的情况，就像好人难做一样，好企业也是很难做的。比如有公司因竞争对手捕风捉影的恶意诽谤造成市场销售额急剧下滑，刚开始是以德报怨，不和小人一般见识没太理睬，但后来没办法只能诉诸法律，最后虽打赢了官司但从此一蹶不振，到了破产边缘。再比如两家公司竞争一大单政府采购合同，一家能频繁邀请到相关人士"吃饭沟通"的公司最终赢得了合同，而另一家公司虽交易条件基本相同但丢掉了生意。

遗憾的是，这些研究成果之间也同上面案例一样有着不少的矛盾之处，无法得出令人信赖的结论。通过对这些研究成果进行综合,我们认为,没有足够的证据表明讲伦理会给企业带来好业绩,但讲伦理并不会给企业带来损失。上面企业利益受损的例子,并不是该企业讲忍让就是讲伦理,而是因为自己一方未能及时采取合理的竞争对策而造成的。

所以我们认为,研究企业伦理与经营业绩的关系,不能仅研究其相关性,关键是要研究伦理手段的应用——问题的核心不是用不用企业伦理手段,而是如何运用。

当我们把伦理当作一种管理手段时,会出现手段运用不当的情况。对伦理的过度投入,就像不适当地投入资金于计算机管理系统并没有取得应有的效率和效益一样,过多地关注企业伦理问题,也可能影响公司的竞争力。虽然我们一般说讲究诚信有助于企业长期发展,但必须使企业能够健康地活到那个长期之后,才能享受讲究诚信所带来的回报。比如,诚信会提高客户忠诚度;杜绝贿赂、造假、回扣会营造一个好的、低成本的经营环境;诚实守信、及时还贷、积极合法纳税会获得金融机构和政府的更大支持等。

对伦理过度投入的反面是过少投入。我们经常批评的行为有:只顾赚钱不管环境保护、置员工身体健康于不顾、生产假冒伪劣产品、发布欺骗性广告等,这种很少关注企业伦理投入的企业,最后往往被客户、员工和社会所摒弃。

我们假设,公司伦理行为和经济绩效呈曲线关系,即一个公司的经济绩效会随着从较低程度伦理行为到中等程度伦理行为而提高,但伦理行为程度过了某个点后公司的经济绩效却会下降(见图2-4)。这大概是因为企业的过度伦理行为会背离企业的经济组织使命。据此我们可以提出最适伦理度的假设,这可以作为以后的定量研究题目。

四、不评是非的建设性思维

建设性思维就是搞建设不搞破坏,做企业家不做评论家,追求成功不追求对错。一般认为,研究企业伦理本来就是研究是非问题,怎么会提倡不评是非呢?我们认为在研究时应该求是不求成,在实践时则应该求成不求是。具体讲就是,科学研究的目的求的是问题的是非真伪，不是事情的成败；但在实践中，我们的目标就是追求成功，成功则是，失败则非。

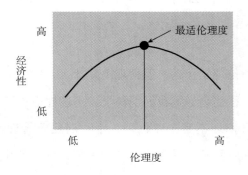

图 2 – 4　最适伦理度

所以我们认为，很多伦理问题与其说是矛盾问题不如说是悖论问题，与其说是性质问题不如说是程度问题。悖论问题指的是，这么说对，那么说也不错。比如想当将军的士兵是好士兵，想当一辈子士兵的士兵也是好士兵。程度问题指的是，现实世界中没有纯黑纯白，有的只是不同程度的灰。比如没有人绝对不喜欢财富，而是人们喜欢财富的程度不一样。

既然伦理问题是悖论式的、程度性的，那么，批判自己所不同意的他人的伦理观念，就成为不必要的了。就好比文化有多样性一样，伦理也有多样性。其实，在企业伦理范畴内要想批评人很容易，因为人们为了简洁地阐述伦理问题，经常使用较为极端的、对立的措辞来讨论伦理问题，比如义利、是非、善恶、公私、贪清等，其实其要讲的不是有义无利，而是重义轻利；不是有是无非，而是大是小非；不是全善无恶，而是多善少恶；不是大公无私，而是大公小私；不是想赚钱不好，而是赚钱的手段不好。其可能只是在做程度上的分类和先后排序，然后用于实践，而非"非此即彼"的评价。

第五节 伦理不是什么

前面已经讲过了伦理是什么，但伦理不是什么，也应该说清楚。概念边界不清，或者概念泛化，往往会导致我们不科学、不理性地思考伦理问题。家庭伦理不是企业伦理，社会伦理不是企业伦理，企业的经营管理问题也不全是伦理问题。企业经营管理的内涵和边界比企业伦理更宽，有很多和企业伦理不沾边，在此做几点澄清。

一、经营问题不是伦理问题

一个微信群里，两位企业领导吵起来了。一个说："你不要再给我下属打电话了，挖人也不能这样啊，你人品有问题。"另一个回敬说："我没做坏事，也没骗人，光明正大，阳光灿烂。"同业之间的人才竞争，闹到了公开吵架的地步。

同业之间的价格竞争，本来是正常的定价问题，但也可能搞成恶性的价格战，甚至搞成违反法律的倾销。这属于经营战略问题、企业伦理问题，还是属于法律问题，它们的边界就比较模糊。

企业经营管理中最基本的一些行为，如扩大市场、服务客户、吸引人才、买卖技术专利、学习技术诀窍、维护企业利益和维护公平竞争等，如果换一个词，对其到底是经营问题还是伦理问题，就会有不同的理解。如表 2－1 所示，比如扩大市场，变成抢市场，抢客户行为。企业收购，变成恶意收购。吸引人才变成挖人才、挖墙脚行为。技术专利买卖，变成技术禁运、技术讹诈，另一方买不到就侵权、偷技术，弄得商业间谍到处都是。维护企业利益变成了利用诉讼攻击对手，拖延打击对手。最后所谓的公平竞争，可能采取了"捅"丑闻、揭隐私的行为。

一端是正常经营管理行为，另一端是违反法律行为，中间的模糊地带往往是企业伦理行为。如果是违反法律，则靠法律手段解决，而违反伦理与否，和个人的伦理标准有关系，不宜判断，一般采取"道不同不相为谋"的方法。

表2-1　经营管理问题和近似伦理问题

经营管理问题	近似伦理问题
扩大市场、客户	"抢"市场、客户
兼并企业	"恶意收购"企业
吸引人才	"挖"人才
买卖技术专利	"卡"技术专利
学习技术诀窍	"偷"技术诀窍
维护利益	"告"倾销、侵权
维护公平竞争	"捅"丑闻、揭隐私

二、法律问题不是伦理问题

法律问题不能等同于伦理问题。有一篇关于企业伦理的文章说，某企业生产经营假冒伪劣产品，"三包五保"的承诺不兑现，欺骗消费者。有的企业甚至生产危害人体健康甚至威胁生命的产品。这实际是把法律问题和伦理问题混在一起了。生产假冒伪劣产品是法律问题。生产劣质产品就不好说，到底属于一级品、二级品还是三级品，"劣"这种形容词很难说清楚，以次充好可能就是伦理问题。"三包五保"的承诺不兑现，欺骗消费者的说法也很复杂，如果是口头承诺，没有协议文字证明，商家"说了不算"了，这基本上属于伦理问题。但是，生产危害人体健康甚至威胁生命的产品，就完全是法律问题了。所以，法律是法律，伦理是伦理，要适当地界定开，不要把所有问题都塞到伦理中来。

美国著名法理学家朗·福勒（Lon Fuller）在《法律的道德性》一书中区分了义务的道德（morality of duty）与愿望的道德（morality of aspiration）。义务的道德与法律接近，它所谴责的行为往往也是法律所禁止的行为。愿望的道德很少被纳入法律的框架，但是它与法律的普遍含义有一定的联系，即法律在一定程度上引导着人们去遵守愿望的道德。义务的道德是一个社会维持秩序的基本要求，它规定了人们的基本义务和行为的最低底线，一般表现为"不应怎样"的否定形式。而愿望的道德要求人们尽自己最大的努力去行事，一般表现为"应当怎样"的肯定形式。法律和伦理都是约束我们行为的，约束性是它们的共同点。但它们约束的方向不同，一个是不能越过的底线，一个是企业自律的准则。法律只管不能做什么，不规定你能做什么，因为它没办法把所有应该做的事情规定出来，法律只管少数几条不能做，所谓负面清单就是如此。伦理是自我约束，有时候法律允许的事情，企业自己认为不该做，也不会去做。

其实，在法律和伦理之间还有企业的制度，模仿朗·福勒的做法，我们把法律叫作外部的约束，把制度叫作内部的约束。同样是"不应怎样"，但制度比法律要求更高了一些，也就是做企业员工比做一般公民要求更严格，除了守国法之外还要守司规。这好比企业标准高于国家标准，党纪高于国法一样。这样法律线、制度线、伦理线等，就成为约束员工行为的不同底线。有关这一点的更具体分析，请参看"五合"原则部分。

在企业中，在社会上，还会有既不受法律，也不受伦理约束的区域。这就是人们可以自由创新的区域。也就是说，讲伦理、讲法律，也不能把所有人的所有言行全部规定好、控制住，总会留一个比较大的自由创新和发挥空间。人们知道，在法律不太严密、伦理约束不太紧的地方，大的创新反而容易产生。改革开放政策最初在农村、在经济特区开始"摸着石头过河"地实施就是因为如此，在计划经济强大的城市区域几乎不可能推行。企业内的创新也经常发生在组织边缘，或划定的自由领域和部门，就是因为如此。

如图 2-5 所示，法律所调整的空间实际上应该不多，属于基础。比法律调整空间稍大的一块是伦理调整空间，来自于个人和组织的自律。社会和企业总要向前发展，总有一些新东西出现，这就需要自由空间，这个自由空间是大家在这个社会上生存、创新所必需的。法律好比红灯，伦理好比黄灯，自由空间好比绿灯。改革开放，解放思想，中国经济和企业之所以取得了辉煌的成就，就是和这块自由空间的巨大有关系。近年来，企业的各种商业模式和技术创新的涌现，也是和法律、伦理的约束比较宽松有关系。法律严密、宗教戒律较多的某些国家，反而在一定程度上阻碍了创新。

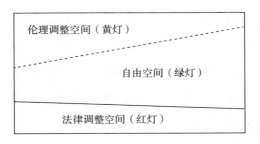

图 2 - 5 法律、伦理、自由三个空间示意

但是，我们的法律规定用词又比较模糊，把法律用词和伦理用词混用，导致法律执行时"自由裁量权"过大，甚至有时会导致严重的寻租行为。比如，《中华人民共和国公司法》第二十条写道，"公司股东应当遵守法律、行政法规和公司章程，依法行使股东权利，不得滥用股东权利损害公司或者其他股东的利益；不得滥用公司法人独立地位和股东有限责任损害公司债权人的利益"。这里的"应当"是伦理用词，如果改成"必须"则是法律用词。再比如，第五条："公司从事经营活动，必须遵守法律、行政法规，遵守社会公德、商业道德，诚实守信，接受政府和社会公众的监督，承担社会责任。""必须遵守法律"的用词是合适的，但"遵守社会公德、商业道德，诚实守信"的前面的合适用词是"应当"，不是"必须"，却没有明确出来。这种用词方法在各种法律条文中比比皆是，笔者认为，此类用词方法模糊了法律和伦理的边界，在一定程度上影响着法律的效力。

三、生理问题不是伦理问题

人的生理（包括心理）问题不等同于伦理。我们习惯地说这个人好，这个人坏，归因到人的伦理道德层面，大多数情况是这个人的生理因素或者性格、心理的某种机制导致了他的态度脾气、行为扭曲，而不是他的人品。有人说话慢吞吞的，你惩罚他，一时可能改变，回头他还是慢吞吞的。他可能就是慢性子，这属于一种生理上的东西。所以，管理里边很多东西不能当成伦理问题去看待，可以放到管理心理学、管理生理学中去。

中国自古就强调做人，万事归因于人，但强调的是人的伦理道德因素，不是人的生理、心理因素。我们把人的伦理、生理和心理用道德一个要素统而化之、混在一起了，因而历史上我们的心理学和生理学也不是特别发达。

我们把企业内的"大管理"分为六大块：生理、心理、事理、管理、治理和伦理。

生理、心理讲员工个体的生理、心理和智力认知问题；事理讲人与事的效率、效果问题；管理讲人与权责利、规则制度的关系问题；治理是讲人与资本所有、经营、监督权相关的问题；伦理是讲人与人的道德、善恶是非准则问题。以往，我们常常将人的心理或生理所影响的问题，归为人的道德品质上的问题，归因上的错误必然导致解决方法的失效——经常反复的思想教育只会引起人们心理上更大的厌烦，却解决不了问题。

人的生理和心理所决定的活动，往往是人本身难以控制的、较为本能的那一部分。我们认为不能把这部分问题简单地划归伦理问题。

举个例子，你去考学、求职，首先列出的条件是你是否爱国，是否热爱社会主义，是否有道德觉悟，以及你的专业知识水平如何，这没错。但是考飞行员这种特殊职业，要求最高的是个体的生理和心理素质。不管你有多高的爱国情操和觉悟，出了紧急状况，眼神顾不过来，脑子反应不过来，精力应对不过来，体力支撑不过来，或者心理的、生理的情绪性及稳定性不足，就是绝对不适合做飞行员的。

飞行员是个特殊的职业，在选拔飞行员时，我们可以很清楚地看出，心理、生理因素和伦理因素的区别。首先重视的是个性品质，也就是飞行员的心理和生理因素，而不是思想道德品质。比如情绪的稳定性、性格优点、注意的广度、动作协调性等，淘汰掉那些有"事故倾向品质"的人。这些是非伦理、非智力因素，但这是一个飞行员最重要的素质。其次才是看飞行员的智力要素。比如知识、经验和技能。由于飞行工作的复杂性，飞行员必须有丰富的知识和经验积累，才能帮助自己迅速判断眼前所发生的问题，知识和经验是在飞行员脑中形成的"模式化"知识包，有助于快速整体地判断和处理问题。飞行员要求的知识和经验主要有六个方面：性能管理、飞机系统、领航导航、飞行标准、飞行运营和人素科学（人为因素科学）。最后要求的是管理。管理主要是建立和维护防错机制问题，尽量去掉人的因素。比如，利用冗余系统原理的交叉检查，监督他人的行为动作，"标准喊话""复诵"等。管理在这时最重要的就是建立秩序、规则，从而保证填补飞行员在个性品质、知识和经验都尽力之后的不足。据说，飞行员个人飞错高度的可能性为1/500，若副驾驶参与交叉检查，则同类错误发生率可望降低为二十五万分之一；若驾驶舱内的观察员也加入这种程序检查，经三人共同过滤，错误发生率将下降到一亿两千五百万分之一。

飞机飞行关注的界面有四个：人—硬件界面、人—软件界面、人—环境界面和人—人界面。但是，人在接受上述界面信息之后，还有一个内部信息处理的过程，这一过程效果主要决定于人的生理和心理因素。人在紧张、松弛、疲劳、还不是非正式飞行员的"学员地位"等情况的影响下，容易出现盲点、疏忽、游离、茫然、迟误等行为。这并不是仅靠提高道德觉悟就能解决的，必须在管理机制上予以补足。所以，这里主要是包含生理和心理问题，不是伦理道德的问题。区分这一点，对管理非常重要。

四、其他非伦理问题

其实除上述经营、法律和生理心理之外，政治、科研、宗教等每个领域都有自己独特的问题，不能完全等同于伦理问题，但他们都和伦理有着密切的关联。其实这是一个矩阵结构，横向是不同领域，纵向是各自的伦理，交叉点就是某领域伦理。比如经营伦理、法律伦理、医学（生理、心理）伦理，另外，政治有政治伦理、科研有科研伦理、宗教有宗教伦理等（见表2-2）。尤其是经营伦理，和企业伦理重合的部分更多，不少研究直接就把企业伦理称为经营伦理（或管理伦理、商业伦理）。

表 2 – 2　各种领域的伦理和非伦理问题

领域	管理	法律	心理	医学	政治	科研	宗教	其他
制度	管理制度	法律制度	心理制度	医学制度	政治制度	科研制度	宗教制度	其他制度
方法	管理方法	法律方法	心理方法	医学方法	政治方法	科研方法	宗教方法	其他方法
伦理	管理伦理	法律伦理	心理伦理	医学伦理	政治伦理	科研伦理	宗教伦理	其他伦理

每一个领域都有自己的伦理，运用时需要格外注意，有的和具体企业伦理一致，可以采取拿来主义，有的可能有冲突和矛盾，不但不能拿来，还要拒绝和反对。由于企业伦理是组织伦理，不是个人伦理，因而某些和个人修养相关的伦理，就很难用在企业里。

比如，现在年轻人强调对工作的个人兴趣，这就可能和工作时间、企业所要求的组织目标有冲突，你不能想干什么就干什么，想研究什么就研究什么，想几点上班就几点上班，即使你是公司老板，也要以客户为中心选择投资和研究方向，按照开会要求的时间来上班。你需要干一行，爱一行，精一行。这不是非要你服从企业伦理。如果你必须满足个人兴趣才行，你就应该选择自由职业者，或者其他少和团队或组织发生联系的职业。技术和网络的发达，可以使你比较容易做个人公司，比如开淘宝店、做网络写手、办网络直播等。这样的话，就会减少个人伦理和企业伦理的矛盾。

再比如作为个人，忠诚的品质很重要，企业也希望员工忠诚于企业。企业的一些领导经常会遇到这样的问题。一个老员工很忠诚于企业，几十年如一日，兢兢业业，怎么说怎么听，从来不会造次，但就是能力提升慢，有些任务完不成，已经跟不上企业的发展步伐，但他又会以忠诚自居，有时还会摆摆老资格，影响到能力强、业绩好的新生代员工。实际上这种所谓的忠诚已经成为企业的负担了，而且他占据着位置，发表的言论还影响另一批能干的人。一边是忠诚，另一边是能力；一边是听话，另一边是创新；一边是态度好，另一边是业绩好；等等。这两种表现，在伦理上都是对的，但企业又必须对它们进行排序，也就是哪种排在第一，哪种排在第二，这才能进行有效的伦理管理。

如果你作为公司领导把个人情感或者历史功劳摆在前面，是很难对这类员工做出处理的。你会认为，公司早期大家一起打拼过来的，没有功劳有苦劳，何况他们还有些功劳，做人不能"卸磨杀驴"，做企业不能"过河拆桥"。但是你又必须尽快解决个人感情和公司制度、企业伦理和个人伦理的冲突，否则问题会严重化。因而像华为这样的公司，明确提出"不迁就有功人员"的原则。

人们经常讲到一个管理原则，叫"对事不对人"。这可能是我们有效处理管理问题的一个重要原则。细化解释一下"对事不对人"原则的操作步骤，应该是：第一，就事论事，不要就事论人；第二，不得不论人时，先论人的生理、心理原因；第三，实在不行，再论人的动机或伦理道德原因。

总而言之，企业是个功利组织、经济组织，企业伦理要讲究功利性、经济性，或者叫价值性、有用性。不能提高企业功利性和经济性的伦理原则，就是无价值、无用的伦理原则，甚至会是反价值、反作用的伦理原则。企业伦理应该是影响价值评价和价值分配，促进价值创造的伦理。

第三章
伦理的基本价值判断

　　前两章已经有所提及，伦理观和价值观是有密切联系的。伦理观方法是排他，价值观方法是排序。伦理准则或原则有多种，而企业具体的经营管理需要界定优先顺序，明确孰轻孰重。例如，改革开放所提出的效率优先，兼顾公平；让一部分人先富起来，先富带后富，实现共同富裕。本章提出伦理的四个基本的价值判断供讨论，它们是：①目的伦理还是手段伦理？②尊重个人还是集体主义？③效率第一还是公平第一？④长期利益还是短期利益？当然，伦理的基本价值判断还有很多，例如，艰苦奋斗还是轻松快乐？物质文明还是精神文明？客户第一还是客户唯一？等等。在此不做详解，大家可以命题讨论。

第一节　目的伦理还是手段伦理

一、目的的伦理性

目的，通常是指行为主体根据自身的需要，借助意识、观念的中介作用预先设想的行为目标和结果。目的的伦理性主要体现在个体或组织的目标或结果的追求上，在企业主要表现为经营的目的和愿景追求。

中核建集团的"坚持客户导向，问题导向，价值导向"相当于企业追求的目的。中国建筑的愿景——最具国际竞争力的建筑地产综合企业集团和使命——拓展幸福空间；满意客户、成就员工、回报股东、造福社会，相当于企业的目的。

目的可以分为各种角度：利己目的或利他目的；成长目的或利润目的；利润最大化目的或利润满意化目的；近期目的或长期目的；个人目的或企业目的；企业目的或社会目的；单一目的或多重目的；利于单一权益相关者目的或利于多个权益相关者目的。

这些目的有的是在性质上冲突的，有的是在程度上有差别的。企业选择哪种目的，受企业个体和权益相关者的影响，如国有企业的目的就与民营企业有所不同。例如，国家电网公司的宗旨是：人民电网为人民。国家电网事业是党和人民的事业，要坚持以人民为中心的发展思想，把为人民服务作为公司一切工作的出发点和落脚点。华为公司则提倡：为客户服务是公司存在的唯一理由。中国十七冶集团有限公司的企业宗旨是为客户创造价值、为股东创造财富、为员工创造福祉、为社会创造繁荣。这就是多重目的。

到底企业追求什么样的目的才是符合伦理的？社会上有公论，一个企业也有持论。企业经营要对伦理的目的和非伦理的目的做出界定，也就是善恶分明，对错清晰。比如投资者成立一个合法经营的企业，兢兢业业，努力赚钱，问他赚钱的目的是什么，可能是为了娶妻生子，为了养家糊口，为了孝敬父母，为了个人吃喝玩乐；也可能是为了做一番事业，为了个人爱好，为了回报社会，为了产业报国等。这些目的本身不好区别伦理与否，要看个人或企业的伦理观。

但我们有时也会明确提出某些目的是违背伦理的。比如社会伦理反对拜金主义，企业伦理观也不赞成偷懒怠工。社会的消费伦理观反对享乐主义，企业伦理观赞成节约，反对浪费。

还有的伦理观点相当绝对，认为企业和人追求营利是自私，自私就是恶。还有的甚至认为只要有追求欲望，就是恶的。比如提倡人要无欲、无为、顺其自然，追求本身就是要满足自私，就是有贪欲，这就很有些极端了——食欲也是一种欲望，学雷锋也是一种追求，你说无欲则刚，他说有欲则强。

目的近似动机但不是动机。动机是一种由目标或对象所引导、激发和维持的个体活动的内在心理过程或内部动力，是人类大部分行为的基础。动机是人类行为的基础，但只要不表现出来，不成为言、行、果，企业就不应该无端猜测，不应该对员工的动机做出伦理判断。员工的内心动机、意识和观念是激励和约束自己的，作用就像良心。酒店的客房服务人员一般都是在房间单独工作，是个良心活，无论什么理由，也不应该用擦浴缸的毛巾去擦茶杯。有良心的服务员认为头上三尺有神明，会遭报应，绝不会去擦。没良心的服务员会去这样擦，因为这样偷懒可节约时间，可多挣工资，哪怕良心上有些愧疚，也会用节约了体力、少花了时间或多挣了工资等目的来平衡自己。但如果其只是想想而没有这样做，酒店是不需要管的，不需要员工"灵魂深处闹革命，狠斗私字一闪念"。但如果其教给或怂恿别的员工这么干，酒店就要严格管理了。其为自己私利的目的没有错，但其违规和损害别人利益的言行就是非伦理的。

当然，法律上规定，有了某种言行和后果，如果能推断其有主观故意，动机恶劣，则罪加一等。

不同类型的组织目的不同，其目的伦理与否不能一概而论，比如，我们不能把企业盈利目的看成是恶的，看成不伦理的。不追求盈利目的对慈善组织没问题，对企业则是有问题的。

二、手段的伦理性

手段的伦理性主要体现在既定目的追求中的手段运用上。上面的中核建集团，配合"坚持客户导向，问题导向，价值导向"的目的，提出了"以核为本、两业并重、适度多元"的方针手段。中国建筑集团的核心价值观——"品质保障、价值创造"和企业精神——"诚信、创新、超越、共赢"则相当于企业的手段。

手段的伦理与否，比目的的伦理与否更容易区分。如企业采取不正当手段竞争、不诚信方式交易，为自私的动机采取损人的手段就是恶。营利不是恶，但用了恶的手段营利，就是这个企业作恶。

说企业性本善、性本恶，说的是目的的对错，说企业为追求盈利不择手段，则说的是手段恶。目的伦理性和手段伦理性要区别开来，一码归一码。不能说目的已经错了，就不管手段好坏；也不能说手段错了，不管目的。法律上也有动机犯和结果犯之分，比如有"动机极其恶毒，手段极其残忍"之用词。

现实中，企业的非伦理行为主要体现在手段上。为获得客户项目，这个项目本来对客户有用，那么肯定要去争取，但采取的是贿赂、造假、强迫或者其他不正当的方式来获取，就是这么做目的没错，但手段不对。

手段的伦理性主要受三个因素的影响：

（1）行为者的伦理知能——假设：知能越深广，达到手段伦理性越容易。

（2）伦理问题的复杂性——假设：问题越复杂，达到手段伦理性越困难。

（3）企业问题的压力或诱惑性——假设：压力或诱惑越大，达到手段伦理性越困难。

行为者的知识水平可以是行为者的伦理发展阶段，即成熟度，提高成熟度，减少复杂度和变动性，促进伦理性。选择哪种手段也受各种权益相关者的力量影响，手段是市场交易或是暴力手段，既合理又合法，是相当难以达到的伦理要求，是理想的，也是成本最高的。

图 3 - 1 给出了四类可能的选择：目的手段皆不伦理；目的伦理，手段不伦理；目的不伦理，手段伦理；目的手段皆伦理。现实中是有四类的，我们认为理想有一类，可选有两类，放弃有一类，最终如何抉择靠企业自己。

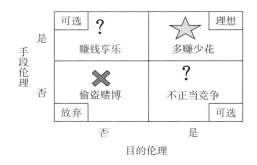

图 3 - 1　目的伦理与手段伦理

第二节　尊重个人还是集体主义

一、个人与集体链条的七个环

个人和集体的关系，是企业组织中的一个基本关系。其实，现实比这个一分为二的提法要复杂一些。如图 3 - 2 所示，在个人和集体这个链条上有七个环，一端的环是个人，中间的环是本部门、本企业、同行业、国家、国际组织，另一端的环是人类。比如一个企业也要考虑人类生态环境的问题，所以有了《巴黎协定》。除了个人以外，其他都是一定程度的集体主义。就看这个集体的领导者站在什么立场。比如美国总统搞美国优先，就退出了几个国际组织，也退出了《巴黎协定》。企业家应该站在企业立场，企业优先。以企业利益为中心，往内兼顾部门利益和个人利益，往外兼顾行业利益、国家利益。而国际利益和人类利益就排在后面。当然，有动物保护或环境保护组织还会超过人类的范畴，强调自己所关心的动物生命和植物生态的重要性。

图3－2　个人与集体链条的七个环

任何伦理都与立场有一定关系。站在部门的立场，会对员工说个人服从部门；站在企业的立场，则会说部门服从企业；站在社会群体平等的立场，可以说行业利益不能损害企业利益，国家利益也不能损害企业利益。

但国家是个特殊的集体，当今世界基本处于国家主义时代，国家法律是最主要的法律体系，企业的利益有时必须符合国家利益。在七个不同环节的利益中，个人、企业和国家是三个主要利益体。它们之间利益有矛盾的时候如何处理？这考验着一个企业的管理能力。

从现代社会的基本常识来看，个人、企业、国家都应该是地位平等的，但现实中相互之间实力并不对等，多数时候个人要让企业三分，但遇到难缠的个人，企业也必须想办法少惹是非。同样，能和自己国家抗衡的企业基本上也没有。号称自由主义、市场经济国家的美国政府有时候还实行"长臂管辖"，把手伸到别国企业那里，制裁中国企业中兴通信公司就是例证。所以，伦理只是实现目的的一种手段。

二、个人和集体的矛盾平衡点

是尊重个人还是集体主义？不少企业提倡个人服从集体的原则。早期（1996年）的华为人行为准则提出，任何时候都要以公司利益和效益为重，个人服从集体。任何个人的利益都必须服从集体的利益，将个人努力融入集体奋斗中。人们把这个原则和企业的生存联系起来：企业利益必须是第一位的，只有在确保企业的基础上，才会有股东及员工的利益。

2000 年任正非在培训中心工作汇报会上的讲话中谈到了个人理想和公司理想的兼顾关系："我们只有一个理想就是华为公司的理想，每个人都要为公司的理想发挥你的才干，因而也就实现了你的理想。要提高核心竞争力，需要能干的员工，但你必须要符合公司的总潮流，每个人如果都要建立自己的思想体系，仅考虑自己的发展道路，那么华为公司将会很难。如果说华为公司的理想我能接受，同时又在实现华为理想的过程中实现了自己的理想，我认为你是非常明智的。"任正非是站在华为公司的立场说话的，同时他又希望找到能兼顾双方立场的人。这就需要在公司的管理体制上做文章。员工个人和企业管理者之间是有矛盾的，这种矛盾是动力，但也会形成破坏力。因此，处理个人和集体的矛盾。就是要在这些矛盾中找到一个平衡点。员工和管理者之间矛盾的实质是什么？就是个人目标和公司目标的矛盾。公司考虑的是企业的长远利益，是不断提升公司的竞争力；而员工主要考虑的是自己的短期利益，因为他不知道自己将来还在不在该公司工作。解决这个矛盾的机制就是员工持股制，员工从个人奋斗中获得了工资、奖金、医疗福利保障等，也从对公司的长远投资中得到股份分红，他就能把个人利益和公司利益结合起来，既努力为自己挣钱，又努力为公司创造集体和长远效益。

美国联合利华公司认为，不能说个人利益要服从集体利益，如果这样的话，至少在美国的法律环境下，企业一定官司不断，员工会告企业：企业行为损害我们的个人利益，凭什么我们要服从你的利益？企业没有这种特权。所以，联合利华公司提出的是，希望其员工避免与公司利益相冲突的个人行为和个人利益，同时，采取相应措施保证员工在这方面受到适当的指导。如果真有利益冲突，就协商解决或诉诸法律。

现在社会上倡导爱国主义、艰苦奋斗、集体主义，反对的是拜金主义、享乐主义、极端个人主义。说反对极端个人主义，没说反对个人主义，就是承认个人主义的合理性，尊重个人利益，尊重个人。

这里隐含的管理问题是，尊重个人和集体主义可以不矛盾。比如在高科技企业，原始的创新、创意往往来自于个人，尊重个人的原则和氛围有利于创新，当然，这种创新必须是符合企业战略方向的创新，只有这样的创新才有利于企业集体的利益；而发挥集体主义精神互相共享知识，减少重复创新浪费，会有利于企业创新的效率和效果；有困难互相帮助的"胜则举杯相庆，败则拼死相救"的机制，也有利于个人创新的成功，自然也有利于个人利益。

是择一，是兼顾，还是权变？您有三种以上的选择。

三、小集体和大集体的关系

企业伦理中，最难处理的其实不是个人和集体的关系，而是小集体和大集体的关系。表面上说，是小集体服从大集体，实际运作起来是看竞争实力，最终还是围绕国家利益。美国总统特朗普是没有任何遮掩地强调国家利益优先了，他的所作所为使人们开始惊呼"逆国际化"潮流已经开始，和我们提倡的"一带一路"构想背道而驰。

其实，过去所谓的国际化只是表面现象。可能是发达国家为了让其他国家市场开放的说法，它要做国际规则的制定者，做"普世价值观"的领导者，本质还是国家主义、国家利益优先的问题。我们说加入了WTO，国际贸易的游戏规则一定要遵守，但这并不是国际利益一定大于国家利益。国际的游戏规则也是大家从自己国家利益的角度出发互相协商或妥协而制定的。在WTO里规则制定权最大的是美国。这个游戏规则一定是相对有利于发达资本主义国家的，而不会是有利于发展中国家的。即使这样，中国争取了14年才终于进去了，尽管有些加入条件对中国不利，但是不进去更不利。事实证明，中国虽然做出了很多妥协，但经过自己艰苦卓绝的努力，也从中获得了应有的利益，至少从加入WTO之后中国经济的发展结果看是如此。

因此，在国内，所谓集体主义是以企业为中心的；在国际上，所谓集体主义则是以国家为中心的。

对于企业来说，企业伦理必须以企业的立场和利益为中心，对更大"集体"的事情不介入。不能像政治家提倡的那样"家事国事天下事，事事关心"，而应遵守"你事我事他人事，事事分清"的原则。国家的事由国家管，政府的事由政府管，社会的事由社会管，企业只要做一个遵纪守法的"公民"，就完成了对社会的责任。也只有这样，企业才会安全、稳定。

第三节　效率第一还是公平第一

一、效率第一，兼顾公平

从概念上看，效率是管理问题，公平是政治问题；效率是价值创造问题，公平是价值评价问题。中国改革开放的基本方针之一就是效率优先，兼顾公平。让一部分人先富起来，然后先富带后富。做大"蛋糕"，大家才能分得多。华西村吴仁宝的名言是：不怕公有，不怕私有，就怕没有。

《华为公司基本法》规定，效率优先、兼顾公平、可持续发展，是我们价值分配的基本原则，就是要让优秀分子先富起来。

古人经常讲：不患寡而患不均。这里的"均"不是讲的公平，但是可能被人们误解成分配结果的平均。其实公平的正确用法，应该是机会的公平。比如受基础教育的机会公平、民企参与某些项目投资的机会公平、参与竞聘岗位的机会公平等，而不是谁都要上大学、无理限定谁能投资的资格、规定大家工资不能拉开高于多少倍的差距等。

二、没有真正绝对的公平

从唯物主义来看，不公平是绝对的，公平是相对的。比如个人考核，经过公司集体评议的结果，个人有什么不满意要先包涵，通过奋发努力，用聪明才智改变这种暂时的不公平，切勿自暴自弃。这次对你不公平，下次也许就纠正过来了。组织和管理者不可能明察秋毫，但改革一定要往前走。我们只能通过不断的改进，尽可能做到公平、公正。如果刻意追求100%的公平，最后将导致对99%的人不公平。

华为公司招聘应届生非常注意公平。"对应届生，要多宣传苦的事情，千万不要对应届生说我们公司如何公平。这是一颗炸弹。什么时候小脾气发了，要求公平、公正，爆起来就不得了。不同的人从不同角度，对公平、公正的认识是不一样的。这个世界上本来就没有公平，只有那些本分、知足的员工才有培养前途。华为在转型期，重点要录用那些任劳任怨、知足、有牺牲精神的员工。不满足感太强烈的员工不要录用，以免增加管理难度。你是来打工的，主要看给你的报酬是否与贡献吻合。别人挣多少，与你有什么相干。攀比心理会导致华为的失败。年轻人幻想多，我们不要给他们任何幻想。不要去迁就人才，特别是我们公司的内部环境比较宽松，过分的民主、过多的幻想，会破坏这个环境，物极必反"。（1996年任正非在人力资源管理部应届生招聘汇报会上的讲话）

公平的度是随着管理改进不断改变的，公平的标准是基于企业价值观的，你可以选择在企业继续努力，你也可以选择跳槽。

第四节　长期利益还是短期利益

一、如何识别长期利益导向

人们经常说不要因短期利益而牺牲长期利益，其伦理观念就是长期利益重于短期利益。比如有企业提高科研投入以提升企业长期发展潜力和长期利益，使员工分配和股东分红保持在合理水平，更不在分配上做分光吃净的短视行为。所以，首先，看企业在科研投入的营收占比就了解了一个企业是长期利益优先，还是短期利益优先：科研投入高的长期利益导向，反之短期利益导向。

其次，看一家企业在员工和股东之间的分配比例，也会看到企业在长短期利益上的伦理导向。如果股东分配过多，就是短期利益导向。坚持长期利益优先的企业会降低资本的收入，增加劳动的收入，压缩分红，增加奖金，以激励员工努力为公司工作。短期利益的激励是进攻性的，长期利益的激励是稳定性的；短期是机会性的，长期是战略性的；短期是要做大，长期是要做久。两者目的不同。因此，企业的短期利益和长期利益可以分开来算，员工的短期薪酬激励方案和长期股权激励方案可以分开设计，企业的短期发展战术和长期发展战略也可以分开设计。

最后，对三类指标的重视程度也可以判断一个企业的长短期利益导向。短期重利润，中期重竞争力，长期重行业趋势。

短期利益服从长期利益的原则，是以假定长期利益大于短期利益为前提的。没有人会牺牲一个短期的巨大利益来换取长期的微小利益，没有人傻到明知道现在有个西瓜不要，而等着去捡长期的芝麻，谁都不会用上百块钱的大鱼做鱼饵去钓几块钱的小鱼。因此，所谓的长远利益实际是一个大利益，或者是一个不断积累起来的长久的利益。在不太富足的家庭，妈妈煮饭时看着饥肠辘辘的孩子，也不肯在锅里多放一把米，是因为她要考虑到青黄不接的时候，一旦无米下锅，会饿死孩子们，这是会过日子的妈妈。不会过日子的妈妈，丰收了就大吃大喝，灾荒了就不知如何存活。企业保持激活机制，就是保持一定程度的饥饿感，持续努力地工作，争取家里的"米"多一些。

有这样一句话："明天是美好的，但不要在黎明前死去"，说的是尽管长期利益很高，但是如果活不到长期，那么长期利益再好，也不是自己的。所以，企业首先是活下去，只有活着，才有长期利益。涉及生存的短期利益重于长期利益，涉及活着的当前利益重于长期利益，这里讲的是企业底线的问题。

二、美日企业的利益导向

相对于日本企业，美国企业似乎更加注重短期利益。美国的职业经理人市场发达，企业管理者经常从这家公司跳到另一家公司，业绩不好很容易被董事会解雇。比如业绩好的时候，美国通用电气公司（GE）每一任 CEO 平均任期为 12.5

年，韦尔奇（Welch）甚至担任了20年CEO，后来的伊梅尔特（Immelt）也干了16年。后来由于GE业绩的大幅下滑，仅仅干了一年的CEO弗兰纳（Flannery）就被解雇了，而且空降了一位CEO卡尔普（Culp）。对此董事会说了算，股东说了算，他们考虑的主要是公司市值。GE在美国企业里面还算重视长期利益的，现在美国的创业企业以股东为大，以融资能力为尊，追求上市5～6年上不了市就赶紧破产，企业寿命基本是5年一个轮回，美国各种风投公司的兴旺更是推动了这种短期利益导向。

相对于此，日本公司比较考虑员工的利益，大公司基本是终身雇用制，即使上市公司业绩差、市值差，和公司董事长的位置也没什么关系，大家按部就班地从内部逐级升迁，一代接着一代当领导。他们会更加注重长远利益，而不是任期内有多好的业绩，只要不出大问题，比如企业丑闻等，就可以干到退休。

日本企业中的股东力量不强，主要靠稳定客户拉动发展，靠员工常年努力推动成长。企业追求百年老店，不追求上市的百年、几百年甚至上千年的家族企业数量庞大。

一般来说，日本企业主要是依靠员工服务客户追求来做久，美国企业主要是依靠投资给股东带来资产增值追求来做强。中国企业尤其是创业企业有向美国企业学习的倾向，抓风口，重融资，拼上市。

总体看来，无论是企业文化，还是企业伦理，在改革开放以来到20世纪末，中国企业受日本企业影响较大，而随着日本企业的相对衰退，进入21世纪以来，中国企业受美国企业的影响显著增强，因而中国企业追求短期利益的行为增多。

企业伦理没有绝对的对错，我们可以通过正反方辩论的形式做出自己企业的选择。

（1）正方：要追求目的伦理/反方：要追求手段伦理

（2）正方：尊重个人比集体主义重要/反方：集体主义比尊重个人重要

（3）正方：效率第一/反方：公平第一

（4）正方：短期利益比长期利益重要/反方：长期利益比短期利益重要

|第四章|
达则兼济天下的伦理

　　古人云：穷则独善其身，达则兼济天下。本书以为：弱者自强，强者自律；穷者致富，富者为仁。随着国家电网公司、华为技术公司等众多大公司社会责任报告或商业行为准则的出台，SA8000 认证的增多，企业诚信档案和员工诚信档案的建立等一系列新动向的出现，标志着日益成长的中国企业正在由文化管理上升为伦理管理层次。事实上，这也是国际上优秀大公司所走过的、被证明为切实有效的企业成长道路。据统计，美国有 85％、日本有 40％以上的公司制定了企业伦理大纲或商业品行准则，中国企业正在追赶上来。

第一节　从企业文化到企业伦理

一、似而异的文化与伦理

文化和伦理是企业管理中两个最接近的领域，一般企业在管理实践中，往往把它们混在一起，但从优秀企业的管理文件看，其分别属于《企业文化纲领》和《企业伦理纲领》，或者分别属于《干部行为准则》和《商业品行准则》，它们至少有以下四点区别：

第一，特殊性与普遍性。企业文化更强调企业的特殊性，而企业伦理则追求企业的普遍性。企业文化用词多为激励和约束干部、员工言行，诸如团结、自强、奋斗、创新等，而企业伦理用词多为宣示和约束企业言行，诸如诚信、品德、责任、道义等，多涉及企业性质和行为的普遍性问题。

第二，内部认同与外部协调。企业文化主要追求核心价值观被组织成员的认同，主要是写给内部干部员工的，不一定对外公布。而企业伦理则强调企业与权益共同体关系处理，与社会大环境的关系调适，一般要公布。尤其是和客户、经销商、供应商等合作伙伴之间，需要的时候要签署协议宣言等。企业文化要营造组织的核心价值观，企业伦理则必须考虑社会的共性价值观。

第三，排序法与取舍法。企业文化主要讲价值观，重排序不重取舍，而企业伦理则强调道德观，重取舍不重排序。价值观方法是在两善（两利）或两恶（两害）中排序，道德观方法是在是与非、对与错、善与恶中取舍。这就是我们在序言中所讲的"值识"和"伦识"的不同——文化重值识，伦理重伦识。

第四，先文化与后伦理。根据我们的经验，企业文化和企业伦理是在企业成长的不同阶段而导入的。一般情况下是先做企业文化建设，再做企业伦理建设。也就是符合了企业要先"赚钱"活下来，再考虑如何"赚钱"的文化，然后再思考该"赚什么钱"不该"赚什么钱"的企业伦理。在本书附录的各种伦理文件可以看出，1998 年出台的《华为公司基本法》在前，其他的企业伦理文件都是在其后公布的。这也基本符合了这里所说的第四个特点。

由于以上四点区别，企业文化和企业伦理的核心内容也就不同。我们比较一下企业文化和企业伦理的两个典型样本，可以看出文化和伦理的内容和范畴的不同。

《华为公司基本法》虽然名称叫基本法，但和法律制度不同，主要是企业的核心价值观和政策机制的综合体现，包括六章：第一章是公司的宗旨；第二章是基本经营政策；第三章是基本组织政策；第四章是基本人力资源政策；第五章是基本控制政策；第六章是接班人与基本法的修改。

《联合利华商业准则》则主要是公司的商业行为准则或道德准则，内容包括十个部分：①操守准则；②遵守法律；③员工；④利益冲突；⑤公开活动；⑥产品保证；⑦环境问题；⑧竞争；⑨可靠的财务报告；⑩贿赂。

二、企业越大，社会责任越大

讲诚信、讲伦理、讲社会责任，是对中国企业在国际化、职业化、成熟化过程中的一种必然要求。企业的成长必然要求管理的进步。

人的成长有一个由"环境依赖"到"自我独立"，再到"和谐共生"的过程，企业成长也是如此。当前中国部分优秀企业的成长特征之一就是从自我独立走向和谐共生。要和谐共生，就越来越需要责任使命的意识，需要静水潜流的心态，需要内外环境的融合，需要对世界大同的追求。

企业成长就像在地上画圈，圈越大接触的外界边缘就越大，不像过去那样在独特企业文化所营造的相对封闭的、内部的、狭窄的环境中生存，公司要考虑的环境要素不仅集中在市场、技术和政府等，而且要考虑到民族、宗教、政治、国际关系等，要进入跨文化管理的层次。比如过去的华为公司只要处理好客户和员工关系，处理好竞争者和合作伙伴关系就可以了，但在今天，华为遇到了来自媒体、政府和国际关系的新挑战。华为已经过了弱则独善其身的阶段，登上了达则兼济天下的台阶。不仅是任正非开始频繁接受记者采访，连不善言谈的内部各部门高管也开始出现在公共媒体尤其是西方媒体面前。

华为公司为此还专门召开会议探讨国际关系战略纲要。2018 年 9 月 29 日，任正非在公共关系战略纲要汇报会上的讲话，就提到了其中一些重要原则：

"第一，公共关系要把华为的价值观讲清楚，'大帽子'一定是合作共赢，要以高屋建瓴的方式建立世界的平衡和合作共赢的格局。如果没有这个纲领，那就容易被理解为要颠覆世界，世界就会排斥我们。领先者，可以只顾自己；领导者，就要顾及他人。这么多年来我们都想领导行业，但我们还做不了领导者，那我们就要实现战略领先，利他和合作共赢，与西方的价值诉求是一致的，公共关系一定要强调和平共处。"

"公共关系要建立一个领导世界的模型，营造领导者的环境，和技术、市场口可以走不同的价值观道路。公共关系走的是合作共赢、领袖姿态的道路；技术和市场口要领先，走的是竞争道路，走的也许是不同的道路，慢慢协调，公共关系是多帮助，不是多指责。如果是走相同的道路，正反馈容易让公司走向极端。公共关系对公司应该是负反馈，要约束公司的一些极端行为。公司左的时候，你们应该右；公司右的时候，你们就左。这样才能避免走偏。"

"公共关系要做华为价值观的传播使者，我们现在的重要任务之一就是从所在国当地的本土文化出发、用本地语言来讲华为的故事、本地贡献等。日本企业进入德国时，在波恩、杜塞尔多夫等城市种了很多樱花树，受到欢迎，几十年过去了，都成了当地著名景点。"

"第二，公共关系以前主要是对外的一块盾牌，以后不仅是对外的盾牌，也是对内思想转变的催化剂，对内、对外都要开放。学学打太极拳，少一点'少林寺'，别咄咄逼人，可以自黑，不可以自夸。"

"当前我们还缺乏对西方世界（权力结构、文化与冲突、价值观、社会心理等）的深刻理解和认识。在西方占据强势话语权和世界主流价值观地位的现实中，我们只有站在西方的立场上理解西方价值观，基于西方的思维方式进行对话，才能有效沟通，才有可能找到解决问题的办法。"

"公司不能低估全球权力格局的动态变化，不能盲目自信，就像 100 多年前义和团那样。要将外部环境的压力变成倒逼我们业务创新与管理改进的动力。借鉴世界和中国发展历史，只有不断解放思想、开放进取、自我变革，才能不断强大，公司走向封闭收敛是没有出路的。外部环境虽然逐步变坏，但未来世界数字化、智能化和云化的空间很大，我们只要在技术上创新求真，踏踏实实地干出尖端成果，组织有活力，员工有干劲，公司还有生存与发展的基础与能力的，这点要充满信心。"

"第三，公共关系要从一个部门，走向一个场态。公共及政府事务部要建场，而不是突破。公司内、外部的场都在变化，公共关系的抓手就是解决场的问题。"

"公共关系要走搭载的道路，工作职责边界不要太清晰化。不是你们增加很多预算、编制来做这个事情，而是全员都要参与。公司高层领导本来就要做公共关系。地区部总裁、代表所有领导其实也是公关经理。"

"公共关系基本原则与边界要清晰化，比如我们不介入民族矛盾，不介入阶级冲突，不介入宗教问题，不介入地缘政治，不选边站等。海外的边界不仅在当地，有时候可能就在中国，我们不能牺牲国家利益去做交换企业利益的事情。我们也要感知一些脉搏，不要去挑战别国的制度自信。"

企业对社会影响力越大，社会对企业的反作用力也就越大，要求就越高，伴随影响力而来的是更大的责任。优秀企业对此认知清晰、行动积极。企业发布社会责任报告，就是要向社会昭示企业的定位、追求以及应承担起的"企业公民"责任；企业制定商业行为准则，是表明企业对员工的期望，明示企业所关注的问题，教育员工用伦理准则指导自己的言行。

企业在追求做大做强的同时，往往忽视和不适应公众对企业更大和更强的社会责任需求，因而会造成不必要的利益和形象损失。

办企业的同时要兼顾社会责任，这是对中国企业发展到一定阶段时内在和外在的必然要求。我们必须承认一个事实，中国企业的社会责任意识与很多跨国企业相比存在着一定的差距，大多数还停留在"不得已而为之"的"尽义务"阶段。即便是有心为之，也不知如何有效地承担社会责任，更不知道如何将社会责任与企业经营目标和使命结合起来，如何才能在不损害企业竞争力的前提下实现企业和社会的和谐。

人们不会忘记 2008 年汶川大地震时万科集团因王石的博客所引起的"捐款门"危机事件，这显示了公众对房地产龙头企业万科和优秀企业家王石的高度期望。大家都在尽其所能捐款时，王石在自己的博客里提倡每个员工的捐款以 10元为上限。有企业捐款上亿元时，万科集团捐了 200 万元，还表明地震前已经捐了大部分，董事会授权能再捐的额度只剩 200 万元。在一般公众倾尽全力踊跃捐款救灾的特殊时期和氛围下，王石的"以理搏情"惹了麻烦，激动和感性的公众不买理智和冷静的王石的账。在这种时候，没有严格的公司发言人制度，王石本人在其博客上的"内话外说"也是导致危机的原因之一，因为是知名人士、知名公司，具有较大的影响力、号召力和标杆作用，公众对其要求更严格。

从伦理管理的角度看，这里存在着两对矛盾。

一是制度性和灵活性的矛盾。企业高层对四大类问题是必须亲自处理的，那就是原则问题、重大问题、突发问题、例外问题。这四类问题各有不同的处理方式。王石把原则和制度放在第一，"以董事会授权的最大单项捐款数额"和"企业的捐赠活动应该可持续，而不成为负担"为由，认为"200 万元是个适当的数额"；并提示"每次募捐，普通员工的捐款以 10 元为限"，其意就是不要让慈善成为负担。这种说法本无大碍，但他忽视了这样的大地震是几十年甚至几百年不遇的事情，属于突发和例外事件，应有灵活的特殊应对措施（比如不能改预算，但可申请特别经费等），王石的失误应该是错将突发问题或例外问题当成原则和制度问题来处理了。

二是股东利益优先和社会利益优先的矛盾。若捐款必须走股东大会的程序，这是维护股东权益。但如果社会形象处理不好，作为公众公司和大众产品供应商，又会反过来对股东利益造成更大损失（事件后又追加 1 亿元的救灾捐款都难以弥补万科的形象损失）。可见，一个社会责任管理优秀的企业，必须将处理与权益相关者关系的准则更正确、更清晰地确定下来。

各公司处理权益相关者关系的原则是不同的。美国强生公司是客户第一、员工第二、社会第三、股东第四的排序。其实，万科集团是最早学习西方公司而制定商业行为准则的中国公司之一，万科集团的这次捐款好像明确地体现了其权益相关者的排序原则——客户第一、投资者第二、员工第三、社会第四。作为上市公司，王石及万科公司可能把投资者利益和制度规则排在较靠前的位置。这种核心价值观的优点是可以保证公司制度化的可持续发展，但缺点是难以应对突发和例外事件，这可能是造成这次事件的原因之一。

企业的制度化和规范性好，相对而言灵活性就差些，因而不能随意对外发言，不能将个人观点和公司官方发言混为一谈。万科的新闻发言人制度似乎没有严格执行，王石就是万科，万科就是王石，新闻发言人和王石到底谁代表公司不太明确。于是大家就会把王石的账记在万科身上，将万科的账又记在王石身上。

和万科相比，王老吉集团在那次抗震救灾中的做法则被认为更妥当一些，及时而有效地回应了社会公众的期望，尽管有人批评其有通过社会责任营销方式"忽悠"网友的炒作嫌疑。

营销讲究意外性、超值服务，而人们也越来越追求心理利益。使客户或公众获得意外心理利益而受益的企业必须是领头者、创新者，跟风者是获得不了这种收益的。王老吉实际上是在此关头制定了一个较高的企业公民社会责任标准，并将其固化为社会期望水平，众公司只能遵从之。这又应了我们的一个观点：三流企业卖力气，二流企业卖产品，一流企业卖品牌，超一流企业卖标准。

真正成功的营销是超越产品营销的公司营销。产品营销主要是针对客户的，公司营销则是针对各个权益相关者的全方位营销。在公司营销的机制下，企业既卖产品、卖质量，又卖品牌、卖形象。从社会责任营销的角度看，管理者的重要任务之一是处理好与公司权益相关者的各方关系。

强势企业的营销方式往往会使其被社会要求负起更多的社会责任，跨国公司也是这样一步步走来的。雀巢公司在一些经济较为落后的发展中国家促销其婴儿奶产品时，一直采取进攻型营销策略，利用广告、直销等多种手段向消费者、医生及其他医疗人员展开大规模促销活动。公司雇用了几百名"奶护士"在医院等地方直接与消费者接触，她们称自己曾是护士、营养专家或接生人员，通过看望孕妇、赠送样品等方式试图说服新生儿母亲或她们的家属们不要用母乳喂养而改用婴儿奶产品。对于没有经验的消费者来说，这些穿着工作服的"奶护士"具有很强的说服力，从而大大促进了婴儿奶的销售量。

但这些促销行为后来遭到了谴责。批评家们认为，这些"奶护士"实际上是经过伪装的促销人员，有误导消费者的行为。人们对雀巢公司这种促销行为的批评主要出于以下几点原因：①曾有案例显示用婴儿奶喂养婴儿导致婴儿死亡；②育婴指南中忽略母乳喂养的好处或者未做强调；③媒介促销引起误导，鼓励贫困、无知的母亲们用婴儿奶喂养，而非母乳喂养；④广告宣传将母乳喂养描述为原始和不便的行为；⑤免费礼物和样品直接诱导用婴儿奶喂养婴儿；⑥婴儿奶的价格对于多数顾客而言过于昂贵，因此顾客往往对婴儿奶加以稀释，从而影响了婴儿的营养和发育。

如果是在其他国家，雀巢公司的这种营销方式也许会被视为典范而加以推广，但是在较为落后的发展中国家却碰了壁，被认为是对思想单纯的人的误导营销，因此不得不对其加以改进或放弃。

俗话说，买的不如卖的精。交易双方讨价还价，斗智斗勇，各为自己的利益着想，公司方更专业、更强势一些，有什么不公平的？但在这里，批评家们要求雀巢公司应具有最大的诚实和对弱势消费者的关心。可见，一个公司尤其是强势公司的营销行为，不仅要考虑到产品质量和自身利益，还要考虑到消费者的地位、其他社会群体的感受甚至批评家们的意见。现代社会要求一个企业作为"企业公民"，要负起应有的社会责任：富者、强者更要成为仁者。

总而言之，企业的本质是功利组织，但绝不能忽视自己的公民身份。时刻注意公司在公众心目中的位置，关注公司与公众形成的心理契约。

三、企业和个人伦理资本的增值

一个企业在成长过程中的资本积累有三种：财务资本、人力资本和伦理资本。华为公司的《商业行为准则》中写道："华为十几年来铸就的成就只有两个字——诚信，包括对客户的诚信，对社会、对政府的诚信，对员工的诚信。诚信是华为最重要的无形资产之一，只要我们坚持下去，诚信所创造的价值将是取之不尽，用之不竭的。"

当企业弱小的时候，客户对企业是信任不足。用户不是在选择产品，而是在选择企业，选择对企业文化和企业伦理的信任程度。中国企业与世界著名公司在伦理管理上还有不小的差距，我们要向 IBM、微软、GE、英特尔、宝洁、波音、沃尔玛等世界著名公司学习，不断缩小与它们的距离。

回首中国企业的成长历程，我们铸就诚信的坚实基础是要经过艰苦卓绝的努力的，某些中国产品在国际市场上出现质量问题，有自己的原因，有竞争者的手段原因，也有别有用心的计谋的原因，很多时候还不得不背负着不讲诚信伦理的企业给其他企业造成的包袱。中国企业在国际市场上与西方国家公司竞争，迫切需要由"中国货便宜"转向"中国货可信""中国人可信"的阶段。只有伦理资本才能真正保证我们利益的长久和最大化。

我们能做的也是必须要做的，是在力所能及的范围内讲究企业伦理，增值伦理资本。这是任何一个追求成为世界级公司的企业所应有的态度。任何一个国家、任何一个民族，都必须把建设自己祖国的信心建立在信任自己的基础上，才会获得平等与尊重，一个企业、一个人也是如此。

有人可能会想：我只是个小企业，我只是个新员工，是不是现在可以不讲企业伦理，以后再说呢？

伦理是一种资本，讲伦理是一种投资行为，这需要长期不懈的努力才有回报。新办企业或者新员工，讲求诚信至关重要，因为这是铸就品牌、建立信誉的关键时刻，第一步迈不好，一旦造成不良影响，等于投资失败，以后再想改变会很难。

确实，讲诚信是需要成本和持续努力的，但不讲诚信会付出更大的代价，有时一句谎话可能使你的人生破产。因为说一句谎话，可能要编造十句谎话来弥补，人会越陷越深，不可自拔。法官问一个杀人犯为什么非要杀那个人，他回答说："我其实特别想当一个好人，但也只能把他杀掉，我才能恢复成一个好人，因为他知道我干的坏事太多了。"

随着人生阅历的不断增长，我们会逐渐明白"身安不如心安，位高不如德高"的道理。从趋势来讲，随着知识社会的来临，随着教育培训的发达，人的知识能力水平会越来越接近，一个人在未来社会上立足的核心竞争力，会逐渐从能力转向伦理品德。

值得注意的是，企业伦理与一般伦理的本质不同，是企业伦理的功利性，这就是企业伦理管理的"三个有利于"原则——有利于提升企业绩效，有利于加强企业管理，有利于推动企业成长。改革开放初期，我们讲"不管白猫黑猫，抓住耗子就是好猫"，要的是企业效益，现在我们重视企业伦理，只管赚钱的企业也不一定是好企业，但是，我们也不能为了重视区分猫的颜色而忘掉猫本来是应该抓耗子的。

第二节　企业权益相关者及其排序

一、企业的十个权益相关者

企业作为具有公民身份的法人组织，行为妥当与否，自有法律评价，但伦理评价主要是由社会上的"他人"评价的，在前面的企业伦理矩阵图中我们已经说明，这个"他人"包括客户、员工、股东、合作者、竞争者、银行、政府、媒体、公众和其他十个方面，如图 4-1 所示。

二、权益相关者的权益相关度

权益相关者是指企业和它们之间既有权力关系，又有利益关系。不同权益体之间权力和利益相关度不同（见表 4 - 1）。

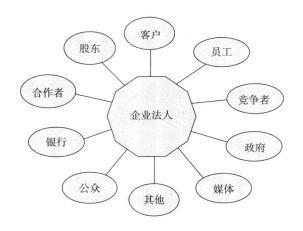

图 4 - 1　企业的主要权益相关者

表 4 - 1　企业权益相关者的权益相关度

权益相关者	权力相关度	利益相关度
客户	很高	很高
股东	很高	很高
员工	很高	较高
合作者	较高	很高
竞争者	较高	较高
银行	较高	较高
政府	较高	较低
媒体	较高	较低
公众	较低	较低
其他	随机	随机

　　企业管理的关键是各权益相关者如何排序。

　　企业是功利组织，不赚钱就不受投资者喜欢。但赚钱的企业为什么也有人骂呢？因为企业除投资者之外还有其他权益相关者的存在。消费者说他是靠卖假冒伪劣产品赚钱的，竞争对手说他是靠不正当竞争手段赚钱的，合作者说他是靠坑蒙拐骗赚钱的，环保局说他是靠污染环境赚钱的。因此，我们并不能笼统地定论企业的好坏，而需要具体分析企业是否对权益相关者负起了应有的社会责任。

分析企业与其权益相关者的社会责任关系有三个要点：第一，站在哪个权益相关者的立场考虑问题；第二，企业能够满足几个权益相关者的需求；第三，企业把哪个权益相关者摆在最重要的位置。

第一点比较容易理解。例如，蒙牛乳业公司的创业纲领是这样写的：股东投资求回报，银行注入图利息，员工参与为收入，合作伙伴需赚钱，父老乡亲盼税收。各个权益相关者都有自己的需求：股东要的是分红和资产增值的最大化；员工要的是工资福利收益的最大化；客户要的是产品和服务的性能质量价格比；政府要的是税收和就业等最大化；银行要的是企业按时还本付息等。你站在不同的立场，对企业行为的判断就不一样。比如你是员工，即使企业很赚钱、产品很好，但给你的工资福利太差，你也不会对企业有好感。又如企业给政府缴纳再多的税，员工的收入再高，你作为消费者买了该企业的伪劣产品，也一定会对企业留下坏印象。

第二点，企业满足的相关权益者越多，就可以说企业的社会责任程度越高。简单来说可分为六个主要权益相关者。第一是客户。企业必须用自己的资本、劳动、技术和管理创造产品和服务满足特定客户的需求，对客户负责。企业主观上是为了盈利，但盈利的前提条件是必须为客户服务，为客户创造价值。站在客户的角度来讲，企业给客户提供了价廉物美的产品和服务，这个企业就是不错的。我们平时所说的企业声誉，主要就是客户满意度和客户忠诚度。第二是股东。没有股东（投资者）就没有企业，股东投资的目的就是为了获利。企业分红了，资产增值了，股东尊敬你，认为你是好企业，就可能再给你投资，企业就可以获得更大的发展。无论股东是国家、法人还是个人，他们的根本利益追求是一样的，只要你对提高股东利益有贡献，股东就会认为你是一个负责任的好企业。第三是员工。不能为员工提供好的工资收入、福利设施和劳动条件的企业，是不受员工欢迎的。第四是友商（即竞争与合作者）。企业能够遵循正当的市场交易原则，妥当地处理与竞争者、供应商、合作企业的关系，就会成为受业界尊敬的和负责任的企业。第五是政府。合法赚钱的企业一定会在经营过程中依法纳税，缴纳所得税、附加税、增值税、印花税以及各种事业杂费。来自企业的税收，是支撑政府运转和社会公共福利事业建设的重要支柱之一，政府看一个企业好坏，重要标准之一即是否按时依法纳税，纳税多少。第六是社会公众。环境保护、社区贡献、慈善捐助等是企业博得社会大众尊敬的重要举措，是企业慈善责任的表现。在这六个方面都能做到的企业，一定是能够担负广泛社会责任的企业。现实情况是，能够全面做到这些方面很不容易，需要企业具有较好的经营状况、财务状况和企业家们高度的社会责任意识以及高超的社会责任管理水平。

第三点，企业把哪个权益相关者摆在最重要的位置。绝大部分公司是把客户放在第一位的，但其后的排序就各有不同了。前面已经讲过，强生公司的排序是员工、社会公众和股东；万科集团的排序是股东、员工和社会公众；不少公司的排序是员工、股东和社会公众。蒙牛公司推崇的是中国式思维模式：和谐共赢，不做排序，以股东、银行、员工、伙伴、社会公众五方的利益为利益，建立大利益圈，形成"五赢格局"。

现实中，企业处理与这些权益柜关者的关系并不简单。共赢和利益平衡是需要智慧的，很多时候是满足了一方却损害了另一方，万科集团的"捐款门"事件就是如此。比如，增加员工的工资就可能增加了成本，减少了利润，减少了股东的分红，减少了政府的税收。比如考虑了股东利益和员工利益，却可能会辜负了公众期望。所以，在我们没有条件同等程度地满足各个权益相关者利益的时候，企业的决策就会因伦理观、价值观不同，而产生不同的排序——是股东利益导向，是员工利益导向，是公众利益导向，还是政府利益导向？

三、权益相关者金字塔

我们把十个权益相关者简化为六个，建造如图4-2所示的金字塔，企业应该怎么摆放？这是需要智慧才能解开的两难课题。

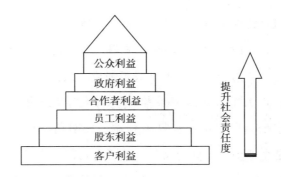

图4-2　企业权益相关者金字塔

这六个层次在理论上有先后顺序，实践中至少要"四看"：看场合，看行业，看国家，看身份。

（1）看场合。不同场合企业的用词是不一样的。对社会的、大众的产品和企业广告宣传，一定是消费者导向、顾客导向或者社会导向的；如果是上市公司发表自己的公报、年报时，基本措辞立场又变为股东导向；内部员工开会，公布经营发展的方针、政策和目标的时候，又是员工导向，希望员工认同理解执行；会见政府官员，希望其理解企业，或者要得到某个政策上的协调等，立场又会调整，可能说明企业为社会做了的贡献。现实中，企业处理各个不同权益相关者的关系，是由各分管部门进行的，企业整体上会制定各自有针对性的伦理守则或原则。请参考本书附录列出的华为公司文件资料。

（2）看行业。不同行业也会有不同排序。在制造业，客户第一、员工第二、股东第四、公众第四……。在餐饮业，员工第一、客户第二、股东第三、政府第四……。在竞争业，竞争者第一、客户第二、员工第三、股东第四……。在垄断业，政府第一、公众第二、员工第三、客户第四……。

（3）看国家。不同国家也有不同，除去特例，一般来讲，日本公司是员工第一，美国公司是股东第一。

（4）看身份。这六个权益相关者的边界，有的很清晰，比如员工和政府、企业和竞争者，但有的并不是那么清晰。有人可能同时处在两个立场，比如华为公司的大批持股员工，由于原则上实行股权和身份绑定的规定，所以持股员工既是股东，又是员工。华为公司既不追求股东利益最大化，也不追求员工利益最大化，而是提倡以客户为中心，以奋斗者为本，以此保证股东和员工利益的一致性，不像某些上市公司股东利益和员工利益、长期利益和短期利益经常产生矛盾。再比如，你是企业员工，同时又是消费者。自己买自己企业生产的产品或服务，那么，质量好、服务好、价格低、优先满足消费者需求就成了企业的基本原则。从自私的角度看，如果你连自己企业的产品都不用，连自己的企业都不喜欢，你对消费者的态度就可想而知了。也就是说，企业要跳出单个层次的利益导向，以重视客户、重视产品和服务的高度来协调各自的利益。

企业需要根据不同情况，灵活恒准确地找到自己的核心立场。分开来可以是客户、股东、员工、竞争者、政府或者公众的立场，合起来是站在整体企业可持续成长的立场。在企业中，谁最接近这个整体企业的立场？当然是企业高层管理者群体，特别是企业最高领导人。他们是企业的最高权力中心和最大责任中心，他们的理念和行为决策是协调这些权益相关者关系的关键。

第三节　企业社会责任标准体系

一、从准则到标准

最受尊敬的企业有八九项指标，是由媒体和大学研究机构提出的，而企业社会责任，则是企业伦理管理及其研究的另一个角度，已经由世界的相关行业组织制定出各种具体的、操作化的国际标准体系了。

说到 ISO9000 和 ISO14000 的质量标准体系，大家可能已经很熟悉，但说到

SA8000、FLA、ETI、WRAP① 这些企业社会责任标准和组织，十分了解的人可能就不多了。现在的消费者不仅希望买到的商品质优、价廉、环保，还希望这些产品是在"体面"的工厂制造的。这种"体面"的工厂就是符合 SA8000 等社会责任标准体系的工厂。

1997 年，总部设在美国的社会责任国际（Social Accountability International，SAI）发起并联合欧美跨国公司和其他国际组织，制定了 SA8000 社会责任国际标准（Social Accountability 8000 International Standard，SA8000），建立了 SA8000 社会责任标准认证制度。这个制度规定了企业使用劳工的标准，所以也叫国际劳工标准。那些不符合标准，存在损害员工权益、使用童工等现象的"血汗工厂"生产的产品，是没有人会采购的。这种不负责任的采购商和制造商一旦被发现，一则会遭到消费者的罢买抵制，使其失去生意；二则会遇到工会罢工抵制，使生产计划受影响；三则会遭到公众和媒体的舆论抵制，使其形象和声誉受损失；四则会遇到投资者和股东的抵制，使其股票价格下跌，甚至还可能被诉诸法律，支付罚金和赔偿。

2001 年 12 月，社会责任国际又发布了 SA8000 标准的 2001 年修订版。同 ISO9000 质量管理体系标准和 ISO14000 环境管理体系标准一样，SA8000 标准作为全球第一个可用于第三方认证的社会责任管理体系标准，任何企业或组织可以通过 SA8000 认证，向客户、消费者和公众展示其良好的社会责任表现和承诺。

二、社会责任报告

在现代市场机制日益完善的条件下，企业已经不能仅靠"诚实守信、见利思义、童叟无欺"等宣传口号等来维持经营运作了。企业爱财，取之有道，今天这个"道"已经变成了具体可操作的标准体系，企业必须系统地筹划和考虑作为

---

① FLA 即公平劳工协会，是由一些美国公司、非政府组织和 135 所大学组成的非营利性组织，旨在通过公司和非政府组织的联合行动，改善跨国公司的海外合约工厂的劳工问题。ETI 即道德贸易行动守则，由英国政府支持，由零售企业、工会和非政府组织组成的联合体，旨在鼓励公司采用外部监督资源，遵守基本的劳工标准。WRAP 即环球服装生产社会责任守则，是美国服装制造商协会制定的服装制造厂商社会责任标准。

一个企业公民的社会责任问题，积极准备和认证这些标准，发布企业社会责任报告等，因为这些新型的企业管理课题直接关系到企业的利益，关系到其生存和发展。

重视社会责任营销真的和企业经营、经济效益有那么重要的关系吗？如果你的产品市场只局限在一个小县城范围之内的话，问题可能不大，但是，如果你是一个做出口产品的企业，不重视社会责任营销的结果可能就是产品根本卖不出去。

我们在附录中提供了已经成为全球化企业的华为公司的《华为合作伙伴行为准则》做参考。据统计，全球超过200家跨国公司已经制定并推行公司社会责任守则，要求供应商和合约工厂遵守劳工标准，安排公司职员或委托独立审核机构对其合约工厂定期进行现场评估。其中，耐克（NIKE）、锐步（Reebok）、阿迪达斯（adidas）、迪士尼（Disney）、美泰（Mattel）、雅芳（AVON）、通用电气（GE）、家乐福（Carrefour）等超过50家公司已经在我国开展社会责任审核，有些公司还在中国设立了劳工和社会责任事务部门。根据专家估计，我国已经有超过1万家企业接受这类审核，超过5万家企业随时等待接受检查。一些出口企业负责人还深有感触地说："如今，不搞好劳工标准，简直没有办法和大公司做生意。"我国出口到欧美国家的服装、玩具、鞋类、家具、运动器材及日用五金等产品，都受到劳工标准的限制。美国、法国、意大利等长期进口中国轻工业产品的国家的贸易组织则制定协议，要求中国所有纺织、成衣、玩具、鞋类等产品的企业必须事先经过SA8000标准的认证，否则就抵制进口等。

为适应这种形势，中国的企业社会责任及其标准化运动也方兴未艾。早在2007年，国务院国有资产监督管理委员会就印发了《关于中央企业履行社会责任的指导意见》，以国家电网公司为首的众多中国公司推出了社会责任报告，众多公司制定了商业行为准则，成为了联合国"全球契约"成员，中国企业评价协会、清华大学发布了《中国企业社会责任评价准则》，民间企业推出了《HM3000中国企业社会责任标准体系》，并成立了CSR联盟。企业越大，社会责任越大，这已经成为不可逆转的趋势，社会责任营销已成为企业经营管理的一个组成部分。包含赈灾慈善等的企业社会责任活动已经成为常态，企业的社会责任活动在制度化。

三、社会责任与市场机制

美国的经济学家詹姆斯·多蒂和德维特·李曾经讲过一个"芝加哥大风暴"的故事，这个故事阐述了市场机制是如何调节企业和消费者的行为，并取得了利人利己的双赢结果的。这段故事已由浙江工业大学的王治平教授在《经济学阐释》一书中以优美的文字描述出来了，有些内容笔者直接引用。

"一个大学生突然发现一场大雪已经封锁了他所住的小城，当他意识到自己的食物储备不足时，赶紧跑到附近的商店去采购，可是商店的货架早被一扫而空了。他很着急，因为估计近几天交通难以恢复，没吃的可不行。他又立即跑到另一家商店，高兴地发现这家店仍旧商品充足，于是他挑了一大堆东西，正准备付账时发现，这里所有商品竟然比平时全部涨价一倍！他愤怒了，扔下东西冲出了商店。"

我们可以想象，这时候的他是多么痛恨这家商店的老板。这老板简直是"奸商"，唯利是图，遇到灾难时不是和衷共济、共渡难关，反而乘人之危、落井下石，实在是可恶。"如果这事发生在我们这儿的话，政府肯定要出来干预，禁止商店老板的这种损人利己的做法。以前计划经济时期，下雪天农民挑菜进城来卖，谁要是卖得贵一点，买菜的人就要指责他黑心，市场管理部门也要来干涉，据说这是为了保护城里居民的利益。可是第二天城里的人们发现，农民来得更少了，他们更加买不到菜了。于是城里人就骂这些农民是自私自利的小生产者，必须要对他们进行思想教育和改造！云云"。

"这正应了英国经济学家欧文·坎南的批评：'当一种东西的价格上升时，许许多多的人都在抱怨辱骂，他们并不辱骂那些拼命抢购的人和那些本来可以生产这种东西而实际上却没有生产的人，他们抱怨的却是那些正在设法生产和销售这些东西，从而会降低这些东西的价格的人。……毫无疑问，当人们指责养猪和卖猪肉的人（因为其他人没有养猪和卖猪肉才导致了高价）的时候，或者当人们指责向城里贩菜的菜农（同样是因为其他菜农没有这样做才提高了蔬菜的价格）的时候，正好提供了众所周知的忘恩负义、以怨报德的绝好例子。'"

那个大学生当时也正是此类抱怨涨价的人当中的一个。但后来他成为了一个经济学家，他读过了亚当·斯密的《国富论》，懂得了"看不见的手"的原理，他回忆道：那时的情景为我生动地再现了亚当·斯密的这一原则。这就是，市场中存在一种神奇的力量，它能够把个人天然的、几乎与生俱来的、追逐私利的欲望，转化为社会的利益。这只"看不见的手"就是市场之手，就是"上帝"之手。

"在他一怒之下冲出商店大门之后，茫茫大雪很快使他清醒，为了生存，他又返回商店购物。不过，这次他不再疯狂购物，而是谨慎地购买了一些必需的生活用品。这就是说，价格的上涨使购买者减少了购买量，他们把数量限制在自己真正需要的范围内。但是，为什么别的商店全都卖光了东西而关门大吉（就像前面所讲在'非典'时期按正常价格，卖完为止的那类商店），唯有这家商店始终营业并一直有东西出售呢？在大雪封路的情况下，正常的运输中断了，这家商店老板的办法是雇人用雪橇到外边去采购物品，这当然要增加成本，商品自然也要贵一些。也正是因为当商品涨价以后，这家商店的老板才有可能这么做，从而保证了供应量。"涨价一方面减少了购买量，另一方面增加了供应量，市场价格机制的作用使供求达到了新的平衡。

这家商店的老板这么做的目的，当然是为了自己的私利，为了自己多赚钱，但结果却是能为更多的顾客提供商品，使他们能在突然到来的大雪暴中得以生存——虽然消费者不得已多付出了一些，但总比没有吃的强。"而那些没有这么做的老板，固然是没有乘人之危抬高价格而显得高尚，但一来是抢购者过多的购物而另一些人却买不到起码的数量．二来他也无力继续他的生意，只好关门，最终是对社会不利。"

因此，只要这家商店的老板不故意囤积居奇，而是努力保证商品的供应并以

"适当的"高价出售，我们就可以说他是一位履行应有社会责任的老板，比那些以平常价格卖完就关门的老板还强（这些老板可能留足了够自家使用的东西）。这个"适当的"高价和保证供应的行为，就是我们这里说的社会责任：不用政府强制，靠政府提倡和企业自觉，来保证尽量多的人得到赖以生存的食物和用品。同样，在危机时刻（比如"非典"时期）不经批准就经营合格消毒液的商店——虽然出于盈利目的，但也是社会责任的履行：在满足政府意愿（但违背某些规定）和企业盈利的同时，保证了更多的人得到急需的产品。此时如果政府过于按照既有规定办事，会使企业失去自觉自愿履行社会责任行为的机会。

四、主观为自己，客观为他人

有人可能会说，采取舍己为人、牺牲企业利益，用平价甚至低价来满足消费者需求的行为，更值得提倡。但是，这种慈善行为似乎不太符合市场规律，没实力的企业也做不到。但有一类企业特殊，那就是中央企业（简称央企）、国有企业（简称国企）。央企、国企是国有经济的骨干和中坚，是公有制经济的集中体现，它们可以在市场层面体现国家意志，发挥履行社会责任的表率作用。就像国家电网公司一样，其社会责任报告中的"四个服务于"，首先就是服务于党和国家的大局。其他企业则可视实力和社会责任感而定，采取努力降低成本，在保证适度利润的前提下保障供给的策略，就是尽了一份社会责任。

市场机制实际是一个通过创造价值和使用价值将利己与利人结合起来的机制。正如亚当·斯密所说：我们每天所需的食物和饮料，不是出自屠宰厂、酿酒厂或面包房的恩惠，而是出于他们利己的打算。我们不说唤起他们的利人心的话，而说能唤起他们利己心的话。我们不说自己有需要，而说对他们有利。正是千千万万的生产者和销售者们为了他们自己的利益而进行的活动，才使我们每天都有可口的晚餐。利己与利人，在一个健全的市场体系中得到了完美的结合，这就是市场经济的神奇魅力。

市场机制是一个主观为自己、客观为他人的机制，市场机制的巧妙就在于，利人是利己的前提条件。虽然每个人都是为自己的利益而从事生产经营活动，但他所提供的产品与服务却是给他人享用的。从这种意义上讲，企业只要通过合法正当的市场营销机会为社会提供了保质保量的产品和服务，就是履行了最基本的社会责任。如果它还能为其他权益相关者提供帮助，那它就应该是一个有广泛社会责任感的、受人尊敬的企业。而受人尊敬特别是受客户尊敬的企业，一般会获得长久的效益。

第四节　企业五种责任和"五合"管理

不管白猫黑猫，抓住耗子就是好猫。这一著名论断推动了中国的改革开放。四十多年过去，我们似乎要对猫提出更高的要求，那就是：猫抓耗子的时候是否打碎了珍贵的花瓶？猫抓耗子的同时是否偷吃了厨房里的鱼？对于企业这只"猫"，社会和时代的高要求就是：在努力实现功利组织使命的同时，企业还要关注的责任到底有哪些？如何处理好这些责任之间的关系？

我们先来看几个现实问题。

一、好员工为什么做坏事

作为一名销售经理，你对你的产品很懂行，对客户的需求也很清楚。明知你卖的产品功能对客户来说是过剩的，五年以后他也用不完甚至用不上，这将有损客户利益，但是，客户并不懂行。为了完成销售任务以不被公司批评、惩罚并获取丰厚的奖金，你会拼命去向该客户推销吗？

你是一家4S店的维修部经理，管理层考核要求你必须在规定的时间内销售规定数量的蓄电池、轮胎、减震器以及仪表调校和刹车维修等服务，如果没有完成定额，就要扣减工资或调离岗位，超额完成就可以得到额外的奖金。你很清楚，如果不采取一些办法，你是很难完成定额的，比如你必须向顾客推荐一些不必要的维修和更换配件，而这些配件其实并没有坏。你会这么做吗？

一般我们会认为好人做好事，只有坏人才做坏事，换句话说，坏事都是坏人做的，好人会自动地尽力地做好事，而不受其所处环境的影响。事实并非如此，把人们放在一个不道德的环境中，他们的道德会很快被侵蚀和损害，任务的压力和利益的诱惑会使好人在一定程度上失去判断是非好坏的能力，会使个人品格意义上的"好人"做出社会意义上的"坏事"。他们做坏事的理由是："我只不过是做了别人让我做的事情，如果是我自己做，我肯定做不出这种事来。"

因此，管理层需要保护好员工，至少不要诱惑或逼迫好员工做坏事。企业伦理管理就是要创造一种良好的伦理环境，不仅要防止坏人做坏事，也不要诱惑和逼迫好人做坏事。这个环境包括合适的任务量、合理的考核机制、妥当的培训、健康的工作氛围等。

可是在现实经营中，事情就不是那么简单了。管理层也有管理层的难处：管理层可能肩负巨大的经济责任和压力。比如公司的市场一直被竞争对手蚕食；某些国企经济效益太低，连给大批退休人员发工资和报销医药费都捉襟见肘；交警的待遇和地位太差，大家都不想干；等等。管理层总要想办法使企业经营下去、维持下去，于是在生存压力、经济压力，当然也在利益诱惑面前，就可能出台对员工的高压性业绩指标、不合理的考核体系、不恰当的价值观导向，于是有些企业就成了一个使好人办坏事的"大染缸"，管理者虽然也是好人，但不得不办坏事，并让别人也办坏事。

二、陷于两难的张经理

张先生新任某个亏损化肥厂的经理，经过一段时间的工作，他终于弄明白了工厂的问题，库房积压了3500吨货，原材料所剩无几，目前最重要的事是赶紧把货销售出去，收回资金买材料，同时再贷些款让工厂转起来。几个供销人员跑了几天只卖出去十来吨，其中3吨还没收回货款。供销人员反映产品的价格太高，每吨比别家高出200多元。张经理感到纳闷，为了把这批化肥赶紧销出去，已经按成本价在卖了，怎么还会比别人贵这么多？他亲自出马巡视市场，果然看到市场上同规格化肥的零售价比自己工厂的成本价还低，于是断定那一定是有效成分不足的劣质化肥，憋了一肚子火气。

一天，朋友给他介绍了一个外省大客户，他心想，这下可能有转机了。自己工厂的产品质量比市场上的同类产品高一截，所以洽谈时他特别强调质量，将省、市各级质检部门的质检报告、历年获得的质量方面的奖项拿给客户看，并且保证如果化肥有效成分不足，愿以一赔十。但客户对这些无动于衷，他关心的是价格。张经理报价为1100元/吨，客户说，跑遍半个中国也没有厂家卖到1100元的，张口还价到850元。张经理叫技术员把配方和原材料进货单拿来给客户看，按配方和原材料价格计算，850元连本钱都收不回来，而客户对配方、价格单看都不看，声言他不管什么配方，850元已经是最高价了。眼看谈判即将破裂，张经理赶紧说，吃了饭再谈。

酒后吐真言，客户在三杯过后开口了："你也太老实了，现在市场上哪有你这样走正步的。"张经理说："听说外面风声紧，我刚一接手工厂就弄来祸事，不好交待。"客户接过话头说："你放心，出了事我绝不找你。"张经理说："你说的850元是个什么概念？"客户说："不少于20点吧！"张经理心想，20点就是有效成分20%，比国家规定的有效成分23%少了3个百分点，真要被逮住可就惨了。可是转眼一想，那么多员工等着要吃饭呢，不相信自己运气就那么差，一狠心，签就签。

经过加工的货终于发出了。大约过了20天，等来了客户的一封电报："货被查封，速来协助处理。"第二天，技术监督局和工商局的人来到工厂，局长说："外省发来电报，查处劣质化肥50吨，生产厂家是你们工厂，如果这些化肥销出去，将造成极坏影响，于是决定给予停产整顿处罚，并根据规定罚款10万元。"张经理听后后悔莫及，真是早知今日，何必当初。

时隔两个月，那个外省客户又来找张经理，说你们的化肥刚刚打开销路，要你们化肥的人很多，要大量提货。张经理给闹糊涂了：产品曝了光，怎么还有这么多人要货呢？客户说，哪个农民天天看报纸呢。张经理有点左右为难了：卖劣质化肥的话，良心上过不去，而且再被发现会被严加查处；不卖的话，货销不出去，工厂转不起来，员工没饭吃。

如果你是张经理，你会怎么办？你需要在两个坏事中间进行选择。

企业是个功利组织，企业的使命就是赚钱。从这种意义上说，不盈利的企业一定不是好企业，上述案例中的化肥厂就不是一个有盈利的好企业，张经理正在千方百计让它好起来。但是，在劣质化肥充斥市场的时候，他要想生存和盈利就不得不去销售有效成分不足的劣质化肥。他在员工面前做了好人，在客户面前就做不了好人，必选其一。

否定一件事情容易，肯定一件事情难。什么是好企业呢？我们认为有四条标准：一是遵纪守法经营；二是获得良好盈利；三是保持持续成长；四是履行社会责任。这几个标准是递进的——守法经营是基础，良好盈利是使命，持续成长是目的，社会责任是追求。

能够做到遵纪守法经营、获得良好盈利、保持持续成长并自觉追求和履行社会责任的企业，应该是很好的企业，也只有做到这几点，才能够持续成功。但是，要做到这几点不是无条件的。比如，一个处于亏损或破产边缘的企业，或者处于竞争秩序混乱的市场的企业，可能会为了生存和竞争取胜而不得已采用某些违规甚至违法的做法。一个企业能够做到"舍利取义"的地步，但很难达到"舍生取义"的境界。

这个取舍选择和哈林根医院的案例一样，属伦理两难：两坏相权取其轻！

三、"坏"客户引诱怎么办

我们再看一个例子，假如你是一家生产汽车加油站的加油机的制造商，你的一家重要客户想尽快占领加油机市场，要你为他加工一批数量不小的特殊加油机，讲明白了就是加油站的"偷油机"——实际加了58升，但加油机的数字会显示为60升。你的公司一直强调客户就是上帝，但这样的"上帝"来了要不要服务？这样的订单要不要接？

你可能会说，这种违法的事绝对不能干！你也可能会说，做人做生意要讲良心、讲诚信。你还可能说，这样的不良客户根本就不应该再交往，更不可能是

"上帝"！

你从合法和合德的角度出发做这样的决定，我们很赞成。但事实上，这件事可不是这么简单就能决定的，有太多的情况会使我们犹豫起来。比如，你公司的经营状况可能不太好，十分需要这笔订单；你的公司规模不大，做完这一笔洗手不干了，谁也找不到你；你知道市场上一定有人在这么干，甚至这是比较普遍的现象，你不干心里会很不平静；你不干，你的竞争对手可能会干，你可能失去这样一笔大订单，影响你的市场占有率和竞争力，而且对于净化市场环境于事无补。

你还可能会说，这种事风险太大，不能干！但客户说，我帮你想办法控制风险，比如说你只提供能改变计量数字的配件就行，我们自己去改装。受不住诱惑的企业可能就把合法、合德的原则忘到九霄云外去了。

总之，在市场经济秩序不太规范的大环境中，在你也有压力、难处或者面对诱惑的时候，你是不容易独善其身的。企业社会责任的意识就是要求你在追求经济目的的同时，也要考虑到社会利益而做出你认为妥当的决策。这是企业在经济利益追求和非经济利益追求之间的一种理性权衡行为。企业一定要有效益，这是企业的使命，但企业在实现使命的同时也要负起应有的责任：保证所提供商品本身的质量，保证顾客服务的质量，坚持对客户诚信，关注顾客的满意度，对满足顾客需求不断改进产品和服务，提供更多的产品和服务等，而不能"为达私利，违法违德"，采取销售有害商品、劣质产品、虚假或夸大广告、歧视、欺诈等违法或不道德营销行为。

理性权衡是一种有利于企业可持续成长的模式。哈佛商学院的企业伦理专家佩因教授在描述壳牌公司的可持续成长模式时所说，能够权衡道德和经济目标而决策的"理性人"的公司有别于纯粹"经济人"的公司。他说这种公司具有六个特征：①公司致力于获得道德和经济上的优异表现；②公司管理系统与公司财务及非财务责任保持一致；③公司的决策框架把社会和经济要素融合在一起；④公司从道德和经济两个维度评价员工业绩；⑤公司员工以诚信道德人的身份相互来往并与外部的各方交往；⑥公司作为一个整体按照社会的期待以道德人的标准行事。

佩因教授是在描述一种基于"道德人"（或者伦理人）假设的公司，认为人们在追求物质需要的同时，能够承担对组织的道德义务和责任，并且能够以道德自律的方式进行自我治理。道德人假设一般有三个特征：一是利他；二是理性；三是追求团体利益的最大化。道德人假设归纳起来就是理性、团体的利他主义者。但是，在前面的案例中我们看到，事情不是在道德和经济目标中协调那么简单，当事人受各种因素影响，他的道德底线是"浮动"的，决策结果也是多样的。

四、企业做坏事的八大诱因

1. 过分强调绩效至上的考核制度

我们所知道的绝大多数公司采取的是报酬与绩效挂钩的制度，管理者职位的升降也与绩效联动，这本没有问题。但是，如果绩效指标压力过大或过于集中，承担指标的人就可能受到高绩效、高收益的诱惑，或者受职位下降甚至免职的威胁，为了在短期内做出业绩而不惜采取违伦、违规，甚至违法的手段。同理，公司绩效好，不仅经营者脸上有光、收入增加，还会受到股东们的追捧，可以吸收更多的高素质员工加盟，银行那里也会获得更多的金融支持等，他就可能努力做好业绩，实在做不出来，就可能造假。再同理，以 GDP 指标考核地方官员政绩，官员们的工作重点自然也就成了招商引资、上大项目，环保和民生就会放得靠后一点。

2. 过于激烈的竞争环境

在一个竞争过于激烈的市场环境中，如果公司无法通过正常的经济手段、技术手段等获得和稳住市场地位，就可能导致操纵价格、协议投标、不公平交易限制、市场瓜分、歧视价格、歧视对待、不正当甩卖、倾销、侵犯知识产权、侵害企业商业秘密、贿赂与受贿、不正当回扣等不正当竞争行为的产生，他们可能会产生"胜者王侯败者贼"的理念，会冒道德风险而追求竞争胜利的目的。

3. 门槛过高的政府政策法律

有时政府部门制定的法律、政策或审批的程序会使企业感到无法执行，甚至使企业处于"合法就无法生存"的地步，但企业在无法退出、别无他路可走的情况下，企业采取变通、贿赂、偷逃税、虚假信息披露、虚假报表、虚假出资、抽逃资金等非道德甚至非法的行为就成了自然之选，政策法律就成了"逼上梁山"的政策或法律了。这些行为中有企业的主动，也不能否定企业是被迫的。多年前，北京有一家蓝极速网吧着火，造成了众多伤亡，于是全国开始了一场清剿网吧的运动。结果发现，北京市一共有 2400 家营业网吧，只有 200 家是正常地通过了各部门的手续合法、合规经营的。当 90% 以上的网吧都是违法经营的时候，事情的性质就变了，就很难弄清楚是网吧经营者有问题，还是经营网吧的申请手续、政策规定有问题。

4. 以怨报怨的态度和行为

当竞争对手或消费者采取了某种非伦理手段时，会有企业以怨报怨，用甚至更甚的手段回击，这就形成了违反伦理的恶性循环。那些本来不想违反伦理标准的企业，就必须在"要么降低利润标准，要么降低伦理标准"之间做出选择，不幸的是，后者常常成为首先牺牲的对象。

5. 对消费者或客户的漠不关心

那些有较深技术和知识背景、占据垄断地位的企业，往往不太把客户放在眼里，他们会利用客户不知情的弱势地位，忽视甚至损害客户的合法权益，特别是对那些小客户、散在的、不再回头的客户。人们常有怨言的电力、通信等应该属于这样的行业。当然他们并不是对所有客户都如此，电力通信对政府要害部门的服务就很好。曾经给皇家进贡药品的公司也是如此，炮制虽繁必不敢省人工，品味虽贵必不敢减物力，如果出点闪失，那是要命的。

6. 有条件了再做好事的一厢情愿

有的人或企业会给自己降低伦理标准的理由："我饭还吃不上呢，讲什么伦理道德！只要现在能赚钱就行，有了钱再行善事也不迟，资本主义还有原始积累阶段呢！原始积累阶段就得残酷点儿，先犯原罪再赎罪吧！"于是对客户、对社会的伦理道德观念淡薄了。

7. 人情面子、破罐破摔的观念

中国自古就有送礼的习惯，有句话叫"当官的不打送礼的"，朋友送、同学送、老乡送，刚开始只当是个人情，到后来就觉得欠个人情，总要回报一下，于是人情交往便演变成行贿、受贿了。

8. 法不责众、掉以轻心的意识

有人看到美国人、日本人很遵守交通规则，即使半夜开车遇见红灯，路上一个人也没有，也会乖乖地等着绿灯亮了才走，确实如此。但笔者在日本待了不少年，经常看到一种现象，那就是人们过路口的时候，一般都会遵守交通规则，但当某一人有急事或不注意，开始闯红灯的时候，其他人也会不由自主地跟着往前走。这是日本人从众心理的典型例子。当某种做坏事的念头成为组织成员的集体共识时，坚持正确行为的力量就会削弱，侥幸心理就被强化。"人多胆壮"，"世道如此"，于是你做我也做。

既然有这么多诱因，看来企业要想不做坏事不容易，既需要从组织制度、组织氛围和价值观等多方面积极入手防范，也需要耐心等待整个社会的进步。

五、从四种责任到五种责任

一直以来，人们对社会责任的定义争论不休，直到 1979 年，卡罗尔（Carroll）给出了一个社会责任的综合性定义，得到了广泛认可。他认为企业社会责任是指在给定的时间内，社会对企业组织所具有的经济、法律、伦理、慈善方面期望的总和。也就是说，企业具有经济、法律、伦理和慈善这四种责任。

笔者在 2014 年出版的《成长的逻辑》一书第 9 章中专门写过"做人"，那一章的内容和本书的企业伦理有着密切关系，该章提出了企业的四种责任和四合原则。其中，归并了卡罗尔的伦理责任和慈善责任称为社会责任，增加了中国企业特色的政治责任，形成了新的四种责任：法律责任、社会责任、经济责任和政治责任，并提出了相应的"四合原则"——下须合法，上求合德，事要合算，行要合规。现在，我们在本书中做了进一步的研究。

企业是一个由人、财、物、知识和规则等经营资源构成的，通过向客户提供商品和服务来实现功利目标的组织系统。我们认为，随着企业、社会和新技术的发展，规则已经成为企业生存和成长的重要资源。谁能掌握相关领域的规则和规则制定权，谁就能站在高人一维的优势地位。

于是，法律责任、经济责任、社会责任、政治责任以及规则责任就构成了现代企业的五大责任。对行业地位高、规模大、全球性的公司而言，规则责任尤其重要。我们把规则责任定义为：企业对行业的竞合秩序，游戏规则和发展路线的规范性、引导性责任。比如，2018 年世界"500 强"第二、中国"500 强"第一的国家电网公司，应该承担起国企改革、国资改革和电力行业改革的机制、政策相关的规则创新责任，承担起全球能源互联网新格局的共识、规划、技术以及机制建设的责任，包括规则协议、交易机制、技术标准、科研创新引领等。

同时，企业成员的政治倾向、宗教信仰也与企业的责任有着千丝万缕的关系。首先是政治责任。中国企业的政治责任具有现实的重要性，其实在西方国家，企业和政治也是分不开的，只不过他们不叫政治责任而已。企业或企业家有不关心政治的，也可能从属于或者支持某一政治组织，并担负相应的政治责任，还有介入政治的。美国企业在总统选举时也会出钱支持民主党或者共和党，有的企业家有自己的政治抱负，所支持攻党上台后，他在政府中谋个一官半职。历届美国政府如此，企业家出身的特朗普总统其内阁成员更是如此——出身商界金融界的商业精英的人数、地位和影响力，大大超过了出身法律政界的政治精英。

其次是信仰责任。信仰对企业的影响更是巨大。如果说中国国企的企业家有坚定的共产主义信仰，那么，欧美的企业家可能有虔诚的基督教信仰，中东的企业家有着坚定的伊斯兰教信仰，东南亚国家企业家则较多信仰佛教。而在日本，一部分企业家包括已故松下幸之助则信奉神道，公司里还建有神社。他和信奉佛教的稻盛和夫不同，各自对自己的信仰负责。

六、从四合原则到五合原则

在《成长的逻辑》一书，笔者提出过下须合法、上求合德、事要合算、行要合规的"四合"原则，这里我们新增加"人要合群"的原则，也就是从四合原则发展到五合原则。"合法、合规、合算、合群、合德"，而且五合的力度和顺序也因企业而有所不同，基本原则是：下须合法，行要合规，事要合算，人要合群，上求合德（见图4-3）。

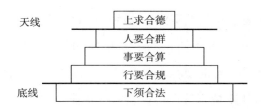

图4-3　五合管理原则

（1）下须合法——企业首先必须对自己的经营行为和结果负法律责任。如果企业经营行为置法律于不顾，连底线都突破了，无论如何是活不下去的。尽管我们社会的法治水平还不高，某些法律本身有不合理和不道德的地方，比如各种收费繁多、审批事项太多，甚至使得某些领域到了合法就无法生存的地步，但是企业也只能是遵守和适应，当然，企业可以等到一定实力时，通过参政、议政帮助完善法律。在西方企业就是院外活动，这也可以看作是企业的一部分规则责任。

（2）行要合规——企业要制定高于外部法律的制度规则，企业人是隶属于组织的组织人，是组织就有规矩。对组织要有承诺，如果还隶属于某个政治组织或宗教组织，有信仰追求，就等于对个人行为多了一层约束。这是个很难处理的问题——因为一个人的行为既有经济组织的职责，要对企业股东负责，又有政治组织的承诺，有时会产生不小的、两难的冲突。你必须学会排序，学会处理悖论问题，但你既然是两重身份，就必须使自己行为合规。这是国企领导经常遇到的难题，处理不了要么违规犯错，要么去掉一重身份，变成民营企业家，毕竟这样做矛盾冲突会缓和一些。

（3）事要合算——企业之要事，就是经济责任。这是企业作为一个经济组织的核心责任，企业投资者将资产委托给管理者，管理者就要为投资者回报合理的收益，就要尽职尽责，努力创造机会，开拓创新，实现企业应有的经济效益。从这个意义上说，经济责任可以说是企业的使命。正如松下幸之助所说："企业不赚钱，是对社会的罪恶。我们取用社会的资金、社会的人才，却没有创造利润，那是我们浪费了社会可贵的资源，这些资源如果用在他处，将会更有效果。"

（4）人要合群——这是我们在本书新增加的。物以类聚，人以群分。群，包括了世界观、人生观、价值观和兴趣爱好等。合群，对内就是这些观念与企业文化伦理相适合，对外就是能够在行业之内，企业之间找到自己的同群、同类。比如华为公司的价值观是：不喜欢外部创投资本，喜欢自己员工做内部股东；不喜欢上市应对股民做业绩，喜欢自主决定长期战略投资。这就是一类企业，这类企业家能谈到一起。走到一起就是合群。合群也是合道，古人云，道不同不相为谋，选人尤其是选干部、选合作伙伴必须合群。

（5）上求合德——求合德，既然是追求，定的就是至高无上、难以企及的标准，比如做百年企业、做最受人尊敬的企业等，就好比共产党的两个百年目标。也正因为如此，所以才一代接一代地努力，一棒接一棒地奋斗。

求合德还涉及人的良心追求，为组织、为企业、为社会、为他人的真情实意去真抓实干。甚至在他人或社会不理解的情况下，去追求内心的向往，去完成人生的使命。

企业的五大责任和五合原则，会随着企业由小到大、由弱到强，经过三个成长阶段。第一是创业阶段，为了生存而赚钱，你必须做出好产品满足客户的需求，赚钱养活自己才行，这时最需要的是"生存之道"。第二是成长阶段，企业开始了解怎样赚钱，需要规划好自己的成长战略，做好企业文化和管理制度，这是"君子爱财，取之有道"的阶段，企业开始思考社会影响、社会形象，最需要的是"君子之道"。第三是成熟阶段，企业开始思考该不该赚钱，因为赚钱对于已经有核心竞争力的企业来讲比较简单，当企业在业界处于绝对优势地位，在很多情况下，企业的决策是在舍得之间求得平衡——不仅要赚钱、投钱，而且要捐钱；不仅要参与竞争，开放合作，而且要维持秩序；不仅要财务成功，而且要社会尊重。作为一个企业公民，应该做什么不应该做什么？应该赚什么钱不应该赚什么钱？"应该不应该"的思考就是伦理层次的思考了，这时最需要的可能是"天职之道"了。

企业从只知道赚钱，到知道怎样赚钱，再到知道该不该赚钱；从生存之道，到君子之道，再到天职之道，就是逐渐将五种责任和五合原则协调起来。财务会计学告诉我们企业必须赚钱才能生存；企业管理学告诉我们需要建立"君子爱财，取之有道"的观念和"君子爱才，用之有道"的人才机制；企业伦理学则告诉我们企业作为社会公民，哪些是应该得的，哪些是不应该得的，哪些是法律允许并且企业有能力但依然不应该做的。

五合即五不：不违法，不违规，不亏损，不树敌，不违德。做企业非常不容易，一个企业要在承担经济责任的基础上承担起社会责任、政治责任、法律责任和规则责任，才能走得足够远。但是，企业承担经济责任以外的责任，是需要条件的，不是说能承担就能承担。"高尚道德，君子好求"，但心有余而力不足，就只能是"求之不得，辗转反侧"了。理性地讲，一个人的余力是他能够帮助别人的基础，同样，一个强大的、有竞争力的、财务成功的公司，才能真正担负起应有的社会责任、政治责任等。换句话说，一个能够充分承担起经济责任并能够合法、合规经营的企业，才能更好更长久地承担起社会责任、政治责任，才有余力承担更难的制定新规则、引领整个行业的责任。请注意：我们这里不是说企业有了钱才去承担社会责任，没钱就不承担社会责任，而是在强调企业要想稳定、持久地履行这些责任，需要一定的条件。一个连自己的生存都保证不了的公司，是无法承担社会责任的。极端地说，一个已经严重污染环境又无力改进的公司，只能用关停倒闭来履行社会责任了。但同时，关停倒闭又会损害当地政府的财政收入和该公司职工的生活。归根结底，由于经营问题造成的弱小、贫穷才是企业不能承担社会责任的罪魁祸首。

|第五章|
不同企业和立场的伦理观

　　人的职业多种多样，如军人、公务员、工人、农民、商人、教师、律师、僧侣等，各有各的职业伦理。伦理不是抽象的、普世的，而是和具体职业身份相联系的。思考伦理问题不仅是用普遍伦理的标准，去给"士农工商"排序，还要在特定职业范围之内，对职业行为做出规范和比较。另外，企业内不同位置的干部和员工，以及站在外面研究企业伦理的学者也会有自己不同的立场，立场不同自然伦理观也会有差异。

第一节　企业人伦理观

过去讲伦理道德，特别是中国的儒家，讲的多是家庭、店家或者朝廷为官的伦理。而现代所说的伦理，却是以企业伦理为主流的。究其原因，是因为我们大多数社会人生活在企业组织里面。前面讲过，据统计世界上 3/4 的就业人口在企业，尽管不同企业的伦理追求有所不同，但相对于其他的组织，比如军队、政府、学校、宗教组织等，以功利组织为本质的企业伦理有其特定内涵，并通过家庭和社会组织影响着大多数人的行为。

由于我国现代企业诞生得比较晚，很多企业还处于成长阶段，因而对企业伦理的认识、规范以及有效管理，比西方国家的企业晚了一二十年，即使到现在，企业的主流工作还处于文化建设阶段，而那些在伦理建设方面走在前面的公司，由于国际上已经有了比较多的企业伦理或社会责任规范和标准，走向海外的企业又需要与国际接轨，因而多数企业采取"拿来主义"。我们在此介绍几家著名公司的企业伦理文件。

一、强生信条

在医药公司，企业伦理具有不同于一般公司的重要作用，强生公司广为人知的是《我们的信条》。该公司首先解释道：在强生精心经营百年间保持不变的原则与理念中，尤为显著的是我们的信条。信条精神深入每个强生员工的心中。在过去七十多年间，信条被译成近 50 种语言和方言，在世界各地传播。

强生信条真挚教诲每一位员工，首先要关注客户，对医生、护士、病人、父母亲以及所有使用我们的产品和接受我们服务的人负责；其次要关注我们的员工，尊重他们的尊严和价值；再次要关注我们的社会和世界，积极支持社会发展，促进人类健康；最后，如果我们依照这些原则进行经营，股东们就会获得合理的回报。以下是《我们的信条》。

《我们的信条》

我们相信我们首先要对医生、护士和病人，对父母亲以及所有使用我们的产品和接受我们服务的人负责。为了满足他们的需求，我们所做的一切都必须是高质量的。我们必须不断地致力于降低成本，以保持合理的价格。客户的订货必须迅速而准确地供应。我们的供应商和经销商应该有机会获得合理的利润。

我们要对世界各地和我们一起共事的男女同仁负责。每一位同仁都应视为独立的个体。我们必须维护他们的尊严，赞赏他们的优点。要使他们对其工作有一种安全感。薪酬必须公平合理，工作环境必须清洁、整齐和安全。我们必须设法帮助员工履行他们对家庭的责任。必须让员工在提出建议和申诉时畅所欲言。对于合格的人必须给予平等的聘用、发展和升迁的机会。我们必须具备称职的管理人员，他们的行为必须公正并符合道德。

我们要对我们所生活和工作的社会，对整个世界负责。我们必须做好公民，支持对社会有益的活动和慈善事业，缴纳我们应付的税款。我们必须鼓励全民进步，促进健康和教育事业。我们必须很好地维护我们所使用的财产，保护环境和自然资源。

最后，我们要对全体股东负责。企业经营必须获得可靠的利润。我们必须尝试新的构想。必须坚持研究工作，开发革新项目，承担错误的代价并加以改正。必须购置新设备，提供新设施，推出新产品。必须设立储备金，以备不时之需。如果我们依照这些原则进行经营，股东们就会获得合理的回报。

从权益相关者的关系上可以看出，强生的排序是客户、员工、社会和股东。

二、L 公司商业准则

不少跨国公司制定了自己的商业准则，比较标准的是 L 公司。以下是《L 公司商业准则》。

《L公司商业准则》

L公司力争优秀，我们相信竞争必须是公平的。无论我们在世界任何地方开展业务，我们都会严格遵守最高的道德准则。我们将这种信念通过明文规定的商业准则传达给所有员工。准则如下：

1 操守准则

诚实、正直地从事商业活动并尊重其所涉及的各方的利益。

2 遵守法律

L公司要求其各公司遵守所在国所定的法律和法规。

3 员工

L公司要求其各公司在员工的招募、雇用和提升时是基于员工的能力及表现。

L公司保证为其世界各地的员工提供健康和安全的工作环境和条件。

L公司确信与其员工之间建立良好的沟通是至关重要的，通常通过公司内部的信息和咨询程序来实现这个环节。

4 利益冲突

L公司希望其员工避免与公司利益相冲突的个人行为和个人利益，同时，采取相应步骤保证员工在这方面受到适当的指导。

5 公开活动

L公司不参与任何政治活动。

L公司努力推广并保护其合法的商业利益。为做到这点，它可能直接或通过商会等团体提出问题，并对政府的有关行动和决定提出建议。

L公司在其经验可以用得到的地方，将积极鼓励与政府部门、个人、团体、代办处或其他团体合作参与可能影响其合法利益的立法和其他条例的制定等活动。

L公司也鼓励配合政府部门和其他机构就其商业活动或所处团体有关的问题做信息查询、调查研究和咨询。

6 产品保证

L公司致力于不断提供物有所值的产品，并保证产品使用的安全性。

7 环境问题

L公司承诺在其开展商业活动的同时建立起良好的环境保护意识。因此，其目标是：在不影响公司合法利益的同时，保证其产品及生产过程对环境给予积极的保护。

8 竞争

L公司坚信公平竞争并支持适当的竞争法律的完善。员工将得到指导，以保证正确地理解这些法律。

9 可靠的财务报告

L公司的财务记录和有关文件必须准确地描述和反映所有交易的性质。不建立任何不公开或无记录的账户、基金或资产。

10 贿赂

L公司不通过收送贿赂来取得业务和经济上的好处。L公司指导员工对于任何行贿和受贿的要求必须立即拒绝。

11 适用范围

此准则适用于L公司在世界各地的所有公司。此准则也在L公司全球的合资企业中得以积极推广。这也是L公司决定是否参与或者继续任何合资企业的重要因素。

12 执行依据

L公司董事会负责将该准则所体现的精神传达给员工，并保证其理解和遵守。公司内部独立的审计部门将帮助董事会监督此准则的执行。

L公司董事会不会责难其管理层因坚持执行这些准则而造成的业务损失。

同样，董事会保证员工在提请高级管理层注意有关违反或可能违反该准则的行为时，不会受到不公正的待遇。

三、波音行为守则

企业伦理文件有像强生公司一样站在公司角度对外宣称的，也有像波音公司和华为公司一样对员工提出承诺要求的。我们来看波音公司的员工行为守则：

《波音行为守则》

《波音行为守则》是对全体波音员工所期待的行为纲要。波音以公平、公正、符合道德规范的方式正派经营，完全遵守所有适用的法律法规，持守波音一贯的价值观。在进行业务的过程中，诚信必须是所有公司关系的基础，其中包括与客户、供应商、社区之间的关系，以及员工之间的关系。在履行公司职责时，波音员工必须遵循最高的商业行为道德标准。员工的行为及参与的活动不会令人对公司的诚信、公正和声誉产生质疑，也不会让公司尴尬蒙羞。

作为波音公司的员工，本人将确保：

1. 本人不会参加可能与本人或公司产生利益冲突的任何活动。

2. 本人不会利用自己在波音的职位，不适当地使用波音的信息或非公开的信息，或滥用职权谋取私利。这包括不参与内幕交易。

3. 本人将遵守所有的信息使用与公开之限制性规定。这包括遵守保护波音信息的所有要求，以及确保所有的非波音专有信息的使用与公开，得到信息所有者的授权或法律的允许。

4. 本人在所有的交易和交流中遵循公平交易原则。

5. 本人将保护公司、客户和供应商所有的资产，仅在公司批准的适当活动中使用。

6. 本人将完全遵守所有适用的法律、法规和规章。

7. 本人将立即向管理层或其他相关部门（即道德、法务、安保、EEO）举报任何违法行为或不道德行为。

每名员工都有义务提出问题、寻求指导，以及举报涉嫌违反本《行为守则》的行为。波音绝不容忍对真诚的举报者进行报复。

本人已阅读了《波音行为守则》，并保证：

1. 本人理解《波音行为守则》。

2. 尽本人所知，本人的行为符合《波音行为守则》的要求。

3. 本人将继续遵守《波音行为守则》。

姓名（印刷体）：　　　　　　　　BEMS ID 号：

签名：　　　　　　　　　　　　　签名日期：

在波音公司，员工是要对这个守则签名承诺的。即便如此，2019 年初，由于马来西亚狮航和埃塞俄比亚埃航的连续两起波音737 - 8 飞机失事事件，波音公司的安全认证、系统选购等某些不伦行为被曝光，造成全球用户禁飞波音 737 - 8 型飞机，对波音公司整体形象和业绩造成了很大影响。这主要是公司整体问题而不是员工个人问题。

四、华为公司干部八条

华为公司属于较早导入企业伦理纲领的公司，我们在书后附录了该公司和企业伦理相关的大部分文件，在此先请参看《华为公司干部八条》，是针对个人行为的。

《华为公司干部八条》

1. 我们绝不搞迎来送往，不给上级送礼，不当面赞扬上级，把精力放在为客户服务上。

2. 我们绝不动用公司资源，也不能占用工作时间，为上级或其家属办私事。遇非办不可的特殊情况，应申报并由受益人支付相关费用。

3. 我们绝不说假话，不捂盖子，不评价不了解的情况，不传播不实之词，有意见直接与当事人沟通或报告上级，更不能侵犯他人隐私。

4. 我们认真阅读文件、理解指令。主管的责任是胜利，不是简单的服从。主管尽职尽责的标准是通过激发部属的积极性、主动性、创造性去获取胜利。

5. 我们反对官僚主义，反对不作为，反对发牢骚讲怪话。对矛盾不回避，对困难不躲闪，积极探索，努力作为，勇于担当。

6. 我们反对文山会海，反对繁文缛节。学会复杂问题简单化，六百字以内说清一个重大问题。

7. 我们绝不偷窃，绝不私费公报，绝不贪污受贿，绝不造假，我们也绝不允许我们当中任何人这样做，要爱护自身人格。

8. 我们绝不允许跟人、站队的不良行为在华为形成风气。个人应通过努力工作、创造价值去争取机会。

可以看出，干部八条中，"不"字用的很多，所以主要是约束不良行为的，接近"律"而不接近"经"。华为公司对干部行为做出这些规定，就是因为存在这些问题，由问题导向逐渐修正完善。

五、华为公司员工二十一条军规

针对全体员工，华为提出了下面的二十一条军规。

《华为公司员工二十一条军规》

1. 商业模式永远在变，唯一不变的是以真心换真金。（新）

2. 如果你的声音没人重视，那是因为你离客户不够近。

117

3. 只要作战需要，造炮弹的也可以成为一个好炮手。（新）

4. 永远不要低估比你努力的人，因为你很快就需要追赶他（她）了。

5. 胶片文化让你浮在半空，深入现场才是脚踏实地。（新）

6. 那个反对你的声音可能说出了成败的关键。

7. 如果你觉得主管错了，请告诉他（她）。

8. 讨好领导的最好方式，就是把工作做好。

9. 逢迎上级 1 小时，不如服务客户 1 分钟。（新）

10. 如果你想跟人站队，请站在客户那队。

11. 忙着站队的结果只能是掉队。

12. 不要因为小圈子，而失去了大家庭！

13. 简单粗暴就像一堵无形的墙把你和他人隔开，你永远看不到墙那边的真实情况。（新）

14. 大喊大叫的人只适合当啦啦队，真正有本事的人都在场上呢。（新）

15. 最简单的是讲真话，最难的也是。

16. 你越试图掩盖问题，就越暴露你是问题。

17. 造假比诚实更辛苦，你永远需要用新的造假来掩盖上一个造假。

18. 公司机密跟你的灵魂永远是打包出卖的。

19. 从事第二职业的，请加倍努力，因为它将很快成为你唯一的职业。

20. 在大数据时代，任何以权谋私、贪污腐败都会留下痕迹。

21. 所有想要一夜暴富的人，最终都一贫如洗。

军规不是一成不变的，是围绕解决问题而存在和不断修订的。在这之前，华为提出的是《十六条军规》，2017 年正式公布了《二十一条军规》，相比较，去掉了原来的第 16 条（遵纪守法，磨好自己的豆腐，发好自己的豆芽），增加了新的第 1 条、第 3 条、第 5 条、第 9 条、第 13 条、第 14 条。原来不变的就是需要继承的东西，新增加的则是需要关注的问题。

相比波音公司的行为守则是针对全体员工的，华为公司在此把干部和员工分了开来，这和华为公司干部严格、员工宽容的管理原则有一定关系。当然，华为公司也有《华为员工商业行为准则》，那是针对全体员工的，也是要签字承诺的（请参见附录）。波音公司有员工 14.5 万人，华为公司有员工 19 万多人。这种"巨无霸"公司的员工守则会通过供应商、员工家庭等渠道，对社会产生巨大的影响力。

六、向西点军校和美军学习

西点军校早就有自己的《二十二条军规》，华为公司比较倾向于毛泽东的军队作战思想和组织管理，很早就把西点军校当作了自己的学习榜样。以下是《西点军校二十二条军规》：

《西点军校二十二条军规》

1. 无条件执行；　　　　　　2. 工作无借口；

3. 细节决定成败；　　　　　4. 以上司为榜样；

5. 荣誉原则；　　　　　　　6. 受人欢迎；

7. 善于合作；　　　　　　　8. 团队精神；

9. 只有第一；　　　　　　　10. 敢于冒险；

11. 火一般的精神；　　　　　12. 不断提升自己；

13. 勇敢者的游戏；　　　　　14. 全力以赴；

15. 尽职尽责；　　　　　　　16. 没有不可能；

17. 永不放弃；　　　　　　　18. 敬业为魂；

19. 为自己奋斗；　　　　　　20. 理念至上；

21. 自动自发；　　　　　　　22. 立即行动。

你会看到，华为公司对这些有继承，又有按照自己价值观、伦理观和组织特点进行的增补和修改。比如西点军校说"只有第一",华为公司则要求每个业务须做到前三名。同时原则式改成了警句式。更像下面的《美军二十二条军规》:

《美军二十二条军规》

1. 你不是超人;

2. 如果一个愚蠢的方法有效,那它就不是愚蠢的方法;

3. 不要太显眼,因为那样会引人攻击;

4. 别和比你勇敢的家伙待在一个掩体里;

5. 别忘了你手上的武器是由出价最低的承包商制造的;

6. 如果你的攻击很顺利,那你一定是中了圈套;

7. 没有任何计划能在遇敌后继续执行;

8. 所有 5 秒的手榴弹的引线都会在 3 秒内烧完;

9. 装成无关紧要的人,因为敌人的弹药可能不够了;

10. 那支你不加注意的敌军部队其实是攻击的主力;

11. 重要的事总是简单的;

12. 简单的事总是难做的;

13. 好走的路总会被布上雷;

14. 如果你除了敌人什么都不缺,那你一定在交战中;

15. 飞来的子弹有优先通过权;

16. 如果敌人在你的射程内,别忘了你也在他的射程内;

17. 要一起用才能生效的设备通常不会一起运来;

18. 无线电总会在你急需火力支援时断掉;

19. 你做的任何事都有可能让你挨枪子儿,什么都不做也一样;

20. 唯一比敌方炮火还精确的是友军的炮火;

21. 专业士兵的行为是可以预测的，但世上却充满了业余玩家；

22. 当两军都觉得自己愉快时，那他们可能都是对的。

我们看到，虽然职业性质不同，但既然是组织，企业人的伦理和军人伦理、军校学生伦理有不少的相通之处。最基本的东西大家可以互相参考借鉴，再加上符合公司经营和组织的特色内容。

同时我们可以看出，作为具体的组织伦理，企业干部员工的伦理守则和军人的军规，相对于社会伦理守则比如公民道德准则，更具体、更有针对性。

七、全球契约和考克斯圆桌

随着国际化的进展，国际组织开始了在全球范围内形成企业伦理共识的努力。比较典型的有联合国主导的《全球契约十项原则》，以及日本佳能公司贺来龙三郎主导的《考克斯圆桌商业原则》等。

在 1995 年召开的世界社会发展首脑会议上，时任联合国秘书长科菲·安南曾提出"全球契约"（Global Compact）的设想，1999 年 1 月在达沃斯世界经济论坛年会上，他又提出"全球契约"计划，并于 2000 年 7 月在联合国总部正式启动。以下是《全球契约十项原则》：

《全球契约十项原则》

全球契约在人权、劳工、环境和反腐败方面的十项原则享有全球共识，这些原则来源于《世界人权宣言》《国际劳工组织关于工作中的基本原则和权利宣言》《关于环境与发展的里约宣言》和《联合国反腐败公约》。

有关人权：

原则 1：企业界应支持并尊重国际公认的人权。

原则 2：保证不与践踏人权者同流合污。

有关劳工标准：

原则 3：企业界应支持结社自由及切实承认集体谈判权。

原则 4：消除一切形式的强迫和强制劳动。

原则 5：切实废除童工。

原则 6：消除就业和职业方面的歧视。

有关环境：

原则 7：企业界应支持采用预防性方法应付环境挑战。

原则 8：采取主动行动促进在环境方面更负责任的做法。

原则 9：鼓励开发和推广环境友好型技术。

有关反腐败：

原则 10：企业界应努力反对一切形式的腐败，包括敲诈和贿赂。

联合国《全球契约十项原则》还是有些过于简洁，其实在这之前就有《考克斯圆桌商业原则》这样比较具体的企业伦理准则了，只是它由欧美日部分企业家参与，没有联合国那样更大范围的代表性。考克斯圆桌会议始于 1986 年，因在瑞士小镇考克斯（Caux）举办而得名，此圆桌会议开始由荷兰的飞利浦公司总裁弗里德瑞克·菲利普召集，欧美日等国著名企业家参加，后来由日本佳能公司总裁贺来龙三郎主导，在 1994 年发布了《考克斯圆桌商业原则》。

《考克斯圆桌商业原则》

序言

就业与资本的流动使经济活动及其影响不断地全球化。在这种背景下，法律和市场的制约很必要，但是还不能充分指导商业行为。公司的基本职责是对公司行为和政策负责，并尊重利益相关者的尊严与利益。而共同的准则（包括对共同繁荣的承诺）对小规模人群和全球人群同样重要。由于上述原因，同时由于商业可以有力地带动积极的社会变化，我们提出以下原则作为商业领导者的讨论基础和履行公司责任中的行为基础。我们也肯定道德准则在经济决策中的合法性与中立性。没有道德准则，就没有稳定的经济关系和全球的可持续发展。

总则

原则 1　公司责任：从股东变为利益相关者

公司的作用是创造财富和就业，并以合理的价格及与价格相应的质量向消费者提供适合销售的产品和服务。为发挥该作用，公司必须保持其经济健康和活力，但是公司生存并不是公司的唯一目标。公司的另一个作用是与公司顾客、雇员和利益相关者分享创造的财富，提高他们的生活水平。供应商和竞争商应该本着诚实公正的精神履行义务，相信这样才会带来更多的商机。公司是地方性、全国性、地区性和全球性社区（人群）中勇于负责任的成员，影响着所在社区的未来。

原则 2　公司对经济和社会的影响：面向革新、公正与全球性社区

建立在海外的发展、生产或销售公司应通过创造就业机会、提高当地人们的购买力为所在国家的社会进步做出贡献，同时应关注所在国家的人权、教育、福利，激发社区生命力等。此外，公司应通过革新、有效地使用自然资源、自由公平的竞争，为所在国家和全球的经济、社会进步做出贡献。这种贡献是广义的，包括新技术、生产、产品、经销和通信等。

原则 3　公司行为：从遵守法律条文发展为信任精神

除了合法的商业秘密外，公司应认识到，真诚、公正、真实、守信与透明不仅有利于经济活动的信誉和稳定，而且有利于提高商业交易（尤其是国际商务）的效率和顺利性。

原则 4　遵守规则：从贸易摩擦发展为贸易合作

为避免贸易摩擦，促进更为自由的贸易，保证商业机会均等、各方得到

公平相同的待遇，公司应遵守国际国内规则。此外，公司还应认识到，尽管有些行为合法，但仍可能带来不利后果。

原则 5　支持多边贸易：从孤立走向世界

公司应支持关贸总协定、世界贸易组织的多边贸易系统和其他类似的国际合约。公司应积极配合，提高贸易的合理自由度，放宽国内政策，减少这些政策对全球经济的不合理障碍。

原则 6　关注环境：从保护环境发展到改善环境

公司应保护并在可能的情况下改善环境，促进可持续发展，防止自然资源的浪费。

原则 7　防止非法运行：从利润发展到和平

公司不可参与或包庇贿赂、洗钱等腐败活动，也不可从事武器交易和用于恐怖活动、贩毒或其他有组织犯罪的物品交易。

利益相关者

顾客

我们相信应充分尊重顾客的尊严。顾客不仅指那些直接购买产品或服务的人群，也包括从正当渠道获得产品与服务的人群。对于那些不直接从我们公司购买但使用我们产品与服务的顾客，我们将尽最大努力选择那些接受并遵循本文件规定的商业经营标准的销售、安装/生产渠道。我们有以下义务：

——向顾客提供质量最好的、符合他们要求的产品与服务。

——在商业的各方面公正对待顾客，其中包括高水平的服务和顾客不满意时的补救措施。

——尽一切努力保证顾客的健康与安全（包括环境质量）在消费了我们提供的产品与服务后得到保持或改善。

——在提供的产品、销售和广告中避免侵犯人的尊严。

——尊重顾客的文化完整性。

雇员

我们相信每位员工的天赋尊严，因此我们有以下责任。

——提供工作机会和薪水，改善提高他们的生活状况。

——所提供的工作条件应尊重雇员的健康与尊严。

——与雇员坦诚沟通，了解他们的思想、不满和要求。

——与雇员有冲突时应相互信任，协商解决。

——避免歧视行为，确保公平对待、机会均等不受性别、年龄、种族和宗教的影响。

——在公司内部鼓励雇佣残疾人，将他们安排到能发挥作用的岗位。

——保护雇员在工作场所的安全和健康。

——对往往由商业决策引起的严重失业问题保持关注，并与政府和其他机构共同解决相关事宜。

物主/投资者

我们应尊重投资者对我们的信任，因此我们有以下责任：

——专业、勤勉地管理公司，以确保投资者得到他们应得的而且具有竞争力的回报。

——向物主/投资者披露相关信息（只受法律与竞争情况限制）。

——保存并保护物主/投资者的资产。

——尊重物主/投资者的要求、建议、不满和他们的正式决定。

供应商

我们相信公司与供应商、分包商的合作关系以相互尊重为基础，因此我们有以下责任：

——在定价报价、许可、售卖权等所有业务中追求公正性。

——确保我们的商业行为不带任何强制性、不涉及任何不必要的诉讼，并以此促进公平竞争。

——与高价值、高质量、可靠性高的供应商建立长期、稳定的关系。

——与供应商分享信息，并将供应商纳入公司的计划过程，达成稳定的关系。

——按时、按照贸易条款支付供应商；

——寻找、鼓励并优先选择在实际工作中尊重雇员尊严的供应商和分包商。

竞争商

我们相信公平的经济竞争是增加国家财富的基本要求之一，它能使公平分配物品与服务最终成为可能。因此我们有以下责任：

——培养开放的贸易与投资市场。

——改良竞争行为，使其有利于社会和环境；与竞争商之间相互尊重。

——戒除公司为保证竞争优势而意图或切实给予他方可疑支付与好处。

——尊重物产所有权和知识产权。

——拒绝采用不诚实或不遵守职业道德的手段获取商业情报（如工业间谍）。

社区/共同体

我们相信，公司作为一名集体成员，即使力量不大，也能够为所在社区投入改革力量，改善当地的人权状况。因此公司对公司所在地的社区负有以下责任：

——尊重人权与民主制度、并尽可能改善人权与民主状况。

——承认国家对整个社会的合法义务，支持、执行通过商业与社会的其他行业部分之间的和谐关系促进人类发展的公共政策。

——在经济发展困难的国家和地区，一些力量致力于提高健康、教育、工作场所安全等标准，公司应与它们合作。

——促进可持续发展。

——在物理环境保持和地球环境保持中起领导作用。

——支持地方社区的社会秩序、治安防卫和多样性。

——尊重地方文化的完整性。

——支持所在社区，作优秀的社区成员。具体的方式有：慈善捐款、捐助文教、雇员参与民事与社区事务等行动和活动。

我们可以看到，企业发展到对环境、社会乃至国际社会有较大影响的一定阶段，会自然而然地把视野从企业拓展到行业，在拓展到整个人类社会，企业就由较纯粹的经济组织目的扩展为以经济目的为主，社会目的为辅的组织，通过共同的商业原则来调和他们相互之间的"共生"关系和公司与社会之间的"尊严"关系。

第二节　企业家的伦理观

一、企业人伦理三分法

如果我们认为企业伦理是企业人的伦理，那就要区分谁是企业人？企业人中最核心层是企业家，其次是经理人，最后是员工。因此。企业伦理行为选择要看你站在谁的立场。这三者的立场有时是统一的，有时是冲突的。

统一的时候，是指人们要有一个组织的概念，企业虽然由人构成，但它不是一个自然人，而是一个法人，强调企业伦理是组织伦理，就会一切以企业为先，无论企业家、经理人还是员工，大家以企业长远发展为重，就会暂时放下各自的利益，或者放下暂时的分歧。比如减少净利润去加大战略性研发投资，就是为了长远利益创造，牺牲短期利益分配。大家是来"做饼"的，不是来"分瓜"的。

我们在前面用企业伦理三分法，把企业伦理分为个人伦理、职业伦理和组织伦理三个部分。用企业人伦理三分法，可分为企业家伦理、经理人伦理和员工伦理，其内容举例如图 5 – 1 所示，更具体的可参考本书中关于企业干部行为准则和员工行为准则部分。

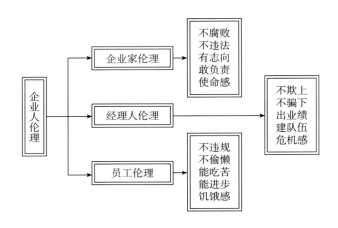

图 5 – 1　企业人伦理三分法

二、企业家的伦理观

企业伦理的重要性，除了因为企业的就业人数众多，更重要的是士农工商的传统社会阶层在改革开放的经济建设大潮中，正在发生变革。社会精英走出政府大楼，走向企业，走向市场经济的海洋。这些有影响力的人会将自己的伦理追求、自律规范，向社会延展开来，慢慢地就会成为社会的一种伦理导向。大家会注意到，改革开放以来，很多社会上新的观念、新的提法，是从企业里出来的，企业正在成为创造新伦理的发源地。富强、效益、效率、创新、服务等追求，作为一种价值观或伦理观，正在成为我们的一种行为导向。企业家群体也正在成为社会上一个有重要影响力的阶层。企业家们对企业伦理有着自己的看法，作为企业最核心的人物，他们更重视的是企业的组织伦理，而不是个人伦理。下面我们介绍几位著名企业家的伦理观点。

华为公司任正非的企业伦理观：华为是一个功利性组织，我们一切都是围绕商业利益的。但他又说："我现在想的不是企业如何去实现利润最大化的事，而是考虑企业怎么活下去，如何提高企业的核心竞争力的问题。我没有远大的理想，我只想这几年如何活下去。为客户服务是华为存在的唯一理由。华为公司的核心价值观——以客户为中心，以奋斗者为本，长期坚持艰苦奋斗。"绝不让雷锋吃亏，不让焦裕禄得肝病，奉献者定当得到合理的回报等，基本出自任正非的思想。

福耀玻璃集团曹德旺先生谈到商道时说："为政有政道，为商有商道，为师有师道。我对商道的理解是两个字，利跟义，就是做生意赚钱，要遵守道义，要承担责任。义也分大义和小义。作为我们企业家来说，大义怎么理解呢？遵章纳税，诚信经营，善待天下人。赚钱不难，是你的爱好，是你的需要，但是必须在这个前提下。如果说你不遵纪守法，不遵章纳税就等人家在后面抓你。你如果坑蒙拐骗会做长久吗？是做不下去的，这是大义。小义是什么？做企业家不仅仅要向社会提供高质量的产品和优质的服务，还需要随时随刻关注你身边社会的发展。也就是说，你想在这里做生意，长期做下去，一定要祈求这个国家和这个社会的稳定，不然你做不下去，旁边打起来你还有生意做吗？想把生意做好，没有购买力你也做不好，因此这叫小义。小义是在你生意做好，钱赚多了，在不影响你生活质量和企业发展的前提下，力所能及把你的钱捐给别人，我对商道是这样理解的。"他关注的是企业的义利观、法律责任、客户责任、社会责任和慈善责任。

海尔公司一个很著名的广告叫"真诚到永远"。张瑞敏解释说："一个企业要永续经营，首先要得到社会的承认、用户的承认。企业对用户真诚到永远，才有用户、社会对企业的回报，才能保证企业向前发展。""顾客永远是对的"，张瑞敏说，"不管在任何时间、任何地点、发生任何问题，错的一方永远只能是厂家，永远不是顾客，不管这件事表面看来是不是顾客的错"。真诚到永远，顾客永远是对的，两个永远表明了张瑞敏的伦理立场。

原美国 GE 公司 CEO 杰克·韦尔奇认为："一方面，一个强大、有竞争力的公司要对社会负起责任；只有健康的企业才能提高并丰富人类及社区的生活；一个强大的公司，不仅仅是通过纳税这一重要形式服务于社会，它更为全球提供了各种便利条件，增进了安全和环境的标准化；强大的公司会投资到人力和设备中；健康发展的公司提供良好而稳定的工作，职员可以获得充足的时间、精力和各种资源，成倍地回报给社会。另一方面，在生死线上挣扎的企业往往会成为社会的负担，它们的利润几乎为零，交的税也少得可怜；即使交的话，他们也要想尽一切办法省下每一分钱，在提高员工素质和改善工作环境上，几乎不做资金投入；经常裁员的威胁让员工没有安全感和稳定感，总为自己的未来担心。这样一来，他们就更没有时间和金钱去帮助其他人去做什么了。作为一名 CEO，最首要的职责，就是确保公司的财政成功。只有一个健康发展的成功企业，才有能力、有条件去做好事。"

而日本松下公司的创始人松下幸之助则认为："企业不赚钱，是对社会的罪恶。我们取用社会的资金、社会的人才，却没有创造利润，那是我们浪费了社会可贵的资源，这些资源如果用在他处，将会更有效果。"

你会看到，这些企业家重视的是企业伦理的坚实基础：活着、义利、客户、强大和赚钱。还有一些企业家群体会关注环境责任。2004 年 6 月 5 日，中国的近百名企业家共同发表了《阿拉善宣言》，宣言中说道："为什么我们这些企业家要从五湖四海来到阿拉善沙漠？为什么我们要成立一个'阿拉善 SEE 生态协会'并筹建'SEE 生态基金会'来参与中国治理沙尘暴的事业？因为我们心中有希望和梦想，我们希望中国经济越来越发达，人民越来越富裕，我们希望人与人之间更加友好和善，我们希望中华大地山清水秀，生机勃勃，我们希望世界人民共同生活在一个美丽的地球村上，我们梦想一个人人有机会实现自己心愿的大同世界。我们愿意尽自己所能努力将这样的希望和梦想一步步转化为现实的存在。""中国人口众多，资源稀缺，环境容量小，企业科技积累较低，中国的现代化进程将持续面临环境资源的压力，经济与生态的双重压力，要求我们企业家自觉地将企业发展和环境保护共同纳入视野，要求我们积极寻求经济增长与环境保护的统一，要求我们努力探寻中国新的现代化道路。新的时代、新的问题、新的责任，要求我们不断超越自己身上的不足和局限，要求我们培育起新的价值观、新的理想、新的人格、新的行为风范，我们愿意以我们的热情与真诚，开始这样的探索和实践。"

还有一些企业家主要将精力用在公益慈善，创建慈善基金会，曹德旺就是如此。当然，也有一些关注政治、宗教甚至介入政治和宗教的人。

第三节　员工的伦理观

一、做不受剥削的员工

政治经济学中是把资本家和劳动者对立起来的。劳动价值论观点认为，只有劳动创造价值，资本家不劳动，靠剥削劳动者的剩余价值生存。如果认可这种观点，那么员工在企业中就处于受人剥削的地位，这当然是不舒服、不服气、想讲理、想反抗的了。恩格斯在《劳动在从猿到人的转变中的作用》一文的开篇说道："政治经济学家，劳动是一切财富的源泉。其实，劳动和自然界在一起它才是一切财富的源泉，自然界为劳动提供材料，劳动把材料转变为财富。但是劳动的作用还远不止于此。它是一切人类生活的第一个基本条件，而且达到这样的程度，以致我们在某种意义上不得不说，劳动创造了人本身。"也就是说，劳动不但创造了物质财富，还创造了人力财富。员工在劳动生产产品的过程中，在提升自己。如果员工能以这种心态在企业工作，不仅关注做好产品，还要关注自己的成长，甚至不太关心别人拿走了什么、是否给够了满意的工资、抱怨自己的工作有多辛苦，而是多反思自己学到了什么东西，增长了什么技能，这样就能成为一个"不被剥削的人"。有了这种观念，又有了足够的成长，就会发现到哪都不会受剥削。企业实际是一个平台，资本家通过劳动者的劳动制造的商品拿走了剩余价值，而劳动者通过劳动成长了自己，得到了更强的劳动能力，劳动者跳槽到别的企业可以获得更高的收入，甚至可以开办自己的企业。所以，劳动者和资本家双方就打平了。我们会发现企业里非常聪明的员工不太关注工资高低，而是关注成长机会，关注发展前途，他和资本家一样在利用企业平台，各得其所。

阿尔伯特·哈伯德在《致加西亚的信》中写道："年轻人所需要的不仅仅是学习书本上的知识，也不仅仅是聆听他人的种种教诲，而是更需要一种敬业精神，对上级的托付，立即采取行动，全心全意去完成任务——把信送给加西亚。……我钦佩那些无论老板是否在办公室都努力工作的人，我敬佩那些能够把信交给加西亚的人。他们静静地把信拿去，不会提任何愚笨的问题，更不会随手把信丢进水沟里，而是全力以赴地将信送到。这种人永远不会被解雇，也永远不必为了要求加薪而罢工。"

员工持有何种伦理观念很重要，要轻松，还是要奋斗？要工资，还是要机会？受剥削，还是做贡献？员工需要做出选择。

二、员工和企业的伦理匹配

员工对生活和工作谁是目的、谁是手段，也应做出抉择。马克斯·韦伯在《新教伦理与资本主义精神》一书中提出过类似问题。他认为，新教徒有着"世俗禁欲主义"观念，他们反对追逐财富和浪费光阴，推崇节俭和坚持不懈地艰苦劳动。新教徒还认为上帝替每个人安排了一份职业，人必须各事其业，辛勤劳作。人必须为上帝勤劳致富，不可为肉体、罪孽而如此。于是，不可避免地出现了一种结果：财富的增加。生活和工作的关系，用一种最浅显、最通俗的说法，就是你要选择"吃饭是为了工作，还是工作为了吃饭？"的伦理观。一般员工是把工作当成谋生的手段，工作是为了养家糊口，是为了生活得更好。某些有信仰、有追求的员工可以说秉承着"吃饭是为了工作"的观念，他们工作起来甚至会废寝忘食。受人尊敬的企业家也大多是在生活上非常简单、节俭的人。不是他们没有能力消费，而是他们的追求不在这里。大家都知道有修行的和尚吃素且节食，苦行僧可以做到只吃勉强能维持生命的极少量的食物，那是为了维持念经和修行。

工作是为了赚钱吗？是，但赚钱那是职业，不是目的。工作肯定是要获取收益的，否则你无法生存，哪怕你是做一个志愿者。我们想说的是，企业伦理所关注的是："我不但要谋生，而且要致富，不仅要通过辛勤劳动去获利，还要通过资本等手段更多地获利。"韦伯认为，获利这种欲望，或者对金钱尽可能多的追求，这本身和资本主义精神是没有关系的，这种欲望存在于所有人身上，而且是所有时代的人身上。资本主义精神是指秉承天职理念、禁欲主义，为信仰而勤劳致富的精神。

国企的员工可能更容易理解这种精神，恪尽职守，收入较低，为了国家工作。虽然这不叫韦伯所说的资本主义精神，但这可以称为一种新时代中国特色社会主义精神在企业中的表现。否则，和民企员工的收入相比，国企员工可能是坚持不下去的。

在同样的企业，员工是奋斗者精神，是小资精神，还是偷懒者精神，这都是分类别的。有的员工专注于工作，有的员工追求家庭事业平衡，有的员工以家庭优先。媒体上流传着一个故事，说华为公司的任总听说了公司一位副总苦恼于夫妻之间的矛盾，这位副总在深圳工作，妻子在北京工作，副总希望妻子也来深圳工作，妻子不愿意放弃自己原来的工作。任总说，既然不来，离了算了。副总说自己做不到。后来的结果是副总离职了。任总以工作优先，副总以家庭优先，副总的妻子以自己的工作优先，三人都对，只是各自伦理观不同。

有一段时间人们对"996"的工作制度讨论很热烈。有报道说，在程序员圈子里颇有名气的代码托管平台GITHUB上，有人发起了一个名为"996.ICU"的项目，意为"工作996，生病ICU"，"996"即许多企业的程序员工作状态，从上午9点干到晚上9点，每周工作6天。有些人休息不足，健康不保，住进了ICU病房，让人同情。程序员十分不容易了。这和20世纪七八十年代日本企业的"猛烈社员""企业战士"有得一拼，同时也出现了"过劳死"这个词。

笔者曾经在"BEST管理沙盘"公众号的"杨杜说"中，说过"做什么值得卖命？"的话题。有人说："华为人虽然赚得多，但赚的是卖命的钱。华为员工平均工作日加班时间高达 3.96 小时，同时在公司上班期间不能够连接外网、不是工作电话不能超过 5 分钟等原则，都是在要求员工最大限度地专注于工作。这对于不少追求生活品质和注重身心健康的人来说，确实难以接受。"把生命和赚钱联系起来，劝人不要卖命为了赚钱，听起来挺有些道理的。

其实这在华为是个伪问题。有关生命的用法，早在 1998 年，任正非在《不做昙花一现的英雄》一文中就提到："华为公司的第一、第二代创业者把生命注入到创业中去，获得了今天的成功。研发人员也宣誓要把生命注入到产品中去，因此我们管理者也应把生命注入到持续不断的管理优化中去。把生命注入并不是要你像干将、莫邪铸剑一样跳到熔炉里去，而是要用一丝不苟、孜孜不倦的精神去追求产品的成功。……把生命注入管理中去，不是要你去研究如何赶上 IBM，而是研究你那个管理环节如何是全世界最优的，……要面对现实，踏踏实实地进行管理的改进，这样公司才会有希望。……要把生命理解成一种灵魂和精神，就是要将这种灵魂和精神注入到管理中云。没有这种精神的干部要下岗。"

见过拿钱换命的，见过以命换命的，很少见拿命换钱的。生命不是用来赚钱的，也不是用来说空话的，而是用来尽职尽责做事的。每人都有自己的人生观，愿意把时间和生命用在什么地方。深圳有个著名的口号是"时间就是金钱，效率就是生命"。工作时间长休息时间就少，过度加班确实会影响生活品质，还会影响身心健康。但关注工作并不是这样。上班看着外网，老打私人电话，还挣着客户的钱，这样的员工确实生活品质不错，身心愉悦健康，可公司会倒闭的。

做什么值得卖命？赚钱不值得卖命，做事值得。消防队员在做事，边防军人在做事，科研人员在做事。自己分内的特别是使命召唤的事值得卖命。

笔者还提到过"快乐工作还是艰苦奋斗"的话题。因为经常奔波在机场，自然经常遇到奔波在机场的朋友，聊起工作征途上的艰辛，他眉飞色舞，竟做笑谈。因为他们奋斗并快乐着。

确实有不少企业提倡"快乐工作，快乐生活"。可华为公司提倡长期坚持艰苦奋斗。任正非说，华为给员工的好处就是"苦"，没有其他。"苦"后有什么？有成就感、自己有改善收入、看着公司前进方向有信心，这就是吸引员工的地方。可见这个公司的价值观有多么的不同。笔者在苏宁听到过一位副总说员工要快乐工作，董事长张近东马上反驳道："怎么可能？竞争都激烈到这种程度了，还快乐工作！"选择什么价值观没关系，关键是价值观要一致，尤其是高层管理者。

快乐工作还是艰苦奋斗，和企业追求的目标也有关系。

日本有企业经营者说："快乐工作、轻松经营是我们公司的风格。稻盛先生的经营风格太清苦、太苛刻，还是我们这种轻松愉快的公司能让员工感到心情舒畅。"稻盛和夫说："对这种批评我根本不去辩驳，因为我所追求的企业目标和那些追求活得轻松愉快，同时在经营中也奉行轻松愉快风格的人截然不同。""我追求的目标是开拓一个从未有人涉足的、全新的精密陶瓷世界，让京瓷成为世界第一的陶瓷公司。要想成就这样的企业，靠轻松快乐、心情舒畅的思维方式是绝对不可能实现的。要实现这个目标，就难免选择饱尝艰难困苦的道路。"

选择什么目标，和你的人生观有关系。志同道合了，目标达到了，就是艰苦奋斗并快乐着工作。谁也别说谁傻，各有各的活法。谁也别说谁牛，各有各的追求。

因此，一个企业应该尽早对员工说明并尽量匹配自己的伦理观或价值观，通过这样的伦理观和价值观来选聘员工，尤其是干部。省得以后造成为公司贡献和与公司交易、奋斗行为和小资行为以及家庭与工作这三大冲突。

三、你的工作是事业吗

因为笔者在工厂做过多年的钳工，对有超常手艺和技术的人很是敬佩。看过全国总工会评选的年度"2018 大国工匠"资料，这些大国工匠在平凡的基层工作岗位上，掌握了令人敬佩的技术，对社会做出了巨大的贡献，感人至深。

比如潍柴动力股份有限公司一号工厂机修钳工王树军，他致力于中国高端装备研制，不被外界高薪诱惑，坚守打造重型发动机"中国心"。他攻克的进口高精加工中心光栅尺气密保护设计缺陷，填补国内空白，成为中国工匠勇于挑战进口设备的经典案例。他独创的"垂直投影逆向复原法"，解决了进口加工中心定位精度为千分之一度的 NC 转台锁紧故障，打破了国外技术封锁和垄断。颁奖词说："他是维修工，也是设计师，更像是永不屈服的斗士！临危请命，只为国之重器不能受制于人。他展示出中国工匠的风骨，在尽头处超越，在平凡中非凡。"再比如中国电子科技集团公司第五十四研究所的钳工夏立，作为通信天线装配责任人，他先后承担了"天马"射电望远镜、远望号、索马里护航军舰、"9·3"阅兵参阅方阵上通信设施等的卫星天线预研与装配、校准任务，装配的齿轮间隙仅有 0.004 毫米，相当于一根头发丝的 1/20 粗细。在生产、组装工艺方面，夏立攻克了一个又一个难关。

这些大国工匠和"感动中国"人物有些不一样，他们不仅兢兢业业，几十年如一日做着普通的事情，还要为国家在高精尖技术领域做出巨大成绩。对比一下"感动中国"人物中经常出现的三个职业，就能看出其中的不同。

一是守岛卫国 32 年的夫妇王继才、王仕花。第一，他们志存高远，将个人命运和前途与祖国命运和前途紧密联系在一起；第二，他们自觉维护国家荣誉、安全和利益；第三，他们自觉承担社会责任，做负责任的公民；第四，他们将以爱国主义为核心的民族精神及社会主义核心价值观内化于心，外化于行。

二是六年坚守扶贫一线的基层干部张渠伟。第一，他志存高远，将个人命运和前途与祖国命运和前途紧密联系在一起；第二，他面对生活的艰难考验，不放弃、不懈怠，为社会的发展贡献自己的力量，用认真、勤劳、善良、坚持、责任、勇敢书写自己的生命价值；第三，他自觉承担社会责任，做负责任的公民；第四，他运用自身的品德、才智和劳动，创造出比自己有限的生命更长久的、不平凡的社会价值，为我们留下了宝贵的物质财富和精神财富。

三是担起乡村未来的 80 后教师张玉滚。第一，他有理想信念、有道德情操、有扎实学识、有仁爱之心；第二，他面对生活的艰难考验，不放弃、不懈怠，为社会的发展贡献自己的力量，在用认真、勤劳、善良、坚持、责任、勇敢书写自己的生命价值；第三，他艰苦奋斗、磨砺坚强意志、爱岗敬业、勇于创新、不断实践；第四，他运用自身的品德、才智和劳动，创造出比自己有限的生命更长久的、不平凡的社会价值，为我们留下了宝贵的财富。

我们可以看出，同样是榜样人物，企业人与非企业人、大国工匠和"感动中国"人物的伦理评价有很大不同。但有三点是相同的：第一，这些榜样不是把工作当成普通劳动，而是当成了某种事业；第二，这些榜样不是把工作当成谋生工具，而是赋予了某种意义；第三，这些榜样不把个人伦理和组织伦理冲突起来，而是使两者很好地结合起来。否则他们可能会坚持不下来，也可能做不出那么厉害的业绩。

什么是工作？什么是事业？什么是有意义的工作？什么是无意义的工作？就是你个人的伦理观念或价值观念。笔者认为工作是为了事业和工作是为了吃饭的人的精神状态是不一样的，认为工作有意义和认为工作没意义的人的心理活动也是不一样的。具体来说，想多干些工作的奋斗者和想少干些工作的偷懒者的工作方式是不一样的；工作是为了学到更多东西和工作是为了多挣几块钱的人的工作方式也是不一样的。因此，企业的伦理管理，就要用自己的伦理标准，选择适合自己的员工。而不见得是去改造他们。

科学家、美术家、音乐家的成功似乎和个人兴趣以及天赋很有关系，和组织目标、事业追求关系不太大，他们的个人伦理比组织伦理更强地影响着他们的行为。从小人们经常会谈到自己将来的理想，想当科学家、想做小学教师等，尽管长大之后可能完全不是那么回事，但人们总是怀揣梦想，要成就一番事业的。但是，一旦成为员工，就要现实一些，你的兴趣要和企业的工作要求相适合，你的梦想要和企业的目标相一致，也就是说，员工的观念和行为要和企业的组织观念和行为准则相一致。这和大国工匠、"感动中国"人物的基本标准是一致的，用"企业"两字做出文字替换就是：①志存高远，将个人命运和前途与企业命运和前途紧密地联系在一起；②面对工作的艰难考验，不放弃、不懈怠，为企业的发展贡献自己的力量，在用认真、勤劳、善良、坚持、责任、勇敢书写自己的生命价值；③将企业提倡的精神及核心价值观内化于心，外化于行；④运用自身的品德、才智和劳动，创造出比自己有限的生命更长久的、不平凡的企业和社会价值。

让自己的工作成为事业，使自己的工作有意义，其实是人的一种高追求，可以保证结果更好一些。《论语》中说："取乎其上，得乎其中；取乎其中，得乎其下；取乎其下，则无所得矣。"《孙子兵法》也说："求其上，得其中；求其中，得其下；求其下，必败。"本书第四章所讲的"五合"原则中，下须合法，上求合德，就是提倡"求其上"，企业讲求伦理就是合德，求合德，得合理；求合理，得合法；若只求合法，在法律边缘上求侥幸生存，一遇诱惑或压力，则可能像长春长生公司一样，不但不能长生，还会一夜关门。

员工在企业中的成长，就像在爬山。管理职级可能有十八级，技术职级可能有十六级，需要的资格证书可能有十几种。员工要树立远大目标，争取到达顶峰，又要脚踏实地，一个台阶一个台阶地上，一级一级地爬。没点事业心，没点意义感，恐怕是爬不了几步的。

什么是事业？事业有三重含义：一是指人们所从事的，具有一定目标、组织和规模的对社会发展有影响的经常活动；二是指个人的成就；三是指由国家经费开支，不进行经济核算的文化、教育、卫生等单位。这里所说的事业应该包括前两种含义。说一个人有一番事业，和第一种含义有密切关系；说一个人事业成功，则是第二种含义。如果说一个人有事业心，则是说此人有追求，有理想，想成事。干事业是从事和社会相联系的有目标、有组织、有规模、有成就的经常性活动，因而干事业不是修身养性，不是为了实现自己兴趣，不是为了获取劳动报酬，不是打零工频繁跳槽。

工作是交易，事业是贡献；工作是谋生，事业是成就。你从事的是工作还是事业，看你所持的观念、行为和结果。

四、如何让你的工作变成事业

作为一个普通员工，刚开始就是一个雇员，强化雇用意识，减少主人翁意识，听话出活，对得起那份工资就行，你可能只是为他人的事业而工作。但如果你有一份事业心，经过一段时间的磨炼和成长，就会逐渐把工作转化为事业，有敬业精神、献身精神、有责任心和使命感，通过奋斗和奉献由员工变为管理者，成为企事业平台的重要贡献者。

人们都知道石匠修教堂的故事。彼得·德鲁克《管理的实践》一书引用了这个故事，主要目的是说明真正的管理者应该怎样思考问题。原文是这样的："有人问三个石匠他们在做什么。第一个石匠回答：'我在养家糊口。'第二个石匠边敲边回答：'我在做全国最好的石匠活。'第三个石匠仰望天空，目光炯炯有神，说道：'我在建造一座大教堂。'"

"当然，第三个石匠才是真正的'管理者'；第一个石匠知道他想从工作中得到什么，而且也设法达到目标。他或许能'以一天的劳力换取合理的报酬'，但他不是个管理者，也永远不会成为'管理者'。麻烦的是第二个石匠。工作技艺很重要，没有工作技艺，任何工作都不可能获得生机。但太强调个人技艺，总是隐藏了一个危险。真正的工匠和真正的专业人士，常常自以为有成就，其实他们只不过在磨亮石头和帮忙打杂罢了。企业应该鼓励员工精益求精，但是专精的技艺必须和企业整体需求相关。大多数的企业管理者都和第二位石匠一样，只关心自己的专业。"

"除非能加以制衡，否则部门主管追求专业水准的合理要求，将成为令企业分崩离析的离心力，致使整个组织变得十分松散，每个部门各自为政，只关心自己的专业领域，互相猜忌提防，致力于扩张自己的势力范围，而不是建立公司的事业。"

德鲁克把最后的话语落在了"事业"两字之上。员工要像第三个石匠一样，站在企业的立场，遵循企业的愿景和目标，努力创造顾客，为公司做出贡献，才是做事业。否则，你就像第二个石匠一样搞专业和第一个石匠那样打工。

事业也不是你每天按点去上班，事业可能是你不到场也能正常运转的业务或组织，事业是看你能否完成目标，做出贡献。当然，如果你做工人不去就不行，你在按照时间出卖劳动力，不上班企业就不给你钱。比如你在学校上课，按照课时付酬，不上课就没有工作量，没有报酬，所以你在学校上课挣钱是工作，不是事业。但你如果不大在乎这些钱，有着为企业管理教育事业而奋斗的事业心，除了拿课酬的事情，还想方设法完成对整个大学和社会有贡献的其他事情，那就有些干事业的意思。

有一位政府部门的离休领导干部曾对笔者说："辛辛苦苦干了一辈子，在位时觉得自己干得还不错，有些成绩，又是中高级干部的待遇，但退下来之后仔细想想，又觉得自己干的工作没有什么意义，无非就是按着领导的指示精神做，当年出的那些文件，做的那些事情，好像只是官样文章，并没有真正为这个社会做什么。"听到他如此总结自己的人生，笔者只能表示遗憾。看过小说《钢铁是怎样炼成的》的人都知道，当时很流行书中保尔·柯察金说的一段话："一个人的一生应该是这样度过的，当他回首往事的时候，他不会因为虚度年华而悔恨，也不会因为碌碌无为而羞耻，这样，在临死的时候，他就能够说：'我的整个生命和全部精力，都已经献给世界上最壮丽的事业——为人类的解放而斗争。'"尽管这位干部没有做"为人类的解放而斗争"这样伟大的事业，但他退休了后悔，说自己干了一辈子没有什么意义，确实是一件可悲的事情。从这个意思上讲，退休后你依然认为自己做过的工作有意义，这样的工作就是事业了吧！干着工作，想着事业，立足本职，服务大局。常言道"不想当将军的士兵不是好士兵"，但是这个士兵又必须服从命令，攻下现在的山头。企业伦理是非常强调辩证法的，不是因为一个人想去成为老板就不做好现在的工作，正因为他想做老板，所以才更努力地做好现在的工作。正因为员工兢兢业业干好本职工作的同时，心里又装着一种志向，才能够在平凡的岗位上脱颖而出。他可能不想一辈子早来晚走地上班，但他总是能够做到如此，这可能是"假积极"的员工。"假积极"也不要紧，任正非曾经讲过，一辈子假积极就是真积极，优秀企业一般不考核人的动机，只考核人的行为和业绩结果。我们看见过小白鼠跑圈，不停地跑也还是在那个圈里，从来没有前进一步。从一个人的收入结构来看，如果仅知道挣工资，每年按照级别涨一些就很高兴，换一个岗位也只是多了些工资收入的话，大概和小白鼠差不多了——你可能涨了一些收入，社会上其他人也涨了一些收入，相对而言等于没涨。笔者认为，人要做到经济独立、财务自由，就一定要争取工资之外的东西，比如更高的奖金、分红权、期权或者股权，而且，如果工资之外的收入超过了总收入的50%，那就基本摆脱工薪阶层了。马克思说过，工资的本质就是满足你劳动力的再生产所需要的东西。在工资之外不再去挣收入，你所谓的事业是不存在的。这是从收入结构的角度看事业的。做着工人，想着管理，为别人公司打工，想着自己办公司，这对企业来讲，并不见得是坏事，这时候的员工才会最大限度地激发活力。举例来说就是，手里拿根绳子，绳子上绑块小石头，员工就是那块石头，绳子就是企业的用人机制。把绳子甩起来，就会产生两个力量，一个是向心力，一个是离心力，向心力是绳牵着的力量，离心力是石头甩出去的力量，当这个力量平衡的时候，绳子才能甩起来。

要在企业里立足，企业时时刻刻对你有一定的吸引力，工资也好，位置也好，机会也好，氛围也好，总有向心力牵着你留在这里，同时，你的成长、追求、不满、压力、外界诱惑等，又使你想离开这个企业。如果向心力稍微大于离心力，你就留在企业并努力工作去了。如果待遇太好，压力不大，你可能会产生懈怠；如果待遇不好，离心力太大，你就离职了。企业留不下特别优秀的员工，也不留要被末位淘汰的员工，优秀企业总是保持着适当的员工流动率，就是为了激活组织。

第四节　学者的伦理观

学者们一般是站在研究和评论的立场上，用他们自己的话说，是站在客观和科学的立场上来看待伦理问题的。

一、学者的客观立场

我们来分析一下几年前发生的一件"老虎吃人"的悲剧事件。

春节期间，一位游客逃票进入野生动物园被老虎咬死了，动物园又把吃过人的老虎杀了。新闻报道之后，一个微信群里的人吵起来了，有人说这人真可怜。有人说可怜什么呀，自己不守规矩活该。于是前者指责后者冷血，后者指责前者没有规则意识，吵得不可开交。

有人问学者的看法。有学者说评论公共事件有诀窍，就是从自我位置出发，多个角度看问题。只要这个位置和角度对了，就不会有什么观点矛盾。以"老虎吃人"事件为例，从自我出发的三个角度是：第一，自我反思，这件事告诉自己以后要守规矩。第二，死者为大，这人真可怜，我不能再攻击他，也不能再让他的家属受到伤害。第三，想一想自己能从这事件中学到什么知识和能力。吃人一堑，长己一智。

当吃瓜群众或怜悯同情，或义愤填膺，或事不关己高高挂起的时候，学者会冷静客观地做出深入分析。比如，对这件事，相关人所持立场或角度至少有五个：第一个是被吃者的立场；第二个是该家属的立场；第三个是野生动物园的立场；第四个是老虎的立场；第五个是旁观者的立场。

前四个都是受害者——逃票人死了，其家属连带受害了，老虎死了，野生动物园受到舆论压力杀死了自己的老虎也受害了。

非受害者的旁观者，应该持什么立场呢？有好事者说，因为他家比较穷，买不起那么贵的票才逃票的，野生动物园就不该定那么高票价。这样好像罪魁祸首成了野生动物园。野生动物园更觉得自己冤屈，怎么也想不到有人会从老虎区翻墙进来。其实老虎最无辜，怎么就这么不明不白地被枪毙了呢？它的命又该谁来抵呢？

旁观者不能起哄生怕事情闹不大，不宜站在道德高地指责他人，应该理性地做些分析，以防后患，这就是旁观者中的学者了。

学者不是野生动物园的老板，不是经理人或员工，直接利益不明显，有可能站在比较客观和科学的立场看问题。被老虎吃者有错在先，违法逃票，又错入虎穴。这是个偶然事件。但野生动物园管理上也有漏洞，把老虎杀了当然可以解决老虎吃人的问题，但还会有其他猛兽，总不能把野生动物园关门，因此动物园应该学习行业标杆，采取更有效的防范措施。

二、学者的批评立场

管理学者的客观立场不是无用立场，管理学是应用学科，不能脱离现实应用，不能落后于企业实践，最好能为企业出谋划策，创造价值。

但是，某些管理学者的观念不是脱离企业实际，也不是落后于企业实践，而是站在与管理者对立的立场，和企业"唱对台戏"。另外还有某些学者较理想主义，喜欢站在道德的制高点批评甚至声讨企业。从目前出版的某些企业伦理教科书可以看出，有关企业丑闻的案例比较多，有可能给学生和社会造成企业"性本恶"的印象。

我们试举一些企业伦理教材中的案例题目，来说明这一倾向。国内相关案例有：企业家贿赂政府官员危害多端；别祸害中国孩子；跨国企业涉华商业贿赂；无人受贿的贿赂案；矿难频发，令人忧虑；呼吸一口新鲜空气有多难；网络竞价排名为假药铺平销售之路；中国个别公司骗取碳排放额度；巨人网络游戏企业的责任在哪里；分众无线垃圾短信。

国外有一本企业伦理案例集，更是专门讨论了企业违反伦理和法律案件。其中列举了众多的企业丑闻，挑选十个如下：联合碳化物公司：对俄亥俄河谷的污染案；STP：夸大其词的产品宣传；国际电话电报公司：对外国政府的粗暴干涉；洛克希德公司：疯狂的境外行贿；通用动力公司：敲诈美国纳税人；联合碳化物公司：印度博帕尔大劫；比奇纳特：掺假婴儿苹果汁；达尔康：对使用者的安全不负责任；疯狂的并购者：袭击美国企业；信用行业大灾难：管理层不可推卸的责任。

不过，该案例集作者开篇明义地说明了自己的总体指导思想："我们不是收集黑材料搞政治迫害，也不是要寻找有轰动效应的企业不法行为来给企业界形象抹黑。恰恰相反，我们想确认一些导致不法行为的因素，以及这些因素给公司和社会带来的可怕后果，并寻求在未来能帮助我们避免类似错误的经验。"

人是社会和情感动物，不可能不持立场和角色看待问题。人们常说，科学无国界，科学家有国界。人们还说，自然科学研究成果是为全人类的，但人们为了保持自己的竞争优势，总是会对技术做出各种禁运、限制，中国的科学技术进步就是长期受到西方国家的打压和阻碍的。其实这是正常的，核心技术买不来，必须要靠自己研发。自然科学尚且如此，社会科学中的企业伦理就更是离不开人们的立场和情感影响了。

该案例集的作者阐明了自己的立场或角色，即热心于公众事务的公民角色和应该关心公众事务的管理者角色。读者可以看出，这两个角色必然地使他更关注企业"恶"行为的一面。

从常识来看，企业伦理一定要涉及企业的善恶行为，而提倡企业伦理就是要扬善除恶。确实，多传播一些企业的不法行为及其后果和教训，可以警示和教导后来的企业从善。但此类内容过多，也会产生企业性恶的影响。过去有学者靠跟优秀企业"碰瓷儿"出名，捅企业丑闻出名，甚至靠威胁要捅企业丑闻进行敲诈。笔者认为应该多些篇幅和时间传播企业伦理做得好的案例，能扬一善是一善。哪怕有企业曾经在企业伦理上出了问题，也要多介绍其如何处理的经验。经营企业不容易，我们要通过这样的工作，给人们以榜样的经验和做好伦理管理的信心。当然我们决不赞成学者和名人靠自己的名声替不良企业站台，为不良产品做广告代言，只是因为给的钱多。

即使你作为学者为优秀企业的好的伦理做法和经验叫好，宣扬其善行，也不是所有人都会说好。比如该企业的竞争对手可能会因你的做法影响了其自己的利益；站在不同立场上的其他学者可能会质疑或跟你商榷；站在同样立场上的人同意你的做法，但也可能讨厌你抢了他的风头。总之，你不可能对得起所有人，你做得太好也影响着他人的成功。研究伦理和做人一样，最要紧的是两个字：低调。

|第六章|
企业伦理观的分类方法

管理学中很流行一句话，叫作"若不能衡量，就不能管理"。但是，在我们的管理研究和实践中，发现尽管有很多事情可以量化衡量，比如绩效考核指标，但经常陷入定指标时、评价绩效时的争论，导致越量化越难管。问题在哪里？我们发现是量化之前的类化不清。因此我们的观点是：若不能类化，就不能管理。并且类化要先于量化，不能类化就不能量化，不能量化就不能管理。

类化是与量化相对的概念，类化是量化的基础。类化有两个角度，从上往下是分类，从下往上是归类，都是按照种类、等级、性质等标准，把散乱的、没有规律的东西，整理成有规律的、简化的、条理的、容易理解和处理的东西。分类接近于分析，归类接近于归纳。

现实中的事物是复杂多样的，不做类化，一言以蔽之，往往会以偏概全或以全盖偏。比如，很多企业提倡"以人为本"的理念，但仔细想来，与企业相关的人包括了各种不同类别的人——员工、股东、客户、上级、同行、政府等，不把他们类化清楚，就难以说清企业到底是以员工为本还是以股东为本，以客户为本还是以上级为本的排序和关系，在管理上就难有明确的价值立场和具体对策，于是，以人为本就可能成了一句口号，甚至给企业的惰怠者以口实——不干工作，却整天打着"以人为本"的旗号，要条件，要待遇，要公平。类化或者分类，是形式逻辑的主要方法之一，以"伦理的逻辑"为主题的本书必须给予重视。

这里我们主要讨论企业伦理观的单向法、两分法、三分法和多分法。有人善用两分法，笔者喜欢三分法及以上。

第一节　企业伦理观单向法

单向法的企业伦理观表述有两种。第一种是提倡型单向法：只说提倡，不说反对；第二种是反对型单向法：只说反对，不说提倡。用佛学文字做比喻，就是只有经，没有律，或者只有律，没有经。现实中，第一种提倡型单向法的公司最多。

一、中铁建的"经"

提倡型单向法的伦理守则中，基本是"要"如何如何，没有"不能"怎样怎样。

中国铁建股份有限公司（以下简称中铁建）的企业员工共同行为规范是：

（1）关心政治、善于学习。

（2）热爱企业、忠于职守。

（3）发扬传统、勇于创新。

（4）钻研业务、讲求效率。

（5）团结协作、遵章守纪。

（6）文明生产、优质安全。

（7）艰苦奋斗、厉行节约。

（8）仪表端正、行为规范。

中铁建高层管理人员的行为规范是：

（1）政治坚定、诚信经营。

（2）发扬传统、勇于创新。

（3）科学管理、民主决策。

（4）维护团结、作风正派。

（5）勤俭节约、廉洁奉公。

（6）关心职工、联系群众。

二、傅山公司和星河公司的"律"

反对型单向法是只讲不能，也就是只有"律"，没有"经"。例如，傅山公司规定的"四不放过"和"三不谈论"。

"四不放过"是指：

（1）完不成销售任务不放过。

（2）贪污兼职做假账不放过。

（3）不服从上级领导不放过。

（4）不执行公司决定不放过。

"三不谈论"是指：

（1）不谈论上级是非。

（2）不谈论同事长短。

（3）不谈论不利于企业形象的话。

比如星河公司的"三不做""三不欠"和"三不用"原则。

事上"三不做"是指：

（1）控制不了不做。

（2）支付不了不做。

（3）变现不了不做。

钱上"三不欠"是指：

（1）国家税收不能欠。

（2）银行利息不能欠。

（3）员工工资不能欠。

人上"三不用"是指：

（1）不孝之人不用。

（2）赌博之人不用。

（3）吸毒之人不用。

有的企业倾向于经，有的企业倾向于律。这和企业管理的人性假设有一定关系。Y 理论假设的企业讲经宣教、表彰奖励较多，X 理论假设的企业制定戒律、批评惩罚较多。从整个中国文化的"性本善"特色看，倾向于"经多律少，奖多惩少"。

第二节　企业伦理观两分法

我们的思维模式跟分类法存在着莫大的关系。中国传统的分类法，一般是从对立统一、一分为二的角度来讲的。比如老子的道家，先分对立：有无、难易、长短、高下、前后，再说统一：故有无相生，难易相成，长短相较，高下相倾，前后相随。与此方法相近的伦理概念是善恶、对错、是非、功过、荣辱、贫富等。与上一节比较企业就是左手"经"，右手"律"；右脚油门，左脚刹车。

一、美的集团的"六个提倡和反对"

用于企业伦理，则是提倡和反对、要与不要等。例如，美的集团生活电器事业部提出的"六个提倡和反对"是指：

（1）说真话，做实事，积极进取，高目标牵引，不唯上，只唯实。

（2）透明，平等，开放，换位思考，不以罚代管。

（3）服务于市场，服务于经营，有担当，主动改变，不找借口，不推诿。

（4）直面问题，承认差距，不找理由，不粉饰数据，不弄虚作假。

（5）抓现场，在现场，少报告，不做 PPT 文化，减少会议沟通。

（6）贴近一线，支持一线，服务一线，价值也在一线。

这里没有明确"六个反对"，但字里行间透露出：反对唯上；反对以罚代管；反对找借口和推诿；反对找理由、粉饰数据和弄虚作假；反对"文山会海""PPT 文化"；反对脱离一线。

二、绿地集团的"六个提倡，六个反对"

绿地集团也很早就有自己的"六个提倡，六个反对"，用的是对仗语法，具体如下：

（1）倡导牢记使命，反对胸无大志。

（2）倡导昂扬向上，反对精神懈怠。

（3）倡导富有责任，反对扯皮推诿。

（4）倡导创新变革，反对故步自封。

（5）倡导同心同德，反对独断专行。

（6）倡导廉俭为本，反对挥霍铺张。

三、BEST 管理实战演习的"七讲七不讲"

《BEST 管理实战演习》课程的复盘分析会上，提倡了"七讲七不讲"的言行准则：

（1）讲主观不讲客观。

（2）讲内因不讲外因。

（3）讲自己不讲别人。

（4）讲方法不讲借口。

（5）讲贡献不讲功劳。

（6）会上讲会下不讲。

（7）别人讲自己不讲。

四、中共中央组织部笔杆子的"九要九不要"

类似的两分法做法有很多，比如政府部门适用的青年干部和领导干部的"八要八不要"。中共中央组织部"笔杆子"徐文秀在《秘书工作》2017 年第 12 期发表的青年干部"九要九不要"如下：

（1）一要立长志，不要常立志。

（2）二要昂扬，不要张扬。

（3）三要自信，不要自负。

（4）四要自我，不要自私。

（5）五要优秀，不要优越。

（6）六要能吃苦，不要怕吃亏。

（7）七要严谨，不要拘谨。

（8）八要"墩苗"，不要"拔苗"。

（9）九要有书卷气，不要有书生气。

一分为二的两分法采用正反对比的用词，好处是爱憎分明，简洁易记，但有时偏向标语口号，偏向非此即彼的强制选择，不能反映企业的具体而复杂的状况，操作性较差。

第三节　企业伦理观三分法

企业管理的实践是复杂的，管理问题是多变的，所以不能仅分为有无、对错、好坏、善恶、是否、正反，用对立统一两分法来处理。笔者认为只看一点较极端，只看两点较草率，应该至少分三类以上，才比较务实。

比如企业中有些事情是黑白分明的，但有些却是灰度的——对待奋斗者和惰怠者是黑白分明的，对待劳动者是灰度的；对待高层干部的命运共同体和基层员工的利益共同体是黑白分明的，对待中层干部的事业共同体是灰度的。因为劳动者不知道自己能否长期在公司干下去，中层干部不知道自己能否在岗位上待得住。这就需要运用三分法，实事求是地制定相应的政策和措施。

人们从事企业活动，无论是内部还是外部，有合作也有竞争。一般会有三个不同类型的伦理观和伦理行为——极端利己、绝对利人和自利利人。下面我们分别做出分析。

一、极端利己

极端利己的伦理观又可以分为两种不同类型：一是心理学上的利己主义，认为每个人总是追求私利而不顾他人；二是制度学上的利己主义，认为每个人都应该追求私利，不必顾及他人利益。

极端利己主义者只对自身利益感兴趣，他们认为，追求自身利益既是伦理动机，也是伦理目标。他们信奉"人不为己，天诛地灭"，认为只要动机良好，即使行为造成了伤害，也可以得到宽恕。

极端利己的伦理观比较强调企业伦理和社会伦理的区别，认为传统社会伦理不适用于企业组织。其中有两个基本观点：一是在企业界，追求个人私利，即便是和传统社会伦理相冲突，也不是不正当的；二是在企业界，资本就是逐利的，无所顾忌地追求私利应该是终极目的。这是从企业这个功利组织的本质和资本的本质的立场看待企业伦理的。

极端利己有时会演化成极端利群目标。极端利群将某个权益相关者的自身利益、伦理目标、伦理原则和社会认可联系在一起，它承认对个人利益追求做出限制的必要性，但这要以实现权益相关者的利益最大化为条件。特朗普时代的"美国优先"理念和政策就是如此。极端利群和极端利己是一脉相承的，只不过这个"己"的内涵大了一些。它对群体外人们的利益漠不关心，他们制定有利于自己的群体保护政策，有时还会导致肆无忌惮的犯罪，小到群体闯红灯，以为法不责众；大到以大欺小，侵略别国，以为霸权为王。

有底线的极端利己和极端利群伦理认为，只要行为合法就不应追究，合法即合德，其特点有以下六点：第一是只制定有利于自己的规则，不接受互惠原则，"各人自扫门前雪，莫管他人瓦上霜"；第二是滥用能力和实力提升自己的地位和对人提出要求甚至发出指令，不顾对他人造成伤害；第三是不承认利人行为的存在，认为利人主义者缺少自我认可，无法在平等的基础上与人交往；第四是工具理性观，将行为看作是追求成功、金钱和社会尊重等外部目标的手段，这种外部目标产生于深信不疑的信仰或者某种自傲，这种信仰或自傲使行为产生的破坏性合理化；第五是缺乏对弱者的同情，完全忽视他人的利益和参与权；第六是引发经常性的竞争和冲突，是麻烦制造者。

这种极端利己观在政治上就是"极端主义"，但在企业经营上，人们都比较反对这种极端利己伦理。一般认为，企业活动中的交往原则应该是公开坦诚，相互尊重，眼中要有我、你、他。日本关西商法中有一种叫"三方好"，即买方获利、卖方获利、社会获利，强调个人利益，但要超越自我；通过竞争进步，兼顾合作共赢；不玩"强人霸权"，要在相互理解而不是胁迫的基础上达成理性的协定。

二、绝对利人

与极端利己相对的是绝对利人。绝对利人主义者对企业的要求几近苛刻，主要有三种情况：

第一，站在理想的、至善道德的高度，要求企业的行为要考虑所有群体的利益，完全有利于环境保护和有利于全人类利益。绝对利人主义提倡企业"为人民服务"而不是"为客户服务"，认为不要被某些企业所鼓吹的"客户是上帝""千方百计满足顾客需求"的假象所蒙蔽，因为以客户为中心也只是为企业自己谋私利的手段而已。事实上，如果企业按照这种要求去做，大多数企业将只剩下关门这条路了。企业也无法满足"为人民服务"的大目标，它是社会的一部分，只能为其所面对的那一部分对象服务，它也不会把商品卖给买不起的人。另外，企业在生产商品的同时，必然会产生一定的"三废"，就好比一个人要想活下去，也要吃喝拉撒制造生活垃圾一样，绝对纯洁的企业是不存在的。

第二，绝对利人观点甚至认为谋私利即是恶的，应该大公无私。如果企业是营利组织，企业就"性本恶"。企业应该为社会公益事业服务，为满足人民日益增长的物质文化需求而努力。在持这种观点的人看来，企业生来就应该是获利但要挨骂的角色，所谓"无商不奸，无奸不商"。和极端利己观点相反，绝对利人观点是从社会伦理的角度看企业，比较强调企业伦理和社会伦理的共同性，认为传统社会伦理要全面适用于企业组织。

第三，绝对利人观念甚至提倡企业应做出牺牲以利他人或社会。这种情况是有的，比如遇到水灾、地震、国难等极端危机状况，企业应该在一定程度上牺牲小我为大我。但这只能是极端状况，不能是常态。

我们不赞成常态下的绝对利人观点，企业不同于其他社会组织，有着自己特定的伦理范畴。企业不是慈善组织，必须保证自己的盈利才能生存。企业不是政府，不以人民的幸福感、获得感而以客户和员工的幸福感、获得感为追求；不以公共福利的改善为目标，只要履行最低限度的法律义务，行使自愿程度的公益行为就够了。

三、自利利人

自利利人的观点认为，企业应该遵循在追求自我利益的同时顾及他人利益的伦理标准。这其实是典型的市场原则：主观为自己，客观为他人。自己要获利，必须满足客户利益且不损害第三者。企业要把自己当作个别的、对等的当事人，通过谈判协商达到互惠目的。

P. 普拉利在《商业伦理》一书中，对利已兼顾利人的机制做了较好的逻辑分析框架，有助于我们用于对企业的决策做出伦理性的考虑。在此介绍其十个要点：

（1）在伦理规范立场和开明利己的基础上看待企业伦理问题，以开放式的保护私利为目标，同时对他人利益予以尊重。

（2）不仅要看到直接利益相关者，而且要看到可能受到影响的局外利益相关者。即便消费者保持沉默，即便他们都是没有参与商业活动的局外人，也应当将他们看作是主要的利益相关者。

（3）条件 A：要考虑到直接相关方面的企业利益（指的是直接参与企业活动的每一个成员）。

（4）条件 B：列举出能够被看作是伦理规则的行为。这种行为不仅要成为内部利益相关者的义务，而且要规定出外部利益相关者的最低限度的伦理权利和义务，特别是那些沉默的客户的权利和义务。

（5）在确定最低权利时要想公正地思考问题，就应该时时考虑到外部利益相关者，一方面设身处地地为直接和间接利益相关者着想，另一方面将他们的利益和收集到的信息作为一个目标，确定出某种行为在现在和可以预见的将来可能给外部利益相关者带来的利和弊。

（6）将这一行为的利和弊看作一条伦理准则，考虑到利弊的多少和时间长短。

（7）独立思考一下这种行为可能得到的战略利益和伦理目的是否值得应用这条规则。如果值得，那么这种行为就是伦理上合适的企业行为；如果不值得，那么这种行为就是在伦理上不合适的行为。

（8）假如你认为不值得，那么就应该重新选择那些给外部利益相关者带来更少伤害的准则。

（9）条件 A 的补充——当反对这条准则的人不去应用这条准则，一意孤行追求私利时，就必须采取以下措施，等到战略目标可以接受时，再回到（3）：①形成更加友好的关系，运用合理的方式鼓励协商；②以报复相威胁；③可以施压，可以斗争，但要注意策略，目的还是要以利益为本，达到可以信赖的合作（特别是要在企业、供货商和消费者之间形成合作关系）。

（10）可以应用①生存的权利、②个人自由的保护、③禁止折磨这三点，来了解外部利益相关者可能接受的道德后果。

P. 普拉利认为，按照这样的程序制定的企业政策，在经济领域是完全可以接受的。这种思路不是要企业心甘情愿地牺牲自己主要的利益和权利，而那些无私的奉献和慈善般的举措则必须建立在其他更纯洁的伦理原则之上。

如果说两分法是线性法，那么上述三分法其实是平面两维法。极端利己、绝对利他和自利利人分别落在下面两维的四个象限之中（见图 6-1）。

图 6-1　三分法的平面框架

从图 6-1 可以看出四个象限的区别，比如先利己、后利人，或者先利人、后利己。同时在四个象限之外，还可以有损己、损人的现象出现。因此，三分法或者两维四分法并不能全面地涵盖企业伦理行为的类型，这就需要用下一节的企业伦理观多分法来分析。

第四节　企业伦理观多分法

一种观念和行为是否伦理，可以从对人对己的损益结果以及损益程度来区分。斯蒂芬·柯维（Stephen R. Covey）在《高效能人士的七个习惯》一书中，把人际交易或交往关系分为六类：利人利己（赢/赢）、损人利己（赢/输）、损己利人（输/赢）、两败俱伤（输/输）、独善其身（赢）和好聚好散（无交易），并做了比较详细的解释。

笔者认为柯维的六分法还是没有罗列全面，交易中除了双赢游戏、零和游戏，还有一方得利、另一方并不受损的情况，所以应该再包括不损己利人（兼济天下）和损人不利己两类，并在双赢处加上了多赢，所以是如下八种类型、九种结果（见图6-2）。

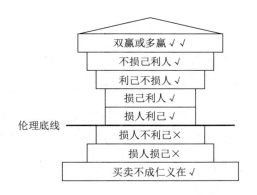

图6-2　市场交易行为的八种类型

一、双赢或多赢（自利利人）

在市场交易中，能够做到双赢就是前面所说自利利人，各自满足了自己的期望，是一种理想结果。持双赢观念的人，相信在交易中除了双方各自方案之外，总会提出第三种方案，总能在交涉过程中找到新的发展空间，喜欢用智慧和技巧去求得共同利益，不靠地位和强势去压制对方，不和对方恶性竞争，不喜欢玩零和游戏，更不喜欢把自己的利益建立在对方的损失之上。据说有些潮汕企业家，还会坚持让合作方获得比自己更大比例的利益的原则。

多赢结果则是交易双方之外也有获益者，或者本来就是三方以上参与的成功交易。如果是一家小化工厂，虽然生产的产品对买卖双方都有好处，但会造成一定的环境污染，这就是双赢而不是多赢，当地政府可能因为增加税收而睁一只眼闭一只眼。但无论如何，双赢格局还是可以令人接受的。双赢的更进一步的理想状态是在有利于直接交易双方的同时，还有利于交易间接产生关系的他人或社会等更多间接当事人的利益，实现多赢。比如某地的小商品市场，不但有利于满足消费者需求和商户效益，而且对发展当地社会经济、解决就业、增加政府税收都有好处。

一种符合多赢伦理的交易行为或企业活动，不仅要使当事者各方获得最大收益，而且需要对非直接当事者承担起最低程度的道德义务，以避免不承担这种义务可能造成的伤害。每个人都有权追求自己的利益，他人也有权追求自己的利益，因此，满足三方以上相关权益群体的结果就是多赢结果。

二、不损己利人（兼济天下）

不损己利人的行为，是企业在自己力所能及而不是做出牺牲的前提之下做出的如企业善款、捐赠等公益活动；在不影响企业发展的前提下，将自己的部分利润捐赠出来保护环境；在不影响企业经营的情况下，企业家花时间精力做讲演和研究；等等，这当然是我们所提倡的。

三、利己不损人（独善其身）

还有人坚持利己不损人的观念和做法。为自己利益着想但不去做损害别人的事情，这也接近"有良心底线"和"独善其身"的观念，奉行"各人自扫门前雪，莫管他人瓦上霜"的哲学。在不涉及竞争的环境下，这种观念和行为是比较普遍和合适的。

四、损己利人（奉献牺牲）

损己利人好像是我们社会最提倡的道德行为的一种。媒体舆论多报道舍己救人的英雄，号召人们向其学习；舍利取义的企业也是广受宣传的，比如企业在"非典"时期宁肯亏本也要生产供应市场急需商品，大气污染严重时期企业停工响应环保的号召，派出可能影响企业工作的精干力量参与救灾等。比如捐赠，人们好像更尊敬那些自己生活更困苦还依然捐出钱财帮助他人的人，尽管他们捐的是很少的钱，或者是自己的压岁钱。而对有些捐款上百万元甚至千万元的大企业或富人，人们倒不认为有多么高尚，理由是他们本来很有钱，捐的虽多也不过是九牛一毛。在我们的传统伦理观体系里，勇于牺牲自己帮助他人的人似乎比不牺牲自己的人更令人尊敬。

当然，也有人对损己利人观点提出质疑，认为这种行为过于软弱退让，在竞争中搞投降主义，做领导者则过于宽容，回避问题，过于注重精神而忽视实际利益，过于考虑捐赠一方的情况而忽视接受方的需求和感受，而且认为这种损己利人的方式会因财力限度而难以长久为继。还有人认为，纯粹地牺牲自己帮助他人是不存在的，孔融让了个梨换来万世英名，一点不亏。更有人亏自己是为了获得更长期和更大的利益，实际是自利利人。也有些人不是出于自愿而是出于环境压力而行使的损己利人行为还会造成情感压抑，积累到一定程度爆发出来，走向事物的反面。最后，有人还认为这种损己利人的行为还会不自觉地助长被帮助者"懒人行为"的出现，比如助贫成了助懒，有人争当贫困户和贫困县。

五、损人利己（零和游戏）

损人利己也是一种普遍行为。尽管人们普遍批评这种行为，认为这种行为开始转向不伦理的层次，但是，企业最常见的合同竞标就是损人利己——你中标竞争对手就拿不到。深究起来，我们的社会好像在不自觉地提倡和训练这种观念和行为，从小就不断被灌输竞争观念，学习以分数定优劣，学习好的有奖励，不好的就要挨批评；做事以成败论英雄，胜者英雄败者贼寇。体育比赛更是一种人为设定的损人利己游戏，金、银、铜牌就三块，只有打败别人才能得到利益。竞争特别是零和状况下的竞争，一定是损人利己的格局。人们开始提倡"竞合"概念可能就是为了减少这种损人利己的现象。

柯维认为："一般人的行为和观念是在'损人利己'和'损己利人'两个极端摇摆，低姿态做久了，心有未甘，就换上咄咄逼人的损人利己态势。久而久之，又觉得有良心上的罪恶感，便重拾损己利人之心。"

六、损人不利己（心理发泄）

损人不利己则是一种普遍为人否定的非伦理行为了。小公司的价格竞争，扰乱价格体系即这种情况。由于小公司的市场占有率很低，降价对其基本没有影响，但对竞争对手影响较大，会造成损人不利己的结果。在上级面前说同事的坏话、离职后说原来公司的坏话、制造电脑病毒等行为，在公共场合吸烟影响他人健康的行为，在旅游点胡写乱画"到此一游"、公共场合乱扔垃圾、旁若无人地喧哗吵闹也近似损人不利己行为。一般的恶作剧就是损人不利己的行为，比如坐电梯把所有层的按钮都按一遍，让电梯层层都停，自己下电梯了，却严重影响别人坐电梯的速度，自己也得不到什么好处。损人不利己的行为如果是故意为之，往往出于一种不健康心理——见不得别人好。做出损人行为虽然自己没有获得经济利益，但会获得一种心理上的满足。损人不利己是个非常不稳定的状态，很容易滑向损人利己和两败俱伤的层次。

七、损人损己（两败俱伤）

既损人又损己即两败俱伤。这种行为违反了企业人是理性人、企业组织是理性组织的基本准则。自己企业也不赚钱，也不让对手赚钱的低价合同，"宁肯累死自己，也要饿死同行"的抢合同，非理性行为在企业组织看来应该是恶的。"不蒸馒头争口气"的情绪化争斗是造成此种结果的主要原因，寓言故事"鹬蚌相争"讲的也是这个道理。电影《秋菊打官司》中秋菊打官司讨说法很有代表性，别人赔钱她不要，一定要让村长承认错误、失去面子才肯罢休，委实有些损人不利己了。柯维认为"两个性格顽固、互不相让，且过分自我中心的人在一起，注定会两败俱伤。为了报复，失去理性，不惜牺牲自己的利益也要出口气"。不够成熟和心理比较偏激的人，还有格外好面子的人，会觉得"士可杀不可辱"，往往会做出如此行为。

八、买卖不成仁义在（好聚好散）

与其闹到两败俱伤，还不如争取"买卖不成仁义在"的结果，这既不损人也不损己，好聚好散。柯维的看法是，商谈达不成双赢的方案，还不如取消交易。做企业不要相信"不是冤家不聚首"，而要抱着"大路朝天，各走一边"的观念。买卖不成仁义在，维持良好的人际关系，等待以后机会，正所谓"道不同不相为谋"，而不要弄成"仁义不成买卖在"，勾心斗角，坑蒙拐骗，耍手腕，威逼对方低头。

柯维在《高效能人士的七个习惯》中提倡的第四个习惯就是双赢习惯，要么双赢，要么不做。

仅仅像柯维一样摆出人际关系的类型，以及提倡"双赢原则"还不足够，我们要进一步判断这八种类型伦理与否以及伦理度如何。

首先试问，在这八种类型中，什么是伦理的？什么是不伦理的？

本书在此用人际交往的利益总和，而不用人的内心感受来定义伦理与否。即人际交往的利益总和是正的，就是伦理的；利益总和是负的，就是不伦理的。根据这个定义，只有损人不利己、损人损己这两种才是不伦理的，因为这两种结果的利益总和只能是"负"的。本书认为，只要获利一方的利益大于损失一方的损失，也就是整体无损失或获利的结果，就应该说是伦理的。因此，双赢或多赢、利人不损己、利己不损人（独善其身）和买卖不成仁义在（好聚好散）四种都是伦理的。损己利人和损人利己的利益总和是正还是负不一定，需要经过具体计算，得正为伦理，得负为不伦理（当然这里有心理因素，比如说别人得利，并没有损害自己什么东西，但自己嫉妒人家，心里难受，认为人家损害了自己的心情，就要说他是不伦理的，甚至要获得精神赔偿，那就是不讲道理了）。

其次，我们需要评估哪种类型的行为更为伦理。双赢或多赢、利人不损己、利己不损人应该排在前三，因为交易关系双方或一方有利，而没有"损"，利益总和一定是正的。"买卖不成仁义在"应排在第四，利益总和为零。虽然社会提倡损己利人，但如果牺牲自己帮助他人时，损大利小，则利益总和可能为零，即零和游戏，也可能为负，故应排在第五。不过，损己利人原则如果可以促进自己在团队中的地位提高，为自己和某些重要人物的关系投一笔资，或为了长期利益牺牲短期利益、"吃小亏占大便宜"等，似乎是人们常有的投资行为。损人利己应排第六，假定某项目招标，五个企业投标只能有一个企业中标，每个企业都想中标赚钱，投标就是损人利己的行为，市场规则是允许的，但合谋串标的损人利己行为则是法律和商业伦理所不允许的；同样一个企业两个地区办事处之间的业绩和定额奖金竞争，也是可接受的损人利己行为，竞争可以提升企业整体销售业绩。换句话说，在公开、公平、公正的游戏规则之下展开的竞争、竞标、竞价、竞赛等损人利己行为是可以接受的。

再强调一下，损人利己是我们这个社会可接受的企业伦理底线，但这个底线一是遵守公开公正的法律规定的，二是遵循优胜劣汰的市场竞争原则的。

|第七章|
如何达到双赢或多赢结果

上一章介绍的 P. 普拉利在《商业伦理》有关自利利人机制的十个要点，就是达到双赢的逻辑分析框架，人们对此研究很多。柯维还在《高效能人士的七个习惯》中阐述了双赢的五个要领，在此做一介绍。更重要的是，本书在此要详细分析中国传统的强调义利观，以及由此展开的义利兼得六法。

第一节　双赢的要领和方法

一、柯维双赢五要领

最好的是双赢，最差的是两败俱伤。双赢不但对目前，而且对企业未来也是有利的。所以，企业应采取的策略是尽量达到双赢。双赢包括与竞争对手之间的双赢、与客户的双赢、与供应商等合作伙伴的双赢、与政府的双赢、与社会大众的双赢等。

但真正做到双赢绝非易事。尤其是当自己和损人利己者或宁肯两败俱伤者合作的时候，更是难上加难。君子之交还好办，与小人合作时怎样做到双赢？柯维给我们提供了一种不错的思路，那就是柯维双赢五要领：从个人品格修养做起，谋求与合作方建立起互利关系，进而达成自愿认可的协议，再配合以制度规则的保证，最后还要通过正确的过程来完成（见图7-1）。

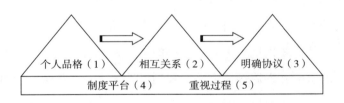

图7-1　柯维双赢五要领

1. 个人品格

柯维认为品格是利人利己的观念基础。构成这种品格的要素很多，一般认为主要有三种。

第一种是诚信。诚信包括对己对人，人首先要对自己诚实，否则就无法了解自我内心真正的需要，也无从得知如何才能利己。同理，对人没有诚信，就谈不上利人；没有诚信，即使所谓的舍己为人也可能是句骗人的口号。因此，缺乏诚信的基石，连正常的人际关系也会变成一句空话。

第二种是成熟。成熟相对于幼稚的特点是成熟的人有勇气表达自己的感情和信念，又能顾及他人的感受与想法，有勇气追求利润，也顾及他人的利益。实际上，这种在市场经济中应有的成熟度正是我们所缺少的，成熟意味着理性，人格成熟者严于律己、宽以待人。在需要表现实力或能力时，他们绝不会落于损人利己者之后，虽然后者有着较强大的激励，但他们又不是与人为善的胸襟。确实，养就这种成熟的人格并非易事，幼稚的人格一般徒有勇气，却缺少包容关怀之心，有足够的勇气和能力坚持自己的立场和观念，却再无精力关心他人的存在和利益，难免损害他人利益。但成熟的人格也不会因为过分为他人着想而缺少勇气维护自己的立场，以至不得不牺牲自己的目标和利益。

第三种是境界。柯维认为能够做到双赢的人除了有能力之外，一般都有较高境界，他们不把人生看作零和游戏，不认为人际交往的结果就是你死我活，你得到的就一定是我失去的。因而他们很少犯"红眼病"，不因为别人比自己得到的多而无谓地烦恼自己。他们不是竞争人，不是以胜负作为人生追求。他们比较容易安心于自己的事业，安心于自身能力的发挥，和自身能力比、和自己过去比优先于和他人比。他们相信世界上有着足够的资源和机会供人们去分享，他们也总能在人们竞争的机会和资源领域之外，找到另外的、新的机会和资源。即使和别人谈话，他们也不会去直接反对他人的看法，而总会在他人看法中找到合理的东西，并在其上追加对自己对他人都有价值的贡献。

2. 相互关系

有了良好的人格，还需要建立互信互赖的相互关系。互信互赖的关系是为了使人将绝大部分精力用于做事，而非做人——或者是所谓的以人为本，千方百计去和他人搞好关系；或者是将精力浪费在相互防备、猜疑之上。

如果仅仅自己有着良好的人格，而交易对象是持竞争性人格、喜欢弄成你输我赢的人该怎么办呢？和自私自利的人打交道又该怎样呢？博弈论告诉我们要用"以牙还牙"对策寻求最优结果，柯维则说："制胜的关键在于扩大个人影响范围：以礼相待，真诚尊敬与欣赏对方的人格、观点；投入更长的时间进行沟通，多听而且认真地听，并且勇于说出自己的意见。以实际行动与态度让对方相信，你由衷希望双方都是赢家。"这和孔子所讲的"以直报怨"对策比较接近。不要"以怨报怨"，也不要"以德报怨"，实在达不成双赢结果，好聚好散，也就是"以直报怨"了。

3. 明确协议

如果说第一条"个人品格"是君子修炼，第二条"相互关系"是君子协议，那么这第三条"明确协议"就是防"小人"的文字协议了。互利不能仅仅是一种愿望、一种定性的东西，互利应该落实到切实的结果上，这种结果要通过一些明确的、定量的协议条款明确下来。按照柯维的观点，有助于形成互利互赖关系的协议条款有五项：①彼此预期的结果，包括目标与时限，而不是手段。②明确达成目标必须遵守的规则，包括原则、方针等。③实现结果可资利用的人力、财力、技术或组织资源。④明确责任，确定考评标准、考评人与考评期限。⑤针对考评的正面、负面，自然、必然结果定赏罚。

品格也要有规则保证，有了规则大家才知道需要遵循的基本伦理行为边界。没有诚实的品格和互赖关系，协议就只是一纸空谈，但没有协议，所谓的互赖就有了太多的歧义性，成熟品格也无从表现。

4. 制度平台

制度是保证实现双赢结果的平台，没有制度的配合，可能会有暂时的双赢，这是靠不太确定的人格、人际关系和协议保证的。要想得到长期稳定的双赢，应该有让人们看得见、对预期结果放心的制度平台。包括培训制度、计划制度、信息沟通制度、预算制度、报酬制度等，都应该建立在双赢的基础上。

如果管理者不采用例外管理原则，按照自己的目标或要求甚至情绪，一事一办地决定事情，那么员工或合作者就无从了解和预估以后的发展，无从建立起长期的信赖关系；另外，有时候管理者提倡的是团队精神，但奖惩制度可能是鼓励员工个人之间的竞争，即鼓励损人利己，那么就很难得到利人利己的结果。比如，如果办事处主任和他所领导的员工身上背着一样繁重的销售任务，那他一定会将很多精力放在完成自己的任务上，而忽视团队其他人的业绩。办事处主任的奖金如果和整个办事处的业绩挂钩而不和自己个人的业绩挂钩，那他就可以将精力放在有利于合作双赢的办事处管理上了。

在很多情况下，我们无法达到双赢结果，是因为制度的阻碍。我们制定的很多是制造零和游戏的竞争制度，在这种制度下，即使我们有着合作、提携、双赢的美好愿望，却无法得到应有的利益，自然就以胜负为行为导向了。

5. 重视过程

达到双赢是一个过程，而不仅是一种初始愿望和最终结果。双赢是利人利己，所以关注的是利益而不是立场；利益来自做成事情而不是评价是非，所以重视的是对事不对人。

柯维告诉我们的过程四步骤如下：①从对方的立场看问题，诚心诚意地了解对方的需要、顾虑与关切，甚至比对方了解得更透彻。②认清必须处理的关键问题与关切（而非立场）。③明确必须确保什么结果才能让彼此都能接受。④商讨达成上述结果的新方案和各种可选方案。

除了以上柯维的观点，如果按照管理过程理论的思路，把伦理当成一种决策的话，我们认为"情况复杂时的伦理决策七步骤"的方法很有参考价值，这七步骤如下：①停下来反思别冲动。②进一步明确重要的目标是什么。③获得并分析信息。④列出可供选择的方案。⑤考虑后果。⑥选择行动方式。⑦监控，如有必要进行修改。

二、杨杜义利兼得九法

"义利观"是指人们如何对待伦理道德和物质利益关系问题的观点。

古人向有义利之辩，其实不用辩，我们像开超市一样，罗列出义利可能的选择，任由顾客选择就行了。

首先是取舍法。这包含有三种细分方法：舍利取义（a），舍义取利（－a），义利俱舍（－b）。我们用符号来代替，用"－"号来表示两者的相对关系。

其次是兼得法。与前面的义利俱舍（－b）相对的就是义利兼得（b），但这只是原则说法，完全对等的兼得难以实现，分类才能操作，我们认为义利兼得（b）可以分为六种方法共十多种选择。

一是轻重法。选择有二：重义轻利（c）、重利轻义（－c）。

二是先后法。选择有二：先义后利（d）、先利后义（－d）。

三是手段法。选择有二：以义取利（e）、以利取义（－e）。义是获取利的合理方式，就好比君子爱财，取之有道。

四是降维法。也就是义利细化组合法（f），交易双方各取所需不同的义和利。组合有多种。

五是升维法。即超越双方义利法（g），求得更高维度的义利兼得。选择亦有多种。

六是小人君子法。也就是人以群分法（h），有"先小人，后君子"，"员工小人，干部君子"等多种。分群再合群，和本书所说"五合"中的合群有一定关系。

兼得法六种加上取舍法三种，就是九种方法了，因有原创意义，故命名为"杨杜义利兼得九法"。下面一一进行分析。

1. 舍利取义取舍法：理想的义利兼得（b）、必要时的舍利取义（a）

义利兼顾，是中华民族数千年来一以贯之的道德准则和行为规范。2014 年 7 月，习近平在韩国国立首尔大学演讲时，强调了坚持正确义利观的内涵与意义："我们在处理国际关系时必须摒弃过时的零和思维，不能只追求你少我多、损人利己，更不能搞你输我赢、一家通吃。只有义利兼顾才能义利兼得，只有义利平衡才能义利共赢。"实现共赢的方法之一就是"找到利益的共同点和交汇点"，"有时甚至要舍利取义"。这里的选择是兼得法和取舍法。

2. 舍义取利取舍法：容易违法的舍义取利（－a）

舍义取利（－a），过度了就是违法。法律就是度，明显有索贿的项目还做就是过度。工作指南不明晰、业绩压力过大就是逼迫员工过度，去舍义取利（－a）。不少被处理的污染企业、黑作坊等负责人的狡辩就是"世道如此，大家都这样做"，这就是到了违法程度的舍义取利，还不以为耻。正如马克思在《资本论》第一卷引用邓宁格的话："一有适当的利润，资本就胆大起来。如果有10%的利润，它就保证到处被使用；有20%的利润，它就活跃起来；有50%的利润，它就铤而走险；有100%的利润，它就敢践踏一切人间法律；有300%的利润，它就敢犯任何罪行，甚至冒绞首的危险。"资本的胆子确实有这么大的，这是资本的增值本质使然。所以需要管理资本的人来形成伦理约束。

3. 义利俱舍取舍法：不合情理的义利俱舍（－b）

义利俱舍（－b）的方法，似乎不合情理，但在逻辑上却是一种方法。人可能在追求义利之外的东西。比如匈牙利诗人裴多斐说：生命诚可贵，爱情价更高，若为自由故，两者皆可抛。模仿诗人的句法，我们世俗之人可以说：钱财诚可贵，面子价更高，若为活下去，两者皆可抛。这就是舍生取义或舍生取利的极端选择。孟子说："生亦我所欲也，义亦我所欲也；二者不可得兼，舍生而取义者也。"义比命还重要，何况是利。把命拿进来讨论，实际是突破了义利之辨的概念边界。

4. 轻重法：必要时的重义轻利（c）

习近平在谈到中国的外交正确的义利观时指出："义，反映的是我们的一个理念。这个世界上一部分人过得很好，一部分人过得很不好，不是个好现象。真正的快乐幸福是大家共同快乐、共同幸福。中国希望全世界共同发展，特别是希望广大发展中国家加快发展。利，就是要恪守互利共赢原则，不搞我赢你输，要实现双赢。中国有义务对贫穷的国家给予力所能及的帮助，有时甚至要重义轻利、舍利取义，绝不能惟利是图、斤斤计较。"这里的选择是轻重法。

5. 先后法：一般情况下的先义后利（d）

习近平还讲道："坚持正确义利观，义利并举、以义为先。"《荀子·荣辱篇》说："先义后利者荣，先利后义者辱。"这里的选择是先后法。360问答上有这么一个故事：一个顾客走进一家汽车维修店，自称是某运输公司的汽车司机。他对店主说："在我的账单上多写点零件，我回公司报销后，有你一份好处。"但店主拒绝了这样的要求。顾客纠缠说："我的生意不算小，会常来的，你肯定能赚很多钱！"店主告诉他，这事无论如何也不会做。顾客气急败坏地嚷道："谁都会这么干的，我看你是太傻了。"店主生气了，他要那个顾客马上离开，到别处谈这种生意去。这时顾客露出微笑并满怀敬佩地告诉店主说："我就是那家运输公司的老板，我一直在寻找一个固定的、信得过的维修店，希望我们以后多多合作。"这家汽车维修店主就是先义后利的选择。

6. 手段法：以义取利（e）和对方的以利取义法（–e）

据说李嘉诚经常教导两个儿子，在和别人做生意时，如果能拿到七分的利润，甚至能拿到八分的利益，那么就拿六分。因为只有这样，才会为自己赢得好声誉，吸引更多的人来合作。如果能拿到七分的利润你偏要拿八分，能拿八分偏要拿九分，那么谁还会和你合作？做生意一定要顾及对方的利益，这样人家才会和你合作，并希望下一次继续合作。吃亏是福，如果凡事都很精明，那么和你做生意的人就越来越少了，久而久之，不吃亏反而导致亏损或没生意可做。

如果把这种做法叫作手段，则是以义取利法。以舍为得，舍小利，得大利。吃亏，不是做亏损的生意，而是让对方多赚一些。从长远看，是先赚人，再赚钱，所以也可以叫作先义后利法。商人不是仁人志士，商人的目的是利不是义，以义取利法或者先义后利都应该是正路，否则企业不称其为企业。

但是，李嘉诚能取七分利、只取六分的话，对方也要同意多取一分才行。所以，李嘉诚是以义取利，对方是什么呢？一方义，另一方一定不义吗？如果是，那和李嘉诚做生意的人都是不义之人吗？好像不应该是如此对立。至少他们多拿一分是帮助李嘉诚成就了他的"以义取利"。一方以义取利的话，另一方要以利取义，或者有别的方式配合，否则生意就像君子国一样，你推我让争当君子，就做不下去了。

按照义利观，在市场经济的条件下，要想把生意做成，交易双方的选择必须是相互配合的。比如李嘉诚是以义取利法（e），对方就可能是以利取义法（- e）；李嘉诚是重义轻利法（c），对方就可能是重利轻义法（- c）；李嘉诚是先义后利法（d），对方就是先利后义法（- d）；等等。我们前面说过，各种方法都是义利兼顾法，那就没有谁好谁坏之分，只是各自做出了主动或被动的选择而已。这里所说的被动，包括了由于交易双方的实力、市场地位等不同所造成的不完全情愿的选择。

其实，现实中不是这么简单的义利两分法。否则，李嘉诚的生意越做越好，和他做生意的人都会因为多拿一分而越做越差了。

这就需要用下面的降维法来解释了。

7. 降维法：义利细化组合法（f）

笔者在引言中讲过，本书讲分类不讲统一普世，往下是分类，即降维。本书把义利选择方法分为取舍法、轻重法、先后法、手段法等，就是在做降维分类，不过那是一级分类，这里还需要做二级分类。

义和利也有质的不同，降一维可以分出不同的义和不同的利。习近平把义分为讲信义，重情义，扬正义，树道义。曹德旺说过大义、小义之分。利则有精神利和物质利、公利和私利、远利和近利之分。比如，李嘉诚讲的是道义，对方得的是信义。李嘉诚得的是远利，对方得的是近利。

在降维情况下，不需要评价义利的取舍、轻重、先后等的孰优孰劣，而是各方找到自己的义利所需，各取其义，各得其利，形成共赢。

人们对义和利的理解不同，决策起来就复杂了。也正是因为人们对义和利的理解不同，所以选择就更多了——按照排列组合法，可选择的方法会呈几何级数增加，生意才容易做下去，才能做下去，市场经济才能成立。

在此看一个各取其义、各得其利的例子。阿比·瓦尔堡（Aby Warburg）是德国著名艺术史家，他对艺术史和文化史的主要贡献之一是建立了瓦尔堡图书馆。他出生于汉堡一个富裕的犹太银行家家庭，作为家中长子，他的父亲要求他信仰正宗犹太教并继承家业。但他对此毫无兴趣。瓦尔堡13岁生日的那一天，他向父亲表达了自己不想继承家族事业，决定将来从事学术研究的意愿，并向弟弟马克斯建议做一次交易，他让出作为长子接管家族事业的继承权，而马克斯允诺将来为他购买他想要的所有书籍。其父深知人各有志，不可强求之理，答应了他的要求。而弟弟马克斯忠实守信，无论瓦尔堡买多少书，无论书有多贵，他都无条件地提供所需资金支持。最终瓦尔堡和弟弟马克斯各自实现了自己的义和利。这个例子说明义利在不同主体间是可以调和的，也就是分工合作，喜欢义的去读书，喜欢利的去经商，条件是形成契约和遵守契约。

企业之间也是如此。如果企业之间懂得分工合作，签订并严守契约，各自发挥自己的优势，那么社会的协同发展体系就容易实现。

8. 升维法：超越义利法（g）

和降维法相反，往上是归纳，即升维。

利即义，利己是小义，利他是大义，损己、损他则不是义。义利兼顾其实是自利和利他的行为和结果。但做生意一般总会有竞争，我们在前面所讲的伦理多分法的八种类型，只要不要越过损人不利己和损己损他两败俱伤的底线，就有"利"。保持双赢或多赢、利人不损己、利己不损人，就是"义利兼得"。损己利人和损人利己，则是"义利得其一"——前者舍利取义，后者舍义取利。

但是，升一维是什么选择呢？就是超越交易双方，以客户或者以社会大众的利益为出发点而达成的生意。

日本关西企业之间比较盛行三得利观，即卖方得利，买方得利，社会得利。这就是升维法。多家企业招标竞争一个订单，主要精力不放在打压竞争对手上，而是放在满足客户需求上。生产商和经销商谈协议，超越双方的利，一起考虑最终消费者的利。企业开工厂赚钱，政府收税，但污染环境损害社会公众利益，最终会不得长久。这都是升维思考。

稻盛和夫在《活法》一书中讲过相关的实例："KDDI 公司是 2000 年秋季由我创办的 DDI 公司（第二电电株式会社）、国际通信巨鳄 KDD 公司和丰田系列的 IDO 公司三家公司合并成立的。通过这种大同团结，能够和 NTT 公司相抗衡的新的通信运营商 KDDI 成立了。"

"但是，在手机领域，尽管 DDI 公司和 IDO 公司的通信制式相同，但是，它们把全国的区域一分为二开展了各自的事业。在维持现状的情况下，根本不能和这个行业巨鳄 NTT DoCoMo 公司竞争。市场的竞争原理不能发挥作用，结果，实际上是 NTT DoCoMo 公司独家垄断。这样恐怕在提高服务、降低收费方面，不能给消费者带来任何好处。"

"为此，我主动提出合并方案。但是，说到合并是'吸收合并'还是'对等合并'，调整起来极其困难。看看过去银行的合并事例，由于主张相互'对等'，所以，尽管已经合并，但主导权的纷争都持续不断。"

"我再三思考后提出一个方案，希望三家不是对等而是以 DDI 公司为主导进行合并。当然，我不是基于霸权主义或本公司利益优先而提出的。而是为了新公司成立后能够顺利开展工作，我冷静做出判断：由三家公司中业绩最好、经营基础最扎实的 DDI 公司控制主导权最好。事业的'原理原则'是什么呢？不是公司的利益或面子，而是对社会或人类是否有益。给消费者提供优异的产品和服务是企业经营的根本，也应该是企业经营的原理原则。"

"那么，仅凭简单的合并不能履行这个职责。明确经营责任，使新公司尽快走上正轨，开始长期稳定的经营，否则，不能唤起真正的市场竞争，也不能给消费者或社会带来利益。根据这个观点客观地判断就得出一个结论，由 DDI 公司控制主导权最好。于是，我把我的想法包括将来日本信息通信产业的应有的状态开诚布公向对方做了说明。而且，我建议合并以后，让 IDO 公司和 KDD 公司的第一大股东丰田公司作为仅次于京瓷公司的第二大股东。由于我们的诚意和热忱终于使合并达成共识。后来，新公司 KDDI 取得的飞跃进步是很多人有目共睹的。"

这可以说是用升维法，把三方利益所谓的"对等"，提升到消费者利益和社会利益层面，进而实现企业的发展。

华为公司也善用升维法。企业的短期和长期利益之争，升维到员工持股制度来解决；市场和技术部门的利益之争，升维到以客户为中心来解决；产业链上下游的利益矛盾，升维到深淘滩、低作堰，不反垄断、不打价格战，让利于合作伙伴来解决。

在和美国的关系上，任正非的"义利"思想也是升维的。在接受美国 CNN 记者采访时他说道："我个人的利益不那么重要，我是站在一种理想的角度来看待中美关系、看待华为和美国的关系，而不是站在我们能不能卖东西这一点。如果我把钱看得很重，为什么我的股票只有这么一点？我把钱看得不重，把理想看得很重，总要为人类做一点贡献。怎么做贡献呢？如果我是一家上市公司，不会去贫穷、战争的地方做生意，不会在疟疾的地方做生意，也不会在喜马拉雅山这样的高山上做生意，这能赚到什么钱？赚不到钱。我们履行为人类服务，才做了这些工作，这是理想的趋势。""我们是世界上最穷的高科技公司，比世界上任何一个公司都穷，但是我们的投资比世界上任何一个公司都厉害，原因是什么？我们为了理想，为了未来，所以我们的科研投资很大，处在全世界前五名。"

升维法是把博弈和交易变为共创和共享，对手变为了友商，竞争变为了合作，用体育来比喻：就是拳击比赛变为了马拉松比赛，不是为了把对手打倒，而是为了各自跑到终点。

升维法的双赢或多赢，也可以包括超越物质利益的精神利益获得。如果我们不仅把"义"当作手段，也当作一种"利益"的话，就是"以义为利"，义就是利，义利不分，义利同体。墨子说："义，利也"。《大学》有云："国不以利为利，以义为利也。"让利得义，就是让出一定的物质利益，获得精神利益。华为公司投入大笔资金搞基础理论和技术研发，任正非说是为了追求推动人类技术进步的理想，以物质文明换取精神文明。

取利要有度。李嘉诚是看合作伙伴让利，万科王石是看项目让利——在房地产快速增长的 20 世纪 90 年代，万科的管理团队就规定了不做超过 25% 利润率的地产项目，避免由于利润率过高产生竞争过度，压迫企业通过可能违法（比如行贿）的行为去报建审批。同时制定了在项目实施过程中极其详尽、阳光透明的报建工作指南，为坚守不行贿的底线奠定了基础。

升维也有度。舍利取义法（a），说得好听，过度了就是"惨烈"——活得很惨，成为烈士。有些所谓的社会企业，明明是企业，却耻谈利益，但经营又需要钱来维持生存和发展，于是活得窘迫至极，员工工资和工作都保证不了，最后一般会落到义利俱舍（–b）的后果。

9. 小人君子法：人以群分法（h）

现代企业和企业间交易，不像两个人之间那样简单，而是两个或两个以上的组织之间或两群以上的人之间在交易。孔子说："君子喻于义，小人喻于利。"就又提出了义利之外的人的要素。人有多种，按照司马光的分法有四种：德才兼备为圣人，德胜于才为君子，才胜于德为小人，无德无才为庸人。先假定孔子和司马光所说君子、小人是一个概念，再假定德高者取义，才高者取利。那么，实现双赢或多赢的小人君子法有两种：第一是"先小人，后君子"法；第二是"员工小人，干部君子"法。

第一种"先小人，后君子"法，就是不要纠结于孔子所说君子喻于义，小人喻于利，即不要区分谁是小人君子，不要用口头的"君子协定"，而是"先都是小人，然后都是君子"地签订合同协议，再加上用第三者保证人、第三方担保人，甚至再加上对天发誓、对上帝承诺等手段和严格的机制保证双方遵守协议。用双方契约、三方机制和个人信仰等多方力量"防小人，育君子"。柯维五要领之中的明确协议要领即如此。如果不肯签订如此不可违约的协议，就基本证明了对方并不是真君子，于是可以进入"买卖不成仁义在"的选择。

"先小人，后君子"还有另一种情况。孔子教育原宪不要嫌俸禄多的故事，就是这种情况。孔子做官时，他的学生原宪（姓原名宪字子思）给他当总管，孔子给他粮谷九百做俸禄，原宪推辞不肯接受。孔子说："不要推辞，如果有剩余的就给你邻居乡亲吧！"（《论语·雍也》原文：原思为之宰，与之粟九百，辞。子曰："毋，以与尔邻里乡党乎！"）

从分配原则的角度说，原宪讲的是按需分配，认为粮谷九百给的太多了，自己吃不了用不了。但孔子考虑的是按职位责任或贡献分配，这是给职位的俸禄，不是满足你原宪个人需求的，如果你要的少，我也给的少，以后你不在这个职位上，接任的人如果觉得太少不干的话，岂不是找不到合适的人才了吗？孔子还给他出个主意说，如果你用不了有剩余，就给邻居或乡亲们吧。赚多了钱，可以再捐钱给其他人，这就是以利取义。这就是先做小人赚钱，后做君子捐钱，先"喻于利，再喻于义"的不同人生阶段的平衡。

第二种"员工小人，干部君子"法，也有很多实例。曾任华西村书记的吴仁宝说过："我们华西搞的是'一村两制'，即村民可以搞集体，也可以搞个体。但干部不能搞'一家两制'，更不允许'一人两制'。否则，丈夫在企业当厂长，妻子开饭馆，丈夫厂里经济交往的客户都引到这个饭馆吃饭，吃一百，付一千，甚至不吃也付钱，集体的'肥水'就不声不响地流进个人的'田'；父亲在厂里搞供销，儿子却搞个体加工，父亲联系到好的业务，很可能给儿子做，结果是'富了和尚穷了庙'。干部员工分成不同类别，区别对待，对干部严格，对员工宽容。"

华为公司规定干部不能在外开设公司、参股、兼职，亲属开设和参股的公司不与华为进行任何形式的关联交易。对一般员工则没有如此要求。对干部做君子要求，对员工做小人要求，干部重德和义，员工重才和利。不做同等要求，就是实事求是，就是符合人以群分的客观现实的企业政策。

"员工小人，干部君子"其实是一种常识性管理。据《史记·循吏列传第五十九》记载，公仪休担任鲁国宰相后，就规定鲁国一切做官的人，不得经营产业、与民争利。他认为做官的人，是在大的方面已经得到利益了，民众力农、务工、做生意，是取得一些小利，受大者不得再取小，因此，做官的人是不能兼做生意的。（原文："奉法循理，无所变更，百官自正。使食禄者不得与下民争利，受大者不得取小。"）食禄者不得与下民争利，蕴含基本的管理之道。从改革开放到今天，国家针对官员经商办企业三令五申予以禁止，又出台禁止官员在企业兼职兼薪的制度，就是为防止官员与民争利而采取的治国之道。

公仪休拔葵去织的故事，则证明他在自己家里也是身体力行的。公仪休自家园子里长的冬葵菜，很好吃，他就把这些冬葵菜全拔掉了。他家中的妻子织布自己用，他就把织布机烧了，叫妻子回娘家去。他说："如果我们做官的人家都经营产业，农工妇女生产的东西卖给谁呢？"（原文："食茹而美，拔其园葵而弃之。见其家织布好，而疾出其家妇，燔其机，云'欲令农士工女安所雠其货乎？'"）看似不近情理的故事，却隐含着治国和治企的经营管理之道。这不是用简单的君子小人义利观可以解释的。

原始思维的"义利之辨"该终结了。两分法过于简单，已经不能应对现代企业管理的复杂现实。利有多种利，义有多种义，人有多种人。本书在此提出的取舍三法（即舍利取义法、舍义取利法、义利俱舍法），兼得六法（即轻重法、先后法、手段法、降维法、升维法和小人君子法），以及其中以法律为底线的灰度把握，应该是给管理者提供了一个决策工具筐。本书采取的是超市法，九个方法的质量、品相有保证，随读者试用选择，看喜好更看目的，看对错更看效果，看短效更看长效。

不要太重视对行为做单纯的义利之分，重要的是看行为带来的价值和影响。笔者认为，义利观不仅要看观念，还要看行为，更要看结果，最重要的是看这一行为结果对组织和社会的波及影响。赢不是一种愿望，而是一种结果，单赢不如双赢，双赢不如多赢，一次的多赢不如影响人们持续多赢的长效机制。

第二节 治懒不治坏的市场机制

一、市场的成功

人类的进步史，就是不断寻找双赢机制的历史，人类创造的市场机制，就是人类发展历史长河中较为进步的双赢机制之一，可以指导我们较好地处理与竞争对手和客户的关系。

一般认为，市场交易有"自愿、公平、公正、诚信"四项基本原则。自愿是参与和退出交易的自由；公平是参与交易机会的均等；公正是交易规则面前人人平等，不得有特权；诚信是信守承诺，形成的协议必须遵照执行，违约就要付出应有的代价。

但市场机制不是简单地用"利己和利人"二分法就能描述清楚的，主要有以下两点复杂之处：

一是利的类型多样化。市场机制中的利可分为"价值"的利和"使用价值"的利，服装市场就是一个"价值利己，使用价值利人"的产品市场机制。利还可以分为精神的利和物质的利，人们去游乐场游玩就是"精神价值利己，物质价值利人"服务市场机制。利还可以分为资本的利和劳动的利，员工去公司工作，就是一个为公司创造利润、自己获得薪酬的劳动力市场机制。人们追求不同的利和多种利，造成利人利己的复杂化。

二是人的类型多样化。与企业有关的人有多种，首先是客户、企业以及其他权益相关者的利益，都要从为顾客提供使用价值的过程中得来，所以，只有市场机制才能产生出"顾客就是上帝"的观念，在华为公司，则是"为客户服务是企业存在的唯一理由"的观念。客户之外，还有其他权益相关者。和供应商、银行等是交易关系，但和股东、员工还有组织关系，和业内同行是竞争合作关系，和政府则涉及政策税收等法律关系，就不仅是按照市场交易四项基本原则进行的关系了。同时，一场交易参加方有多有少，不同人、不同关系、不同追求也造成了利人利己的复杂化。

总而言之，市场机制是一个通过追求、创造、交换、分配、占有和消费各种价值而将利己与利人结合起来的机制。市场机制的巧妙就在于，利人是利己的前提条件。虽然每个人都是为自己的利益而从事生产经营活动，但他所提供的产品与服务却是给他人享用的，因而客户满意度是自己能否获利的前提条件。

利己必须先利人，越利人就越利己。利己和利人是矛盾的，但通过市场机制统一了起来。市场经济机制本身不创造财富，主要是因为市场经济机制把人们的劳动致富的积极性调动了起来，能者多劳，多劳多得；懒汉少劳，少劳少得，不劳不得，按照劳动业绩分配，贫富差距就是劳动差距，市场机制不养懒人。于是，财富被迅速创造了出来，商品短缺很快变为了商品丰富，空空的货架变成了商品堆积。

主观利己，客观利他，成就他人，造福自己；主观为私，客观为公，企业富强，家庭小康。其实，上升一维来思考就清楚了。本质上不是己和他、私和公的问题，而是效率和效益问题。以前我们思想局限在计划和市场的意识形态对错上，观念局限在公有和私有的所有制先进落后上，结果使大家越来越贫穷，现在也还有人把注意力放在国企民企的体制上，认为国企落后，忽视了客户和市场竞争的基本战略格局和目标，但在某些巨型跨国公司存在的领域，没有国企就会毫无招架之力，弱小的民企可能一败涂地。

不怕公有，不怕私有，就怕没有；不怕利己，不怕利他，就怕没利；不怕国企，不怕民企，就怕破企。国有也好，民有也好，所有制只是影响企业经营的要素之一，关键是要在市场上有竞争力。笔者不赞成把公有私有看作伦理问题，或看作政治问题，投资就是投资，即使是战略投资者；股东就是股东，即使是国家股东。

二、市场的失败

改革开放以来，实行社会主义市场经济体制，坚持以经济建设为中心，尽管极大地刺激了中国企业和经济的发展，但也出现了拜金主义、极端利己主义、社会公德心下降、缺乏社会责任感等问题。但我们应该知道，这不是市场经济体制的过错。市场经济机制是个奖勤罚懒的机制，但"治懒不治坏"，勤快的坏人要靠法制手段解决，不能苛求市场手段包办。

在市场经济中，会出现"劣币驱逐良币"的现象，必须用法制手段来强制劣币的退出，所以，充分的市场经济和严格的法制社会相配套，才能达到"既治懒，又治坏"的结果。相比较而言，在以前的计划经济体制中，分配制度是

"干多干少一个样，干好干坏一个样"，甚至是"干与不干一个样"，基本是养懒人的体制，因而经济不发达，人民不富裕。总之，从民生的角度看，市场经济机制比计划经济机制要好。

经济学中也有客观的"市场的失败"的概念，比如说，过度追求市场地位和利益会造成投资过剩、产能过剩、库存过剩，这就是近些年中国经济调整要做"三去"：去杠杆、去产能、去库存。这似乎是市场经济机制的必然结果。过去批判资本主义，不说它物资丰富，而说资本主义国家生产过剩了，宁肯把牛奶倒进大海也不投入市场，也不给吃不上饭的穷人，实在是可恶且浪费。从市场机制来讲，过剩的牛奶一定要倒进大海，才能维持牛奶的市场价格。市场经济和自给自足经济的不同之一，就是对财富和资本增值的无限追求，而不是自给自足经济的够吃就行。所以会造成过剩和资源浪费，或者会产生必然的周期性的经济危机。

计划经济希望达到整个社会资源协调和有计划、有效的利用，动机是好的，政府工作也是努力的，但由于缺少了市场经济对广大人民群众的激励性，最后看到，计划经济会把产品计划得越产出越少，越少越需要计划，一直到计划没了，计划经济就到了谷底，然后再改革，放开一定的自由市场，经济开始恢复，再到经济大跃进，好像30年也是有周期性的。市场经济制造过剩，计划经济制造不足，也是一种有缺陷的机制。

市场不是万能的，我们不能因是市场的失败而否定市场经济机制巨大的历史进步性，现代世界就是市场经济世界，市场机制以及由此产生的客户观念广泛渗透于各个行业或领域。比如，食品公司的客户是消费者，培训企业的客户是学生，医院企业的客户是患者，出版公司的客户是读者，演艺公司的客户是观众，宗教也像企业，客户是香客，政府也像企业，客户是国民。当然，这种客户关系或力量对比并不完全一样，竞争激烈的行业把客户当成上帝，垄断企业会把客户当成人质；有职业道德的警察、税务人员知道为人民服务，但有的却把自己当成了上帝，随便进入企业甚至家庭进行搜查。

三、企业的失败

有市场的失败，有计划的失败，也有企业的失败。

计划经济时期我们经历过"工厂的失败"。工厂是计划经济时代的生产基层组织，号称"单位"，没有客户概念，没有市场观念，没有营销职能，虽然有号称供销科的部门，但出产的东西都是直接交物资部门，工厂只计算产值，只要生产出来就算数，没有价格，更没有交易，不像现在必须卖给客户再回款到账才有营业收入。因而人们不在乎客户的感受，不按照客户需求而只考虑完成计划部门的指令，结果也会造成计划出来的巨大浪费。

从 1978 年起，改革开放已经过去四十多年，我国采取了稳住国企、放开民企，完善计划、激活市场，中国经营、西方管理，中学为魂、西学为体，搁置争论、结果导向，解放思想、摸石前进的方法论，形成了一整套社会主义市场经济体制基础上的中国道路、中国制度、中国管理和中国理论。现代企业从无到有，不断发展壮大，个体户、私有企业、国有工厂改制，设立企业法、公司法，上市，逐步国际化，以至在世界"500 强"企业中占到 111 家，基本比肩美国企业的程度。

但是，企业这一现代组织也有其必然的弱点和问题。比如，有企业竭诚为客户服务，也有企业生产假冒伪劣产品，坑害顾客；有企业努力为股东实现了资产增值，也有企业不但不增值还严重亏损倒闭；有企业为员工谋了福利，也有企业在剥削员工，拖欠员工工资。表 7-1 罗列了企业常见的非伦理典型行为。

表 7-1　企业常见的非伦理典型行为

相关领域	伦理理念	非伦理典型行为
竞争关系	正当	卡特尔、协议投标、交易限制、市场瓜分、歧视价格、歧视对待、不正当甩卖、倾销、侵害知识产权、侵害企业秘密、贿赂与受贿、不正当回扣等
客户关系	诚信	有害商品、劣质产品、虚假夸大广告、欺诈等
股东关系	公平	内部交易、利益供给、损失填补、利益保障、操纵市场、操纵股价、粉饰报表等

续表

相关领域	伦理理念	非伦理典型行为
员工关系	尊严	工伤事故、职业病、精神损害、过劳死、用工歧视（国籍、人种、性别、残疾、特定疾病患者）、侵犯隐私、性骚扰等
合作者关系	合作	不平等协议、歧视对待、贿赂与受贿、侵害企业秘密等
银行关系	对等	歧视对待、强制、骗贷等
媒体关系	公正	捅丑闻、敲诈、虚假信息、恶意删帖等
社区关系	公民	工业灾害（火灾、爆炸、有害物质泄漏）、工业污染（废气、废水、废渣、噪声、电磁波、光热）、工厂不当关闭、有预谋倒闭等
政府关系	严正	偷逃税、贿赂受贿、政治捐款、不履行信息披露义务、虚假报表、妨碍审计检查、妨碍执法等
环境关系	共生	环境污染、破坏自然等
国际关系	协调	避税、倾销、洗钱、跨国公司不当行为（贿赂与受贿、恶劣工作条件、不设环保设备、转移利润、介入政治、破坏文化）等

表 7-1 在"伦理观念"一栏，提出了 11 个伦理理念。在竞争关系的正当理念、客户关系的诚信理念、股东关系的公平理念、员工关系的尊严理念、合作者关系的合作理念、银行关系的对等理念、媒体关系的公正理念、社区关系的公民理念、政府关系的严正理念和环境关系的共生理念之外，为适应企业的国际化，增加了国际关系的协调理念，对于跨国公司的非伦理行为，政府间要加强协调合作来解决。在共建丝绸之路经济带和 21 世纪海上丝绸之路即"一带一路"所倡导的合作模式下，新型全球化模式正在形成。中国企业引领的全球化，不再仅仅将生产地从高成本地区转到低成本地区，从而伴随着工作机会的转移，创造出所谓"赢家"和"输家"，而是对接投资区域的当地发展战略，创造与上下游企业的协同效应，可以将采购、生产、销售都转到当地，打造贯穿产业链的生态圈，切实为当地带来经济效益与就业机会。"一带一路"所引领的新型全球化，也不再是构筑排他性的贸易保护圈子，而是实现"五通"——政策沟通、设施联通、贸易畅通、资金融通、民心相通，实现真正的互利共赢，实现全球的共同发展。

我们当然不能用具体事例来推翻企业存在的逻辑，但我们需要分析企业非伦理行为的发生规律，并采取有效措施避免非伦理行为的产生。

四、为何衣食足仍不知伦理

某些特殊时期企业的作为令人深思。比如"非典"时期，由于市场上消毒液和口罩需求大增，商家见有利可图，纷纷出动，这本无可厚非，因为这是市场经济的规律，商家要是不积极反而奇怪。但商家们表现出来的行为不一，基本有以下六种：

（1）舍利取义，亏本销售也不乘人之危。

（2）正常价格，卖完为止。

（3）抬高价格销售，并努力生产和保证供应。

（4）超范围违法经营，比如没有经营资格业者也开始经营消毒液。

（5）囤积居奇，待价而沽。

（6）生产和销售伪劣甚至有害产品，如烂纱布做的口罩、有毒的消毒液等。

该如何看待商家这些行为呢？第一种做法大概会得到赞扬，第二种行为大概也没太多人提出异议，属于伦理行为。对于第三种行为可能意见相左，有人可能认为这样做符合市场原则，有人则认为是乘人之危的奸商，工商局管理价格的官员们可能认为是违规，有哄抬价格之嫌。对于第四种行为也可能意见不同，有人认为违规违法不违德，非常时期这样做可以增加供应，方便群众。有人认为即使是销售合乎质量的商品，也必须等政府批准了才能做。对于第五种行为可能反对者居多，认为政府应出来干涉。而第六种行为不仅违反商德，更是违法行为。

古语云：衣食足而知荣辱，仓廪实而知礼节。可是，为什么有的企业在生存不成问题的情况下，还会不讲伦理诚信呢？

笔者认为，任何一个果都有三个以上的因。讲伦理诚信不仅需要基本的财富能力，还需要其他条件，比如要看竞争状况，否则企业会处于竞争不利的境地；还要看交易双方的关系。在"一锤子买卖"之中，或仅仅交易几次的生意之中，或在信息传递不通畅的条件下，讲伦理诚信的利处并不大，甚至往往是讲伦理诚信的人吃亏，不讲伦理诚信的人反而获利。笔者做过一个实验，让四位一组的两组同学做"石头剪刀布"猜拳，规定只能出石头，并派代表向全班宣誓承诺："我们组讲诚信，一定说到做到，只出石头，不出别的！"但计分规则还是按照石头、剪刀、布来定最后输赢。结果8次猜拳之后，最先违反诚信誓言没出石头的组容易取胜。只有一直猜下去，达到足够多的次数之后，大家感觉猜拳已经没有意思时，才达成默契，做到一直出石头，讲诚信。北京市有两千多万人，骗子只要经常换地方，保持与人相见的偶然性，就能保证欺骗的高成功率和持续性。所以，在行业内企业数量足够多的情况下，违规违德企业出现的可能性应该是很高的，在行业内企业数量只剩下三五家，大家对彼此信息都比较了解的情况下，企业的伦理行为会变得很高。另外，在交易对象稳定、交往次数达到一定数量以上时，讲伦理诚信才是有利的。因为大家最终都希望和一个讲诚信的人长期交往，不讲诚信的人和企业会逐渐被淘汰出局。

因此，在基本生存和盈利不存在问题的大前提下，有了①一个希望稳定和长期发展下去的企业、②一个比较寡占的行业、③一个信息比较透明的市场等小前提时，企业就需要选择积累诚信资本，担负起应有的遵纪守法义务和社会责任，选择兼顾"盈利＋伦理"的决策，否则就可能是幼稚的、盲目的伦理诚信。

盈利是企业的使命，问题是如何完成这一使命。可以说，企业管理其他学科是讲如何有技巧地赚钱的，企业伦理则是门研究如何有理论地赚钱的学问。正所谓，没学企业管理的努力地赚钱，学了企业管理的聪明地赚钱，学了企业伦理的道德地赚钱。

当然，这只是最简洁、最直白的说法。企业伦理是个比较复杂的学问领域，也是一个知难行难的领域，要不，为什么哈佛商学院等众多大学很早就开设了企业伦理课，为什么绝大多数国外大企业制定了企业伦理守则，然而到今天依然有违反伦理的企业丑闻频频发生呢？事实上，没有一种机制或制度是全能且完美的，我们只能得到满意解而不是最优解——有"企业的失败"，但我们又必须依靠企业。

第三节　做企业要知敬畏

俗话说，"要想人不知，除非己莫为"，"头上三尺有神灵"，意思是说，人做了什么总会被知道，不可能藏得住。这是教育人们要知敬畏，事实上当然不是如此。但是，做人和做企业一样，知敬畏才能活得长。

一、"坏事传千里"

心理学家做过一个实验，他拿出一张白纸，问大家说："这是什么?"人们看到偌大一张白纸，什么也没写没画，但是纸的中央有一个很小的黑点，说："是一个黑点。"心理学家告诉人们，人的注意力就是这样奇怪，他眼睛看不到一张偌大的白纸，注意力却会集中在一个很小的黑点上。

人们对企业非伦理行为的反应就是如此。即使绝大多数企业的绝大多数经营行为是合法、合规、合德的，但是，人们的眼球和耳朵往往为某个企业的某个不良行为或不良事件所吸引，并会立刻群情激愤地给予道德谴责，甚至推而广之把所有企业给扣上"奸商"的帽子。少有人去认真思考这种不良行为或不良事件出现的概率，更少有人对其原因和解决方法做深入理性的思考分析和建议。今天的企业就生存在一个"好事不出门，坏事传千里"的环境之中，而且越有名的企业越是如此，必须时刻关注企业的社会声誉，时刻关注企业在公众中的形象，必须小心翼翼地处理与权益相关者尤其是与媒体的关系，战战兢兢地保护企业。尤其是在微信、微博公众号等自媒体非常发达的网络社会，新闻与小说、事实与谣言很难分清楚。于是企业有了"水军"部队，有了"粉丝"群体，有了"删帖"业务。

不过，网络热度周期很短，没人能够关注一件事情超过十几天，联想公司的荣誉保卫战舆情，加上公司领导人自己的加油再掀了一下高潮，也不过持续了十二天，就几天时间，扛过去就行。主要怕的是引起高层的注意，进入组织处理流程。因此，"不怕坏事传千里，就怕坏事传上去"。

二、"破窗理论"

犯罪心理学中的"破窗理论"认为，如果有人打破了一块窗户玻璃，这块窗户玻璃又没有得到及时修理的话，看到破窗户的人就可能受到暗示性的纵容，去打破更多的窗户玻璃。久而久之，这些窗户就给人一种无人过问的感觉。有人犯罪，没人处理，在这种公众麻木不仁的氛围中，犯罪就会滋生、蔓延。

笔者原来住在中国人民大学西门附近，门口有一个绿岛饭店，外立面满墙的绿色发光玻璃，很是好看。本来经营得很好，但后来要拆迁，饭店搬走了，可能搬东西的时候没注意，有一个窗户的玻璃坏了，但没人修理。一天笔者在上班的路上，看到两个中学生拿着砖头在砸玻璃，把第一层的砸完了，又砸第二层，玩得不亦乐乎。没过两天，就发现整个饭店的玻璃差不多被破坏完了。

"破窗理论"给我们的启示是，当第一扇窗玻璃被打碎时，应该及时去修补它，当一个安全问题初见端倪时，我们就应该有制度并且按制度迅速地解决它。这种现象典型又普遍。公路上破了一个小坑，如果不及时修，过几天就会加速扩大。一个员工犯了个小错误，有制度却不执行，期望他自律，或者讲"下不为例"，这可能会形成心理上的纵容暗示，他会一犯再犯，别的员工也会见样学样。"破窗理论"类似于"烂苹果效应"，和人们常说的"一粒耗子屎坏了一锅汤"一样，很多企业制定了系统的规章制度，但在实际管理中不能严格执行，问题得不到解决，责任得不到明确，好比打破的窗户没人修补，打破窗户的责任也得不到追究，从"破窗理论"来讲就是在纵容其他人不尽心尽力工作。有法不依比无法可依更有害，破坏制度比破坏窗户更有害，没有闭环机制的制度比没有制度还有害，可能会无意地唆人作恶。

上述两个心理问题不同于伦理问题，"有病"与"有恶"应该分辩清楚，不能将有病混淆成有恶。清华学生用硫酸泼灰熊是心理问题，名校中若进了一些心理偏执和行为乖张的人，应当有病治病，思想道德教育不能解决问题。政治扩大化是问题，伦理扩大化也是个问题。

三、"假话效应"

说一个假话，怕暴露，可能会为了弥补这个假话而造出更多的假话来，结果越造越多，最后到不可收拾的地步。

我们所有的人都写过个人简历，提交给希望就职的企业或单位。简历可以概述我们的履历、经验和成就。简历应当是 100% 真实的吗？让我们看几个案例：

（1）张小姐离开她以前的职务时每个月挣 4700 元。在个人简历表上，她说她每个月挣 5700 元。这错了吗？

（2）郭小姐在大约 4 年前中断工作到海外旅游了 6 个月。由于担心人们会认为她不安心工作或者喜欢游山玩水，她在求职简历表中写到在那段时间她去从事"独立的咨询活动"。她这样做对吗？

（3）刘先生现年 55 岁，有一个不简单的职业生涯。他 30 年前在大学里读了 5 年书，但没有拿到学位。他正被考虑承担另一家公司年薪 25 万元的副总裁职位。他知道自己有承担这项职务的能力和资历，但他要是承认没有取得大学学位，将得不到面谈的通知。他也知道，因为当时资料还无法上网可查，人们去调查他在大学时期档案的可能性很小。他应当在个人简历表写下他取得了学位吗？

写简历中的伪造行为是十分普遍的。有一项对 200 名应聘者的调查显示：30% 的人呈报不准确的就业日期；11% 的人对其离开先前工作的原因给予其他的解释，为的是掩盖被解雇的事实；还有些人声称取得了实际上并没有取得的学位甚至修改其全部工作经历。美国有一项更大规模的调查表明，在 11000 名应聘者中，488 人没有披露其犯罪记录；这些犯罪中大多数为吸毒或酗酒，但也有更严重的，如抢劫或试图杀人的犯罪。

对此你需要决策的是：①编写一份"自造的"简历错了吗？②如果你不自造一些简历的内容，就可能无法获得这个职位，你会怎么做？③如果你也编写过"自造的"简历，你会让它与事实有多大的出入呢？

这项决策实际是在评价个人的伦理理念、伦理行为底线。在此奉劝大家，还是说真话的好。说真话不用记着，做人轻松，说假话一定要常记着，怕一不小心露馅，这很累。用"自由换名利"的买卖，还是有些不合算的。

企业对外公布某些敏感消息时，有三种说法：一是说真话，二是说假话，三是不说话。如果人是真诚的，说真话对不起企业，说假话对不起自己，那就不说话。用新闻发言人的话说就是"无可奉告"。有时候"打死都不说"是不行的，有些官员用的方法就是，在公开场合说"空话"或"官话"，这么做虽然不为媒体和精英分子看得上，但这是次优解，比说假话要好。

当然，也有办法截断这个假话效应，就是一旦造假就不要争取太高的成就和名声了，更不要四处出镜。因为，太出名和成就太大，四处出镜，保不准会被媒体或好事者"人肉"，万一造假被挖出来，就麻烦了。

第四节　伦理教育的必要性

每种治理手段都有自己的优势和劣势。比如：计划经济治私不治懒；市场经济治懒不治坏；法制社会治坏不治穷；技术手段治愚不治心；伦理道德治己不治人。

虽然伦理道德治己不治人，但对个人和企业进行伦理教育道德还是必需的。

一、商学院的伦理教育

中国历来有重视伦理道德教育的传统，"人之初，性本善。苟不教，性乃迁"。不仅有孔孟的仁义礼智信之道，在《弟子规》这种民间广泛流传的典籍中，也是把伦理道德放在首位的："弟子规，圣人训，首孝悌，次谨信，泛爱众，而亲仁，有余力，则学文。"其实伦理道德教育在西方国家一样受到重视。有的小孩子从小就在母亲的带领下，每礼拜必去教堂、清真寺等宗教场所，接受宗教伦理教育。

现在的大学商学院，在注重学习财商的同时关注商道，强调培养学生的社会责任感。从各大名校的 MBA 课程设计可见一斑。

清华大学 MBA 的培养目标是"具有综合管理能力的未来领导者"，课表中学位课有 15 门，其中就有伦理与社会责任：①管理思维；②管理沟通；③领导力开发；④组织行为学；⑤伦理与社会责任；⑥语言基础；⑦管理经济学；⑧数据、模型与决策；⑨公司金融；⑩营销管理；⑪运营管理；⑫战略管理；⑬中国制度环境与商法；⑭中国与世界经济；⑮全球化企业的管理。

清华大学更强调这门课道德"主义灌输、意识形态塑造"意义。伦理与社会责任的课程目的写道：希望把商业伦理课程当作一门主义灌输、意识形态塑造的课程，希望通过此课程启发学生的伦理意识，让学生们能够自我反省那种简单的"好/坏"判断式的思维（批判性思维），并充分体会每一决策情景的复杂性。通过对大量案例和文献的研讨、分析，学生将明了决策和选择常常涉及伦理挑战，并应当能够认识到决策或选择可能给各相关群体带来的影响，能够深入自省那些貌似合理的说法和内在的价值观，并能够应用适当的伦理分析框架分析伦理问题并做出适当选择。

中国人民大学商学院 MBA 项目旨在培养德智体全面发展，掌握坚实的工商管理基础理论和系统的专业知识，具有全面的管理能力、开阔的国际视野、开拓的创新精神、强烈的历史使命感与社会责任感的管理精英。中国人民大学 MBA15 门必修课程中则有一门为中国传统文化与企业管理：①中国特色社会主义理论与实践研究；②马克思主义与社会科学方法论；③商务英语基础；④跨文化沟通；⑤数据建模与决策；⑥会计学；⑦管理经济学；⑧市场营销学；⑨中国传统文化与企业管理；⑩财务管理；⑪组织行为学；⑫运营管理；⑬管理信息系统：数字化管理；⑭企业战略管理；⑮人力资源管理。

中国传统文化与企业管理课共分为五个部分：管理者的人文底蕴；修己：管理者的自我修养；安人：员工队伍建设与管理；谋攻：市场拓展与企业竞争；定邦：企业社会责任。课程教学采用教师讲授与学员讨论、经典阐释与案例教学相结合的方法。

北京大学光华管理学院的 15 门 MBA 课程，开宗明义说明培养目标是，培养具有社会责任感和全球视野的高级管理者与未来商业领袖，其中包含了一门企业社会责任和伦理：①公司财务；②财务会计；③管理经济学；④数据分析与统计决策；⑤宏观经济政策分析；⑥决策与运营管理；⑦战略管理；⑧营销管理；⑨组织行为学；⑩企业社会责任与伦理（只针对中国学生）；⑪中国商务；⑫经济、管理与社会；⑬商业模拟与领导力反思；⑭哲学与人生；⑮从历史看管理。

北京大学的这门企业社会责任和伦理课程特别注明只针对中国学生，实在是别有新意。

但依然有人批评商学院对如何赚钱教得太多，对为什么要赚钱教得太少，对怎样做一个赢得社会尊重的企业教得太少。

学生对所学专业的伦理观也确实有多样甚至糊涂的认识。在企业管理专业三年级的课堂上，老师问：你们学了三年的管理了，能回答管理的本质是什么吗？有人回答是协调，有人回答是效率，有人回答是领导，一位同学回答说："管理就是剥削！"他可能从政治经济学中学到了资本家剥削工人，帮助资本家的管理者自然也是帮助剥削工人。其他专业似乎也有如此问题，有一位法律系的同学在毕业时求职信上慷慨激昂地写道："我走向社会要努力工作，运用所学到的法律知识为社会锄强扶弱！"俨然一副当代绿林好汉的样子。

我们很关心在学校里专业成绩优秀但缺乏企业伦理和社会责任训练的学生，在走向企业后会沿着一条怎样的道路发展，这就是国内外著名大学商学院开设企业伦理和社会责任课程的原因，也是国外某些著名公司巨资捐助商学院开设企业伦理和社会责任讲座课程的理由。

但是，我们不能希求有了企业伦理教育就可以教会人们做出完全合乎伦理的行为，这是至难的工作。哈佛商学院给"管理决策与伦理价值"课程定的宗旨是："不是要感化道义上的罪人，而是为了招收有正义感的年轻人，使他们把经营管理和伦理道德联系起来"。本书引言中就引用了这句话，这和清华大学"主义灌输、意识形态塑造"的伦理课目的有所不同。在商学院开设企业伦理课，是为了通过让学生们接触与企业伦理有关的问题和事例，提前意识到企业经营管理过程中可能会遇到的各种伦理两难和诱惑，学会避开道德陷阱和追求更高道德标准的能力和技巧。至少，也会学会防止伦理道德上最坏事态的发生，或者在最坏事态发生时知道如何做出最好的反应。

一年一度的哈佛商学院毕业式上，毕业生们挥舞着大把的美元在欢呼。旁边的查尔斯河上，学生们在划船，船桨上印着显眼的美元符号。看到这种景象，你可能会想，哈佛商学院真是一个弥漫着浓厚铜臭味的地方。也还是这所学院，早在 1987 年就设立了管理决策与伦理价值的课程，新生入学后的第一次课，便是这门课程，并且由哈佛商学院一些最出色的教授担纲讲授。所有报考哈佛商学院的考生，都被要求写一篇有关企业伦理的文章。追求金钱和讲求伦理，在哈佛商学院似乎没有太大的矛盾。

哈佛大学商学院除了开设"管理决策与伦理价值"课程之外，其余 10 门MBA 课程中也涉及企业伦理问题：

（1）企业、政府与国际化课程：一国之内财富和机会的平等分配问题；一国之内政治压力和自由问题；政府、公共政策中的腐败和信赖问题；法律管辖权问题（跨国公司本部与经营活动地点不同时，企业对哪国负责？对什么负责？各国有关竞争和不正当竞争的不同定义）；民族主义问题。

（2）竞争与战略课程：商业情报的收集与使用方法；评价竞争战略决策的标准的排序（只追求利润最大化，强调尊重相关利益群体的利益）；跨国公司竞争中对待发展中国家企业的方式方法（剥削、排挤等）；内部交易，合谋；关闭工厂以及企业对地方社区的责任。

（3）公司控制课程：有计划伪造、歪曲公司财务报告和披露信息；欺诈行为；影响员工道德行为的制度。

（4）公司财务课程：信息披露；财务报告活动：何时、多大程度、向谁报告？证券欺诈；公司是为谁而经营的？

（5）人力资源管理课程：下岗和解雇问题；工会相关问题（对员工的责任、劳资关系）；歧视问题；员工隐私和秘密——人身检查（药物、艾滋病、心理、测谎）、投诉、监视器、告密；员工权力与管理者的权力；经营者的报酬。

（6）管理沟通课程：沟通中的诚实守信；信息和媒体的控制、利用；信息公开、透明——多少、何时、向谁？

（7）管理信息系统课程：信息技术进步对员工岗位的影响；专家系统对个人责任和机会的冲击；利用技术从事垄断问题；信息相关问题——隐私、正确性、所有权、通路；信息技术利用伦理和公共政策。

（8）市场营销课程：是否销售影响消费者安全或利益的产品（香烟、假冒伪劣产品）；与竞争对手合作时的双重忠诚（为公司还是为行业？）；产品设计（安全性、可靠性、有计划的淘汰）；价格战略——公正性；广告诚实性——虚假广告；对经销商的责任；强制或欺诈性营销战术。

（9）组织行为课程：操纵、强制或激励；企业伦理标准的宣传和贯彻；个人价值观与企业价值观的冲突的解决；对多样性的管理——公平、公正、平等。

（10）生产运作管理课程：严格按照生产定额和费用控制标准进行下岗淘汰和解雇；技术对员工的冲击；工作的安全性；质量责任；工作环境、条件；员工间文化、性别等差异的处理。

由此可见，企业伦理问题渗透在企业管理和管理教育的各个方面。

二、企业的伦理培训

出了校门进了公司，依然需要强化伦理培训。走在前列的优秀公司在不断强化伦理管理力度，将伦理要素融入到企业的日常管理之中，比如美国、欧洲的公司的具体措施有三：

（1）制定伦理守则。到 20 世纪 90 年代中期，在《财富》杂志排名的前 500 家企业中，就已经有 90% 以上的企业通过成文的伦理守则来规范企业员工的行为。

（2）设置专门机构。美国约有 3/5 的大企业设有专门的企业伦理机构。欧洲的大型企业也有约半数的企业设有同样的机构，负责有关企业伦理的工作。

（3）设置伦理主管。在美国制造业和服务业的前1000家企业中，有20%的企业聘用有伦理主管，他们的主要职责是训练员工遵守正确的行为准则，并处理员工对可能发生的不正当行为提出的质询。

我国国际化程度较高的公司在企业伦理培训管理上已经做得比较充分。国企在思想政治教育、精神文明、社会责任等方面有自己的特色，民企则受创始人或老板伦理、传统伦理或家庭伦理的影响较大。尤其是当新员工进入公司时，要进行企业所提倡的伦理教育，让员工自觉或有意识地对企业和工作进行伦理的思考和选择。

比如深圳地产公司星河控股强调八大文化：特色是家文化、酒文化、佛文化；核心是诚信文化、责任文化、创新文化；管理是沟通文化和团队文化。尤其是特色文化，其实里面包含的是伦理的内容，和公司老板的伦理追求有着极其密切的关系。他们建有星河学院来强化此方面的培训工作。

三、重视常识性规范

不要把企业伦理弄得太复杂，有效的伦理规范应该很简单，应该接近常识。世界上的事情本来是简单的，是人们的杂念使其复杂。越简单的东西越接近真理，而越简单的东西也是越难的。《华为公司员工二十一条军规》中说最简单的是讲真话，最难的也是。

什么是常识性规范？稻盛和夫曾讲道："不要撒谎、要正直、不要贪得无厌、不要给他人添麻烦、对人要温和……这些孩童时代父母及老师教导我们的作为人应该遵守的原则，是人人应该知道的、理所当然的人生规范。根据这些规范进行经营就可以了。""什么才是正确的做人准则？什么是错误的做人准则？什么是'善事'？什么是'恶行'？哪些事是能做的？哪些事是不能做的？把这些约束人们的道德、伦理照搬过来作为经营的指针或判断标准吧。经营也是以人为对象的一种行为，所以，什么事应该做，什么事不应该做，都不应该偏离做人的最原始最朴素的规范。""事业的原理原则是什么呢？不是公司的利益或面子，而是对社会或人类是否有益。给消费者提供优异的产品和服务是企业经营的根本，也应该是企业经营的原理原则。"

华为公司强调为客户服务是华为存在的唯一理由，看起来极端，其实极简，使企业不在处理权益相关者关系上搞什么"统筹兼顾，综合平衡，既要这样，又要那样"，避免了优柔寡断，自寻烦恼。

其实，这就是常识。"从企业活下去的根本来看，企业要有利润，但利润只能从客户那里来。员工是要给工资的，股东是要给回报的，天底下唯一给华为钱的，只有客户，我们不为客户还能为谁服务？"

常识性的规范，容易解释、容易教育，也容易产生效果。

四、制定有道德的法律

我们讲伦理，是往上追求，但是一旦上不去的话，最低须有个东西托底，这就是法律规章。一个公司可以没有伦理准则，但必须有规章制度；一个员工可以没有奉献精神，但必须有守法精神。有时候法律和伦理是一个硬币的两面。越是严格法律规章，越是注意法律对伦理道德的维护；越强调伦理意识，越要强调守法精神；越是追求高远，越要做好最基础的事情。这是一种张力结构，就像打太极拳，脚跟要想站稳，就一定要用头把力往上顶。

我们经常听到有人抱怨说：公司有几大厚本的规章制度，就是摆设，基本没什么用处。为什么这种"无用的制度"会成为普遍现象？美国著名法理学家朗·福勒（Lon Fuller）不是从无用的法律，而是从"无德的法律"的角度做出分析的。

朗·福勒在《法律的道德性》一书中，提出了有道德的法律的八种特征，包括：①法律的一般性；②法律须颁布；③法律不溯及既往；④法律的清晰性；⑤避免法律中出现矛盾；⑥法律的可行性；⑦法律的稳定性；⑧官方行动与法律之间的一致性。

他解释这八条的时候，实际是从不道德的法律角度讲的。不道德的法律用法律来反法律，会致使社会陷溺于不仁、不义、不道德的境地。不道德法律的八种表现就是：

第一，不确定规则。无法可依，所有的事情都是例外，同样的事情，看人、看心情处理。定这样的规则本身是不伦理的，最后大家会发现"权利最大"。管理里面有例外原则，当你把企业里所有决定都作为例外的时候，权力无穷大，制度就没有了。

第二，规则不公布。有规则不告诉你，弄一些内部规则和法律，但实际又是约束你的，等你犯了事再拿出来。或者和第一条相关，对某些人可能不拿出来，但对你就拿出来。政府部门也有文件、条例不宣传，不透明，甚至不公开，碰到你了就抓你，碰不到就算了。2019 年 5 月新施行的《政府信息公开条例》中规定，行政法规、规章和规范性文件要公开，机关职能、机构设置、办公地址、时间、联系方式和负责人姓名要公开。否则，他管你，你却找不到他了。

第三，法律溯及既往。今天公布的规则还要管你昨天的事，以前犯的事现在定了规则往上追溯，事实在前，法规在后，你就肯定跑不了。

第四，规则无法理解。定的法规，怎么解释都行。原告被告打官司，最后检察院和法院争起来没完。为什么中国的法律有时候很难执行，就在于其用词、语法的多义性、歧义性、模糊性。

第五，规则之间相互矛盾。有一部法律之中的矛盾，也有不同法律之间的矛盾。A 部门有这个规定，B 部门有那个规定，不知道遵守哪一个好，结果就成了"县官不如现管，谁在场听谁的；法六不如权大，谁官大听谁的；旧的不如新的，哪个新就用哪个"。部门立法制容易导致法规之间产生矛盾。

第六，规则无法执行。受规则影响的人无力达到规则的要求，无论怎么做都处于违反规则的境地。

第七，规则朝定夕改。你会看到某个规则没有起始时间，没有修订程序，没有终结程序。今天定了，明天出问题就不算了，好比股市的熔断机制出台取消。管理者没有任职周期，随意调整和提升。让你永远无法按法规行事，永远处于非法的或被控制的状态。

第八，实行上有出入。也就是有法不依，或者私自制定一个内部规定，不按照上位法行事，在不同阶段寻租，这样就培养了整个企业或社会有法不依的习惯。

以法犯法，以法违德，比没有法律还要坏。对人们的守法精神影响极大，企业在制定规则时，必须对这些现象给予极大的规避。

|第八章|
企业伦理用于管理

第一节 对伦理行为的奖惩

一、要不要为伦理行为负责任

主观动机是为了帮助他人，但客观结果是害了他人，帮助人的人是否要为此负责任呢？换句话说，我们是以动机还是以结果来决定奖惩呢？在此用三个案例做一说明。

案例1：长途汽车停在某个小站，一人车票钱不够，恳求司机行行好，让他坐车到下一站。司机发了恻隐之心，让这人没买票就上了汽车，不巧的是，汽车半路出事故，把这人撞伤了。此人出院后到法院状告司机，让司机赔偿医疗费。司机说：我好心让你不买票上车，车出事故也不是我的责任，你不感谢我还告我，没良心！另外，你没买票我就没有赔偿责任。但法院是怎么判的呢？法院说，只要乘客上了车，不管他是掏钱还是没掏钱，你们就已经形成了把人安全送到目的地的契约。最后判长途汽车司机赔偿。

案例2：在养老院住了几年的一位老人在房间里自杀了，老人的儿子状告养老院照顾不周，养老院经营者气不打一处来。本来这位老人住得好好的，但半年前他儿子开始不交费用了，养老院多次催促他儿子缴费无果，本来也可以按规定让这位老人回家的，但院方发善心，希望再次交涉后他儿子能补交费用，继续住下去，但就在这期间，老人自己觉得养了个不孝儿子特没脸面，竟然上吊自杀了。院方不但没收到钱，还惹上了官司。结果法院判老人的儿子补交费用，老人死亡产生的费用由院方和老人的儿子四六分负责。

这两个案例都是好心办了坏事。这里的命题是：学雷锋要不要负法律责任？

现实中，我们经常遇到这样类似的问题。动机是不错的，甚至是帮助他人的目的，但行为过程中常常有一些不可控的因素，导致被服务、被帮助的对象造成了损失。于是，伦理问题变成了法律问题。

案例 3：著名的"赵宇案"又是另一种情况。2018 年 12 月 26 日晚，赵宇在出租屋内听到楼下有人呼救，前去了解情况。看到一女子被一男子掐住脖子，便上前拉开。双方进行一番拉扯，赵宇踹到男子腹部。后经鉴定，该男子内脏伤残达到二级。2018 年 12 月 29 日，赵宇被警方以涉嫌故意伤害罪为由刑事拘留。2019 年 1 月 10 日，赵宇获取保释放。2 月 21 日，晋安区人民检察院经审查认为，赵宇的行为属正当防卫，但超过必要限度，造成了被害人李某重伤的后果。鉴于赵宇有制止不法侵害的行为，为弘扬社会正气，鼓励见义勇为，综合全案事实证据，对赵宇作出不起诉决定。2 月 22 日，赵宇被解除取保候审，完全恢复自由。赵宇的代理律师表示，赵宇如确实不构成犯罪，将考虑争取国家赔偿，并向有关部门申报见义勇为。2019 年 3 月 19 日，福州市公安局为赵宇颁发了"见义勇为"证书。

制止不法侵害的见义勇为涉及第三方，且有防卫过当的可能性，见义勇为的伦理行为很容易变成法律问题。在前两个案例中，伦理行为者就没有完全免除法律责任，也没有政府部门或群众团体表扬他们。所以，尽管伦理理念和动机是好的，但法律看的主要是行为和结果。伦理是管自己的，法律是管所有人的。伦理是约束自己行为的，法律是约束所有人行为的。伦理管高尚，法律管底线。尽管伦理和法律有着如此的明确区别，但现实中，伦理和法律往往是通过行为和结果而密切联系起来的。你做好事，在某些情况下并不能完全免除你在法律上或者经济上的责任。俗话说，好人有好报，在精神上是可以的；在物质上，好人不一定有好报。

伦理和法律的基本假设是不一样的。尤其是儒家伦理，讲究人之初，性本善。但现实是，法无效，性乃迁。法制社会认为，制度存在、法律存在，就是因为有恶的存在。制度法律就是用来限恶、除恶的。西方人比较容易接受这种说法，因为他们相信人之初，性本恶；或者人之初，性善恶。因此，西方社会和企业重视法制规则，相对而言，中国社会和企业更重视伦理道德教育。

二、赞成不罚之恶与不赏之善吗

古人有一种说法：有心为恶，有恶必罚，促其去恶；有心为善，虽善不赏，因有自赏。

有心为恶者，就是真心想去作恶，有恶念、有恶行、有恶果，无反省、无自罚。外界若不罚他的话，他会觉得自己作恶事没人管，可能继续作恶。有心作恶的人靠自己的所谓良心是无法约束的。古人认为，无心为恶，一般会有良心上的自我谴责、内疚，还可能有主动的利益方面的自我惩罚或对人补偿，社会或组织就不需要再去加重惩罚了。但现代社会的法律规定不是如此，虽无动机为恶，但有恶行和恶果，就必须被惩罚，只是对自首或积极赔偿行为减轻处罚。

有心为善者，是真心自愿做好事，做成了自己高兴，因有自赏，虽善不赏。企业需不需要再加奖赏呢？一般公司是给予表扬，华为公司的做法是"绝不让雷锋吃亏"，员工"做雷锋"是员工出于真心自愿，但作为企业的制度，必须对员工给予与贡献相应的回报，而不能仅仅表扬，更不能因为员工自己愿意而不加理睬。这和企业是功利组织的本质密切相关。雷锋行为要表扬，业绩贡献要回报，才能促使其他员工向其看齐，为企业多做贡献。企业尤其应该奖励那些内心不太想做雷锋、"假积极"但也做出贡献的"无心为善"者，以经济利益激励促其持续向善，"一辈子假积极就是真积极"。

但有时候我们做得有些过了，一个人只是较好地完成了本职工作，却层层加码给予奖赏。比如运动员在奥运会拿了冠军，除了大会的奖牌、奖金，地方政府还要再发奖金，甚至让他当人大代表、给官位，当地企业也再给一大笔奖金。拿冠军就是他的职责和工作目标。给予那么多的奖励有时候会把人捧得飘飘然，有时候还会把他们孤立起来。

奖善除恶，严惩有心恶，大奖无心善，可能是在管理中的协调运用企业伦理手段和制度手段的基本原则之一。自赏、自罚是个人的、理念的，奖赏、惩罚是组织的、制度的，双管齐下，效果会更好。

企业管理是务实的，讲现实利益的，所以主要考核员工的行为和业绩结果，不是考核员工的心机和动机。换句话说，员工个人的伦理理念不是企业伦理管理的核心，核心是员工认同企业组织的伦理理念所实践的伦理言行和结果。企业不能对员工"狠斗私字一闪念",人的动机太复杂,考核员工的动机会使企业管理复杂到无法运转。企业不要求每个员工的内心动机必须和企业一致,这一点是"宽容的",但言行果必须一致,不能公开反对企业既定的伦理理念和准则,应该努力为企业效益做出贡献。

现实的伦理管理,首先不能把雷锋精神和见义勇为精神拔高,提倡大公无私,希望所有人都像圣人、耶稣,因而可以采取分类方法,对高层干部、中层干部和一般员工做不同要求,上严下宽。其次不能把个人伦理理念或动机过多地纳入考核,在给个人较多自由空间的同时,以伦理行为和业绩结果作为考核的核心内容。

三、合理是伦理管理的关键

本书在前面讲过"五合管理",合德是上线,合法是底线,如何在上线和底线之间"合理"地处理,才是伦理管理的实践艺术。

首先,企业不能秉承良心论。良心论讲的是人和自己的关系。良心论认为,人可以逃过法律的制裁,但逃不过良心的自责。既然如此,是不是就不要法律和制度约束,袖手旁观等待其良心发现?对企业来说这样可行,企业是组织,不是个人的修道场,企业伦理管理要有制度和法律底线。底线面前人人平等,只看言行结果,不看任何动机借口。公是公,私是私,按制度法律处理完了,私下怎样去安慰和帮忙他是个人的事情。

其次,伦理手段有其局限性。某种伦理准则对无伦理观或持不同伦理观的人不能构成约束,这和宗教一样,某种宗教教义对不信教的人或信其他教义的人不构成信仰约束力。因为无伦理观的人不能自省、自律和自责,持不同伦理观的人则不会按照你所认为的伦理准则行事。俗话讲,白天没做亏心事,夜半不怕鬼叫门,但是,不同的人对什么是"亏心事"理解不同,你认为他骗了你做了亏心事应该睡不着觉,他可能认为你是傻瓜不骗白不骗,没有丝毫的愧疚感,回家倒头便睡,还睡到自然醒。

良心在自己内心,德在一部分人之间,理在人和人之间,道在人和自然之间。在企业内部可以讲德,那是因为企业可以选人,选合乎企业道德之人;社会不可以选人，生下来就是人民，就必须要他，因而不存在共同的道德伦理，需要用"理"来协调，做人总得讲理，而理的基本依据是制度和法律。

最后，"三管齐下"才有效。现实中有效的管理，往往是个人伦理选择、组织伦理引导和规章制度约束三管齐下，三招并行。一管，是依靠企业伦理选人，进企业之前和实习过程中，向员工明确企业的伦理观，希望员工理性选择，认同则进，不认同则走。二管，是组织伦理引导，学习和了解如何使自己的行为不要和企业伦理准则产生冲突。上求合德，求到当然最好，求不到努力去做就行，不能公开反对企业提倡的伦理准则。三管，是做到下须合法。先是遵守企业制度规则，后是严守国家法律法规，企业制度规则是黄线，国家法律法规是红线，由不得人像伦理约束这么自由、自愿，违规、违法的风险和成本都太大。

《三字经》说：人之初，性本善；苟不教，性乃迁。其实不是教育，前面讲过法无效，性乃迁，制度法律不严和无效可能是性乃迁的更大原因。法律用词不能是"应当"，而是"必须"，必能留有交易和侥幸的余地。没有好的法律制度，好人会变坏，有好的法律制度，坏人就做不了坏事。

但是，只靠法律制度，也可能会把人弄成被动、消极、应付的样子，于企业也不利。好的企业管理就是要选"性相近"的人，然后建立一个好的伦理道德和法律制度环境，最后用伦理道德标准和法律制度标准来约束和剔除企业里的异见者和偷懒者。

第二节　可积累的进步才是真正的进步

一、靠技术驱逐劣币

经济学上有个劣币驱逐良币的理论，讲的是含银量少的劣质银币会因为谁都想赶快出手而充斥市场，而成色好的银币谁也不愿拿出来而慢慢退出市面流通。

后来银币没了，变成了纸币，于是充斥市面的变成了脏、旧、破的纸币，越脏越旧越破就越在人们手里倒来倒去。枉信有一定年龄经常做公共汽车的人有过这样的经历，有时候售票员都会找回一个脏兮兮的卷在一起的五毛零钱，自己都不愿意往钱包里放，下一次坐车赶紧又递给售票员买票了。

现在许多都用无现金移动支付，用一卡通或手机就能支付，别说脏、旧、破的纸币，连纸币本身商家都不想收了，于是没有移动支付手段的外国人和不擅长用移动支付的老年人，就被这个技术进步落下了。以至于逼得政府部门出台规定商家不能不收纸币，以保护不擅长用移动支付的老年人。不仅国内，随着大批中国游客在全球购物，接待中国游客较多的国家也不得不加速采取移动支付了。这里产生了隐私保护、"尊老"等伦理问题。但是，技术进步引起的无现金支付的大趋势是不可阻挡的，靠人驱逐不了劣币，靠技术和管理体系则可以。

随着现代网络技术的发展，出现了一些淘汰不诚信者和奖励守信用者的制度。比如手机中骚扰电话黑名单机制，出租车、外卖点赞制度等。信用积分机制不同于价格机制，是基于市场又高于市场的信用机制。比如淘宝信用等级制度，店铺的四项评分生效后，宝贝与描述相符、卖家服务态度、卖家发货速度三项指标将计入卖家的店铺评分中，物流公司服务评分则计入物流平台评分中。消费者和买家会根据卖家好评率选择商家，商家和卖家会根据买家好评率选择消费者和买家。由于网络评价的"高，大，自"——高频，大量，自愿，能形成比较可信的信用参考数据，随着时间的推移，会有效淘汰失信者，解决纯粹市场经济的"劣币驱逐良币"的问题。

技术方法和管理体系的进步是管理效率和效益持续提升的关键，无论是"性相近"员工和干部的选择技术——枏马，有效的伦理准则的制定和培训技巧——育马，还是制度法律的机制完善——驭马，都要靠技术的进步。比如有公司采用特制手机定位系统，通过实时掌握员工的工作状态，解决了管理6000多名清洁工的工作场所在岗与否、工作时间效率高低与否问题。快递公司通过线上支付、物流在线监控技术，解决了快递员卷款走人和货品丢失的问题。通过客户点赞加分系统，解决了服务态度等问题。网约车的乘客司机安全问题，也是通过身份确认、告知亲属等信息技术的进步，不断得以迭代改进来解决。仅仅靠人的伦理道德觉悟提升是解决不了问题的，主要原因是人的伦理道德觉悟不可积累。技术方法的进步是可以不断积累的，管理体系是可以不断增补完善的，可积累的进步才是真正的进步。

"降落伞的故事"说明了不断完善的管理体系的有效性。第二次世界大战中期，美国生产的降落伞的安全性能不够，虽然在厂商的努力下，合格率已经提升到99.9%，但还差一点点。军方要求产品的合格率必须达到100%。可是厂商不以为然，他们强调，任何产品都不可能达到绝对100%的合格，除非出现奇迹。但是，降落伞99.9%的合格率，就意味着每1000个跳伞的士兵中有一个会送命。后来，军方改变了检查质量的方法，决定从厂商前一周交货的降落伞中随机挑出一个，让厂商负责人背着这个伞，亲自从飞机上跳下。这个方法实施后，奇迹出现了，不合格率立刻变成了0。

更复杂一些的管理体系，是把依靠有生命、有道德的个人变为依靠无生命、无情感的管理体系。比如有的企业业务供应商或客户资源完全掌握在业务员个人手中，就是对企业非常危险的一件事情。业务员一旦跳槽或离职，原有的客户资源和业务关系也被其随之带走，为了避免这一问题，企业就对业务人员过于依赖，要什么给什么，非常被动。更有甚者，有的业务员使用企业资源，暗地里为自己或亲友开拓业务、吃里爬外谋取私利，严重损害企业利益。企业应该通过完善制度设计，建立统一的客户档案和客户关系管理系统，实行日记周报、月总结、季度述职等方式，增加人力成本让同一笔业务由两人以上共同参与，适当进行工作轮换和加强财务对业务过程的控制等措施，强化管理体系，将业务员个人手中的资源转化为企业资源，让客户认企业而不是认个人，相信企业而不是相信个人。客户是组织，企业也是组织，用组织对组织来保持企业的持续稳定成长。不赞成这么做的客户可能都是危险的客户，需要加以防范。

二、靠机制淘汰惰怠者

企业招聘员工和提拔干部时，不可能完全屏蔽掉不合格的人，同时，以前进来的员工干部也会变化的，因而企业内部总会有优秀的奋斗者、贡献者员工，挣钱吃饭养家糊口的普通劳动者员工和偷懒者、惰怠者员工三类人。如果管理机制不到位，则会造成偷懒者、惰怠者获利，奋斗者、贡献者吃亏，普通劳动者员工向偷懒者、惰怠者看齐的现象。因为偷懒者、惰怠者的存在，会造成奋斗者、奉献者甚至普通劳动者感到不公平和吃亏，管理机制不能有效地惩罚和淘汰偷懒者、惰怠者，长此以往，奋斗者、奉献者就会理性地选择减少努力、学会偷懒或者选择退出，以求得公平和公正，这就是企业内的"劣币驱逐良币"现象。于是企业内就会逐渐增加偷懒者、惰怠者，导致最后只剩下偷懒者、惰怠者，组织就会变得腐化、自私和得过且过，当他们把奋斗者、贡献者创造的财富积累偷光耗光之时，企业就走向死亡了。

作为中国最优秀的公司之一，华为公司在员工尤其是干部选拔、任用、激励和淘汰的管理机制和技术手段上已日渐成熟。华为公司已经由以德才选人、以德为先，过渡到了五湖四海、任人唯贤、以素质和绩效选人的阶段，其中的关键就是如何激活和淘汰沉淀层。

从 1996 年的市场部"集体大辞职"，到 2001 年的全公司"外部大创业"，再到 2007 年的"老员工大让位"，再到 2010 年的"奋斗者大排队"，不断挑选奋斗者，淘汰惰怠者，保持组织活力。从 1998 年的《华为公司基本法》，到 2002 年员工诚信档案制度的形成，到 2004 年当时的孙亚芳董事长在《小胜靠智，大胜在德》一文中阐述的华为公司干部管理四象限原则，通过思想道德指标纳入干部任职资格考核体系，清晰地表明了华为在运用企业伦理标准和规范化的制度流程建设干部队伍的思路。再后来是 2008 年《华为公司商业行为准则》的出台，这些不断激活组织的活动，不断出台的政策、准则和制度，成为了引导员工言行的明灯，激励员工奋斗的路标。华为公司是希望那些有志、有为的干部员工能认真对照这些准则和制度，理性地考虑自己应有的言论、行为和职业生涯，并签字承诺，激励自己跟上企业的发展步伐，约束自己成为公司的"同路人"。

"烂苹果原理"告诉我们，一个苹果烂了，会很快传染一筐苹果。在热力学上则是"熵",放任的组织是符合"熵增"原理的，即没有人工的干预，会必然地走向混乱、无序和死亡。管理的任务之一是建立熵减机制，就是要及时清除腐烂的苹果——敲打偷懒者、惰怠者，找出滥竽充数者或"不拉马的士兵"，激发组织活力。这就需要恰当的考核评价制度，尤其是干部的选拔、考核和淘汰制度。按奋斗分配机会，按贡献分配薪酬，绝不让雷锋吃亏，狼狈配合机制，没有退路的鼓励冲锋机制等，就是华为公司建立的熵减机制的一部分。

"蓬生麻中，不扶自直"，有了这样的管理机制和氛围，一代带着一代干，一代接着一代干，就不用花多大力气去搞企业伦理教育了。

三、高绩效伦理

应该特别注意的是，华为公司的这些方法不是脱离实际的对所谓君子或圣人的要求，而是符合公司发展目标和干部员工实际的合理措施。合理就是合德与合法中间的灰度空间，是围绕企业经营目标而变化和调整的。比如绝不让雷锋吃亏，又如思想上的艰苦奋斗精神，不迁就有功人员，先僵化、后优化、再固化等，就不是道德的高调而是合理的要求。

企业首先是生存，其次是盈利。追求合理性，就是追求持续的高绩效。说句极端的话，没有高绩效的伦理都是要流氓！

管理不能没有法律和制度底线，也不能为追求完美道德而无限上纲，讲伦理不是为伦理而伦理，世界上也没有纯粹的、大一统的伦理。企业伦理不仅关注人更要关注事，因而企业伦理最终还是用高绩效来评价的伦理——为抓耗子偶然打碎一次花瓶的猫依然是好猫。山头都攻下来了，你说他姿势不对就是求全责备。

企业应该提倡高绩效伦理。比如选用干部要重视其思想品德素质，但仅仅思想品德素质好的人，可能只是不"做坏事"，不一定能"做成事"，由做不成事的"好人"干部组成的公司在市场上是无法生存的。因此，我们衡量思想道德的标准应该是与组织的高绩效以及绩效的持续改进挂钩的，这里就有合理的意味。

企业伦理管理的目的不是改造人，而是为提高绩效。但人在这个过程中是会产生进步并被改造的。绝不让雷锋吃亏，奉献者定当得到合理的回报，也是靠绩效支撑的。回报并不光是物质激励，还有精神激励。某华为员工说："光是物质激励，就是雇佣军，雇佣军作战，有时候比正规军厉害得多。但是，如果没有使命感、责任感，没有这种精神驱使，这样的能力是短暂的，只有正规军有使命感和责任感驱使他能长期作战。"任正非说看了之后很感动。华为就是要让人们在最佳时间、最佳岗位，做出最佳贡献，就快一点提升他们，这就是精神文明。给予他们合理的回报就是物质文明。企业的成功就是以物质文明促进了精神文明，以精神文明巩固了物质文明，也就是企业伦理管理的良性循环机制。

第三节　不同权益相关者的伦理原则

企业经营管理，面对的是多种权益相关者，企业伦理管理，就是要界定对不同权益相关者的伦理原则。

一、代表性案例分析

案例一：美国美孚公司商业行为守则中，关于不同权益相关者的关系如下：

1. 股东

我们确信股东对我们进行投资将会获得长期的收益。公司将加强对公司的管理，有效地经营公司的各个项目，确保股东将可获得高额的回报。

2. 顾客

能否成功地吸引顾客取决于公司是否具有不断满足顾客日益改变的需求的能力。我们将不断通过创新来改进技术，从而降低产品的价格，使得我们的产品在同类产品中更具竞争力。另外我们还将提供高品质的售后服务。

3. 员工

拥有高素质的员工是一个公司最宝贵的财富。我们将努力雇用和保持最高素质的员工。另外，我们还将展开培训和派出学习来使他们得到更大的发展。为了员工更好地进行工作，公司还保证提供一个合理安全的环境，公开、公平地处理各项事务。

4. 社区

公司承诺在世界各地开展我们的业务时，公司所有员工将严格遵守当地的法律与规定，尊重当地和该国的各种文化，保护环境，避免生态遭受破坏。

美孚公司至少从形式上是将股东排在前面的。这和下面同样是美国公司，但直接面向消费者的施贵宝公司的客户排在第一有所不同。

案例二：美国百时美施贵宝公司商业品行准则如下：

1. 顾客

我们保证提供给顾客最安全、最有效、最高品质的产品。本公司将通过不断的技术革新、不懈的探索来改良我们的产品，我们将力争做得最好。

2. 员工

公司将建立一套完整、合理的薪酬体系，诚实公正地对待员工。我们将择优提拔那些努力工作且有资格晋升的员工。我们鼓励员工培养美德、领导能力、创新和平衡处理家庭事业关系的能力。公司将实行人性化管理，并为员工提供一个清洁、安全的工作环境。

3. 供应商和合作伙伴

我们遵循谦恭、高效、有道德的行为方式。我们会保持信任和善意，尊重您的利益。这是双方建立友好商业关系的基础。

4. 股东

我们将致力于持续的利润增长、财政良好、提高生产力、加强研究和发展，以此保持公司的竞争优势，促进股东的投资不断增值。

5. 社区、国家、世界

我们将尽我们应尽的义务，尽力保持清洁以保证一个健康的环境。百时美施贵宝公司奉行最高标准的道德行为和政策，体现我们的负责、正直与庄重。

6. 员工关系

公司平等对待和尊重每一个员二。

（1）公司反对歧视任何员工。

（2）公司为每个员工提供安全健康的工作环境。

（3）公司不允许有任何针对员工的威胁与暴力行为的发生。

（4）公司尊重员工的隐私权，只有在法律允许的范围内或出于公司有效运转的目的才会搜集、发布员工个人信息。

7. 环境保护、健康与安全

公司运作每一项业务时都会将员工、顾客、公众的建康与安全考虑进去。每一个员工都有义务维持我们安全的工作环境。因此所有人员都必须遵守安全法规及其他相关的法律法规。同时公司将会慎重考虑环境的可承受程度来开展业务并争取将环境保护、健康、安全的观念植入到每一个员工的心里。

8. 反垄断

反托拉斯法用来保证一个自由、公开、竞争的市场。依照这部法律，不得与竞争者在以下方面达成妥协：

（1）产品折扣。

（2）产品条件和销售情况。

（3）产品价格和利润。

（4）产品广告和促销。

（5）产品销售区域。

（6）产品类型、产品生产数量与生产线数量。

（7）与公开招标有关事宜。

任何员工不得与我们的竞争对手讨论以上事项或参加讨论以上事项的集会。

百时美施贵宝公司是制药公司，出于行业面对最终消费者，且是药品食品这种敏感产品的特点，一般会把客户放在第一进行讨论，这和美孚公司有所不同。该公司又在第 6 条特别强调了与员工的关系，以及第 8 条强调了和行业竞争对手的关系原则。

案例三：中国宇通汽车公司处理权益相关者的伦理原则有如下几个方面，但该公司并没有明确排序。

与合作伙伴共赢：与合作伙伴相生互助，共赢发展，打造产业价值链协同优势。

为客户创造价值：以客户为中心，提升响应速度，完善产品质量和服务，创造最佳客户体验。

造福社会：壮大民族产业，做优秀企业公民。

富裕员工：以员工为中心，建设职业发展平台，帮助员工成就人生理想。

回馈股东：兼顾股东长、短期利益，树立各方称道的资本市场口碑。

案例四：我们在第四章提到的蒙牛乳业公司，该公司是从权益相关者的需求角度表述的：股东投资求回报，银行注入图利息，员工参与为收入，合作伙伴需赚钱，父老乡亲盼税收。

围绕企业的各个权益相关者都有自己的不同需求：股东是投资不是捐款，要的是分红和资产增值的最大化；银行贷款也不是白借给你钱，债务人要按时还本付息；员工不是志愿者，他要的是工资福利的最大化；合作伙伴也是企业，供应商卖给你东西也是为盈利；政府支持服务企业为的是税收和就业等。这一切的前提是满足客户，客户要的是产品和服务的质量功能品牌价格，否则客户不给钱。

企业是功利组织，以赚钱为目的，所以不赚钱的企业一定不是好企业，甚至不能称其为企业，因为在正常的市场经济规则下，不赚钱的企业连生存都难保证（我们不否认在不正常的市场经济情况下，大批不赚钱的僵尸企业的存在）。只要不作假，不作恶，赚钱的企业一定是有客户的，一定是有投资者喜欢投资的，一定是能让员工有好收入的，在业界口碑也不错的，一定是能够给政府纳税的，也是有能力做社会公益的。

二、企业六道

上述案例中，伦理准则一般涉及 4~5 个方面的权益相关者，笔者却再次归纳为 6 个权益相关者——当然您也可以考虑全部 10 个权益相关者，在此称之为"企业六道"：

客户之道：好产品服务是企业本职。

员工之道：好平台报酬是企业职责。

股东之道：赚钱赢利是企业的使命。

同行之道：良性合作是企业的准则。

政府之道：守法纳税是企业的义务。

社会之道：慈善公益是企业的荣耀。

反过来说，企业的邪道就是：假冒伪劣产品，拖欠员工工资，亏损破产，恶性竞争，逃税漏税，一毛不拔。

研究企业伦理，本书推崇的企业观是生命体企业观，不是纯粹的经济体企业观，尽管功利是其的本质属性。一直以来，笔者研究企业管理的核心概念是企业成长，而不是企业增长，为此写了博士论文《企业成长论》，在参与主编的《矛盾管理学》中，也是如此观点。企业社会责任运动的主要代表人物大卫·施沃伦认为："一旦人们认识到一个企业是一个活的组织，管理的责任就变得多重化起来，赚钱必须和整体的价值结合起来。对道德行为坚定不移的承诺，对整个共同体发自内心的关心，对各式各样差异的尊重，以及对平衡的、可持续的、长期增长的需要，将成为共同遵守的原则"。

企业成长道路上有很多同路人，因此多样的权益相关者影响了企业目标的多元化。但我们必须把企业成长的阶段要素考虑进去，即不同成长阶段的企业必须把握好是单一目标或多元目标，不同阶段的核心目标又是什么，比如一个弱小的创业企业不能一上来就过度实施慈善公益行为。这样就能比较准确地界定企业的伦理政策，否则就成了抽象的企业，理论上逻辑上合理，现实中操作上不可行。

讲道德、有责任心的公司的行为事实上有助于公司的赢利，并且伦理的作用是多方面的：减少运作成本，提高公司声誉，提高销售额，提高顾客忠诚度，提高生产力，更容易招聘到优秀员工和激励员工的工作积极性，减少工作中的一般性错误等。不管你自觉不自觉，认可不认可，企业伦理是实现企业最高目标的工具之一。佛教讲"舍得"，不舍则不得，也是工具观。

第四节 不同类型企业的伦理

一、企业的多样性

企业伦理问题本来就是一个两难问题，这是由企业这个复杂组织的特色所决定的。企业本质上是个经济组织，以追求资本增值和盈利为目的，而伦理是个社会责任和道德的概念。其实这不仅是概念问题，在现实中，确实有着在这两个极端目的中间的各种不同类型性的组织。

一端是纯粹的商业组织，另一端则是纯粹的公益组织（见图8-1）。中间包括承担社会责任的商业企业、商业类的国有企业、公益类的国有企业、开展经营活动的福利企业、开展经营活动的事业单位、开展经营活动的社会组织、有经营活动的公益组织等。包括近年来人们提出的社会企业，作为靠经营性收入或接受捐助为收入的商业手段或企业家精神来解决社会问题的企业组织，也是一种追求经济效益和社会效益两个目的，具备商业功利和社会伦理两个特质的中间组织，这七种中间组织，表明了简单的二元两分法的局限性。用企业应该追求经济效益还是社会效益的框架来分析，只能提供最简单的指引，需要各自组织按照自己的特色去具体操作和落地。

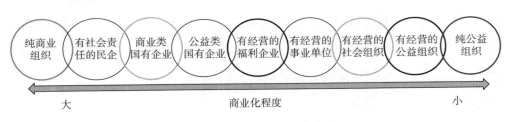

图8-1 从商业组织到公益组织

第三章讨论过四个伦理导向问题：目的伦理还是手段伦理？尊重个人还是集体主义？效率第一还是公平第一？长期利益还是短期利益？伦理问题没有统一的对错，但是一定有你认为的对错，你必须做出自己的对错选择，并坚守你认为对的一方。

二、职业意识的变化

过去封建社会讲究士、农、工、商的排序，商人排的比较靠后，社会地位比较低，现在也依然有这样的社会意识，做企业家不如当政府官员地位高。不过现在的农、工、商都已经是现代企业或者公司组织了，只要是公司，做农业、工业、商业本身没有多大区别，而依靠企业成功，积累了财富的人，已经在某种程度上可以和有权势的官员平起平坐，企业的地位有所上升。尤其是改革开放四十多年来，一直是坚持以经济建设为中心，以民生奔小康为政策导向的，于是，做官员是公差有名有权势，办私企是私活有钱有自由，干国企是公私兼顾，各得其所，地位的平等，机会的平等，调动了多方的积极性，才有了几十年经济和社会的快速发展。

从大学生的就业选择可了解社会对职业地位高低排序的变化。有人把企业排得高，有人把当官排得高，有人把自由职业排得高；有人把 A 企业排得高，有人把 B 企业排得低，他们在按照自己的喜好或观念选择企业。受地域文化影响，江浙闽粤等省份偏向于把企业家排得较高，鲁冀湘晋等北方省份则把官员排得较高等，所以我们这个社会呈现多样化。从社会趋势看，年轻人似乎已经不像过去那样对职业做明显排序，行行出状元，处处有意义，做自己适合的职业就行。随着人们经济地位的提高、知识技能的提高，再加上机会的增加和迁徙的自由，人们就不太在意过去那种比较固化的行业、地域、社会层次，于是社会流动性就越来越大，跳槽频繁，不行再换。做志愿者、自己创业、打零工、开网店、做直播、开专车、送外卖、做背包客等，似乎都能生活下去。

三、单一化到多元化

人们的认识是不断进步和深化的，从改革开放初期的一个建设——以经济建设为中心，到党的十六大的三个建设，党的十七大的四个建设，再到党的十八大的五个建设，即经济建设、政治建设、文化建设、社会建设和生态文明建设等"五位一体"的总体布局，但经济建设始终是党和国家的中心工作，如果把建设换成效益，也就是以经济效益为中心，政治效益、文化效益、社会效益和生态文明效益五位一体。

具体到企业，基本过程是一样的。国有企业特别是央企自不必说，一直与党和国家的提法保持高度一致。民企也有一个随着企业的成长壮大，不断由单纯追求经济效益，到追求社会效益、政治效益、文化效益、生态文明效益的递进过程——由单一目的到多重目的。当然，企业的管理也变得越来越复杂。

上面提到的那些承担社会责任的商业企业、商业类的国有企业、公益类的国有企业、开展经营活动的福利企业、开展经营活动的事业单位、开展经营活动的社会组织和社会企业，会在经济效益和社会效益目的之间做出不同程度的选择。

四、企业不能忘本

无论是什么企业，归根结底还是企业，不是慈善机构，不是政府机关，也不是宗教团体，企业是由投资者设立的，企业的本就是功利组织，它必须为客户提供有用产品、有用服务，然后自己获利，实现企业发展和资产增值。

本书讲的是企业伦理，但不管多么客观，总要有自己的一个立场。本书站在企业立场，提倡在不忘企业功利组织之本的前提下，尽最大的可能追求做一个有伦理的企业。那就是首先要赚钱生存，其次要合法合规地赚钱生存，然后有效高效地赚钱生存，最后是做一个有地位有伦理的可持续成长企业。

第四章讲过"五合"，基本原则是下须合法，行要合规，事要合算，人要合群，上求合德。企业经营的底线是合法，因为这是社会给企业定的游戏规则，不合法就要罚你，严重了还要抓你，为了安全和自由当然你要合法，合法对于任何一个组织都是一样的；但是，企业的本不是合法，而是盈利，企业必须追求经济上的合理性，光合法不赚钱企业没有存在的意义，因为资本的本质就是增值。不仅如此，企业还必须保证不低于行业平均的盈利水平或者发展速度。如果企业不能满足资本增值程度的要求，资本就会撤出并投入到增值更高的企业。所以，事要合算，也不是可有可无的，可高可低的，"要"是必要，是符合企业根本属性的必要。如果做到了既合算又合法合规，企业更高的追求就是我们讲的合群、合德，或者叫合乎伦理。

前三者是客观的，是来自社会和资本的要求，而追求合群和合乎伦理，则与企业中的人特别是高层经营者有着密切关系，他们会把自己的伦理追求融入到企业之中，特别有着较大自主权的民企私企，老板个人的伦理理念和准则有时候就是企业的伦理理念和准则。企业伦理的多样性，也就是由此而产生的。法律和资本的力量会使企业产生经营行为的一致性，经营者的力量则使企业产生经营行为上的多样性。

企业能够做到五合，当然是我们最推崇的企业，或者是理想的企业了。但实际中很难，因为法律也是人制定的，法律本身也不是那么完善，甚至不是那么合理。在某些行业，做企业你想合法都合不了，或者根本就是让你违法经营的，也就是有权力寻租现象，因为只有这样才能满足某些执法部门或者某些执法人的利益。企业为了活下来，就必须采取某些非法之法，比如贿赂、公关、合谋。连合法合规的底线都做不到，怎么可能追求合乎伦理道德呢？企业就只能把活下来当成最高伦理道德了。当然，这是极端状况，总有企业能够聪明智慧地在不违法、不违规、不作恶的前提下活下来，并为客户创造价值，为社会做出贡献，而且成为受社会尊敬的企业。

企业伦理是企业经营之道，是企业生存发展和追求效益所选择的道路、道理和道德，道路是发展战略途径，道理是管理理念和体系，道德是行为准则和伦理追求。道路、道理和道德，都是企业实现目的的一种手段选择。人们平时谴责某些企业为达目的不择手段，其实是想说，这些企业选择了非法、不道德的手段，但有时候不说清楚它们具体是什么手段，其实是恶性竞争或者舆论攻击的一种手段，并不具备理性和客观性。经营一家企业，就是要用到各种各样的手段，选择哪个不选择哪个，不是不择手段一句话能否定这家企业的。比如讲到经营管理手段，如质量手段、成本手段、价格手段、人才手段、专利手段、广告手段、舆论手段、战略手段、政治手段甚至黑客手段、黑社会手段等，形式多样，不断翻新，无穷无尽。

因此，正如哲学家所讲，存在的就是合理的。记得宗教领袖马丁·路德说过："不择手段，完成最高道德。"企业道德是分层次的，如果企业能够生存下来就是最高道德，那就可以为了生存，不择手段。

世界和企业界不是"君子国"。法律有非法，市场有不公，道德有虚伪。于是合法、合理和合德也成了一种手段选择，而不是必须。

做企业的人知道，法也是有不完善之处的，互相矛盾的、漏洞的，甚至非法之法律的。立法过滥、立法不严、执法不遵、以法寻租、违法不究等，于是官逼民反、逼良为娼，会出现绿林好汉型的企业，你不仁就莫怪我不义。通过贿赂、围猎等手段搞定立法、执法者。正人有正理，歪人有歪理，通过这个道理说服自己之后，可以合理地故意违法，甚至以违法了法律抓不着为荣。

有人对待合理也是如此。比方说订了这个合同之后，货都运到了，他说这个合同订得对我这么不公平，按照这个合同执行我就亏了，你必须修改合同，否则你把货还拉回去。你要真拉回去还不够运费钱，于是可能被逼无奈地答应修改合同。

还有的合同中隐藏不平等条款，不熟悉的人看不出来就签字了。过后明白了，说签字的时候你骗我。但是他说我这手续都合法，你没有明白赖不着我。他是完全按规矩、按协议、按市场原则去做的，你不能说他错，他就是要为自己赚钱。

到合德这个层次，笔者认为，有物质文明的人不一定有精神文明，但重视精神文明的人多数没有物质文明。有人会利用你追求精神文明，爱面子来获取自己的利益。用高尚的大道理把人捧到天上，然后自己获利。另外。我们经常看到"我赚不到钱，你也别想赚"的两败俱伤的恶性竞争。企业经营得好，但有些员工跟不上发展可以解雇，但有的企业辞退员工时闹到了绝情对抗、集体上访的程度。既然效益不错，让他下岗回家，就要给他一定的遣散费用，并尽量比法律规定的多一点，这就比较人性，符合伦理道德的要求。但有的员工要流氓，故意给企业找麻烦，利用劳动法等骗企业的钱，那也要有黑灰白手段并用，不能由着不良员工损害企业利益。

合法合算是必要性，合规合群是可行性，合德是重要性。如果讲到合道，则是必然性。五合不一定成功，因为这五合是人为的，是理想的，成功最终需要合乎企业生存发展的必然规律。有时候，不合法、不合规、不合群、不合德反而是创新，反而是企业成功之道。所以德鲁克说，管理是一种实践，其本质不在于知，而在于行；其证明不在于逻辑，而在于成果。管理的道理是很难讲清的。

|第九章|
社会伦理用于企业

社会提倡的伦理通过民间故事、舆论宣传等手段，传播得很广。有时候还会编入小学课本，从小就受熏陶教育，长大了会自然而然地带入企业。企业在做伦理建设或文化建设时，也会借鉴这些内容和形式。本章选几个典型的社会伦理观念进行分析，同时讨论它们在企业中的运用。

第一节 从"孔融让梨"看企业伦理

一、让梨、分梨与争梨

孔融让梨的故事家喻户晓,《三字经》中有"融四岁,能让梨",《后汉书·孔融传》记载:"年四岁时,与诸兄共食梨,融辄引小者。大人问其故,答曰:'我小儿,法当取小者。'由是宗族奇之。"

讲这个故事是一种道德教育。把谦让当作美德,希望大家学习和实践谦让美德。笔者在此分析一下,孔融这么做是美德,那其他还有什么做法?其他做法是不是美德呢?在此还是采取讲故事的方法。

1. 小明妈妈的故事

有一天小明妈妈拿来几个大小不同的梨,她把梨放在桌上,任由孩子们挑选。经过一番较量,各自拿到了自己的梨。挑选结果出来以后,妈妈鼓励挑选了小个梨的孩子,赞扬他们的友爱精神,又表扬挑选大个梨的孩子,称赞他们勇于追求自己想要的。

小明妈妈没有按照大人的既定原则评定是非,表扬一方,批评另一方,而是各自肯定了他们行为的优点。

2. 小明后妈的故事

小明小时候爸妈离婚了。后妈待他和弟弟们不错。有一天,后妈拿来几个大小不同的梨,小明一眼就看见中间那个又大又白的,别提多想要了。后妈把梨放在桌上,问小明和弟弟们:"你们想要哪个呀?"小明刚想说要最大的,没想到二弟抢先一步把这话说了出来。后妈听后瞪了二弟一眼,责备他:"好孩子要学会把好东西让给别人,不能总想着自己。"一听到这话,小明脑子马上转过弯来了，赶紧对妈妈说："妈妈，我想要最小的，把大的留给弟弟吧。"后妈听了很高兴，把那个大个的梨"奖"给了小明。从此小明知道了，要想得到自己想要的东西，不能直接说出来，要学会说谎。不过，后来小明学会了利用各种手段达到自己的目的。

小明的后妈想教育孩子谦让，但无意中教会了孩子说谎。孩子不表达自己的真实意愿，而是学会了按大人的意愿行事，看大人脸色办事，来获得自己的利益。

3. 小明争梨的故事

小明小时候，有一天妈妈拿来几个大小不同的梨，小明和哥弟们都抢着要大的。妈妈把那个最大的梨举在手中，说："孩子们，这个梨最大最好吃，你们都有权利得到它，但大梨只有一个，怎么办呢？那咱们做个比赛，我把门前的院子分成3块，你们3人一人一块把它打扫干净，谁干得最快最好，谁就有权得到它。"结果小明干得最快最好，就赢得了最大的梨。

小明争梨，实行多劳多得原则，而不是谦让原则，正视人的天性和权利，通过制定和执行规则，实现了权利和义务、个人利益和社会公平的统一。

二、分配的十六种原则

伦理是一种规则或原则，说孔融谦让，是按欲望分配的一种变形。孔融和哥哥本来都想拿大的，但为了利他哥，孔融拿了小的。所以要表扬宣扬。如果是按年龄分配原则，本来可以大孩子拿大的，小孩子拿小的。如果按需分配——一般大孩子吃得多，小孩子吃得少，孔融也该拿小的。其实，孔融说："我小儿，法当取小者。"后人用白话文翻译说，孔融的意思是说"我食量小，该拿小的"。也不是说"我想吃小的，所以拿小的"。这都不是谦让原则，而是按需分配和按欲望分配。什么是谦让？只有孔融说："我想吃大的，但我拿小的。"可谓谦让。但也有人分析说，在家庭关系中，兄大弟小，兄相对于弟是强者，弟相对于兄是弱者；梨有大小，大梨乃大利，小梨乃小利。强者占大利，弱者占小利，则是按强弱原则分，无所谓谦让。孔融说："我想吃大的，但我拿小的。"只是弱者的忍让。强者将占据大利的机会让给弱者，是强者的谦让，因为强者本来就有力占据大利。

企业工资分配，和分梨是一样的，发工龄工资是按年资原则分配，鼓励员工长期稳定工作；按当地生活水准和艰苦程度给予补贴是按需分配，保证员工在不同地域享受合理报酬；看业绩完成指标是按贡献分配——小明靠打扫院子争梨一样；年底开年会抽奖是按运气分配；家里有 80 岁以上老人给奖励，是按尊老原则分配；等等。简单罗列一下，就有 16 种之多：①按劳动；②按需求；③按业绩；④按贡献；⑤按成绩；⑥按资本；⑦按资历；⑧按学历；⑨按职位；⑩按年龄；⑪按工龄；⑫按实力；⑬按惯例；⑭按亲疏；⑮按礼仪；⑯按运气。

笔者在研究知识管理的时候提出过"按知识"分配的原则，现实中也还有按风险、按责任的做法。分配原则没有明显的对错，就是一种导向，企业会根据情况进行选择和组合。

三、谦让与分享

企业中也有给优秀人才颁奖状要，给奖金不要的，他会把奖金再捐出来，或者给同部门的人分享，至少用这笔钱请大家吃顿饭。前者钱没拿到，但收获了大家的敬佩。后者钱没拿到，但处好了同事关系。物质文明换了精神文明。

孔融让梨也是如此，让了一个梨，收获了青史留名。我们不能说他是故意的，因为历史上可能有很多孩子让梨了，并没有获得留名。所以，说孔融人好，不如说他命好，被人写成了故事广泛传颂。

问题的关键在于，举 4 岁孩童而且是弟弟的孔融做例子有些不妥，拿他哥哥来做例子更有些道理。教育弱小的一方谦让，不如教育强大的一方谦让，这样能培养家里老大的责任心，分享意识和领导力。现在独生子女家庭不好做，过去很多孩子的家庭就是这么教育的——哥哥姐姐要学会保护和照顾弟弟妹妹。

华为公司总裁任正非小时候家里穷，尤其是在困难时期，所以他从爸妈那里学会了分享。他在《我的父亲母亲》一文中写道："我们兄妹 7 个，加上父母共

9 人，全靠父母微薄的工资来生活，毫无其他来源。我那时十四五岁，是老大，其他一个比一个小，而且不懂事，他们完全可以偷偷地多吃一口粮食，可他们谁也没那么做。……我们家当时每餐实行严格分饭制，控制所有人欲望的配给制，保证人人都能活下来。如果不是这样，总会有一个、两个弟妹活不到今天。我真正能理解活下去这句话的含义。……高三快高考时，我有时在家复习功课，实在饿得受不了了，用米糠和菜合一下，烙着吃，被父亲碰上几次，他心疼了。其实那时我家穷得连一个可上锁的柜子都没有，粮食是用瓦缸装着，我也不敢去随便抓一把。……高考前三个月，妈妈经常在早上塞给我一个小小的玉米饼，要我安心复习功课，我能考上大学，小玉米饼功劳巨大。如果不是这样，也许我就进不了华为这样的公司，社会上多了一名养猪能手，或街边多了一名能工巧匠而已。这个小小的玉米饼，是从父母与弟妹的口中抠出来的，我无以报答他们。"

任正非家里的分配原则不是谦让，而是以保证人人都能活下来为底线的，控制所有人欲望的配给制。以及在特别时段对特别孩子的适度倾斜。当然这是困难时期，和吃饱饭之后是否还吃个大梨不一样。

一样的是，不同的经历使任正非后来实行了把股份、利益分享给大家的做法。这不是谦让，不是礼仪，不是为了自己成为道德楷模，而是为了建立有效的机制，是为了组织生存发展的目的，是做公司领导者的必然要求。

按礼仪道德的谦让，按领导评价的分配，按机制的获取分享，三者是不一样的。在企业管理员工间讲究按劳分配，多劳多得，不是家人间的谦让分配。一般企业是授予分配制，即由公司领导提倡和制定一个业绩评价和利益分配原则，是自上而下进行业绩评价和利益分配，但这样做容易滋生"以领导为中心"、下级迎合领导来获取利益的风气。华为公司经过了授予分配制之后，进一步采取了"获取分享制"。"获取分享制"是指使任何组织与个人的物质回报都来自于其创造的价值和业绩，作战部门（团队）根据经营结果获取利益，后台支撑部门（团队）通过为作战部门提供服务分享利益。一个真正好的企业的价值评价体系是，以商业成功为导向，而不是以领导评价为中心。因此，对一个企业的部门或团队来说，服务好客户获取市场收益才是根本。企业也因此赋予这些部门或团队利益的分配权，即由获取市场收益的单位来组织利益分配，而不是由上级机关进行评价后来分配利益。其中关键的一点就是，如何让员工能通过自己的劳动所得算出自己的收益，而不是领导去算去评。因此，采用"获取分享制"的根本目的是，导向冲锋，使能员工自动自发地去挑战、去追求获取更大利益，最终导向商业成功。

四、对强者更高的伦理要求

现代社会，就是对实力强的一方提出更严格的伦理要求。强者以强凌弱会被人谴责，老弱病残孕有优先座位，尊老爱幼也是这个意思——青壮年体力比较强，要照顾老幼。同理，老师与学生相比地位和权力高，可能以权谋私，所以美国大学中，禁止有共同学术兴趣的师生之间师生恋。所谓有共同学术兴趣，具体地说就是教授不能是这个学生的学术指导，学生也不能选这个教授的课。这个规则不是法律，而是行为准则，作为规章政策被绝大部分大学所采纳。

企业中，也是用约束强者作为伦理原则的。相对于男性，女性较弱，要约束男性对女性的性骚扰，相对于管理者，员工较弱，要约束管理者对员工的权力骚扰。当然这是一般而论，有女性比男性、员工比管理者还厉害的。规则是按照一般而不是按照特例制定的。

在市场领域，核心是竞争。虽然有时也有你死我活的激烈竞争，但多数情况是市场机会比较多，细分领域比较多，客户不会只跟你一家做生意，政府反垄断法律也不允许你一家通吃，可以有大路朝天、各走一边的选择，更多的时候是形成竞合共生的企业集团和产业链，号称生态。和政治军事斗争不一样，大家算的是经济账、盈亏账，有妥协的道路可走，可以形成开放合作共享。因为最终决定权在客户，只要以客户为中心，赚多赚少企业就能活。所以在美国的打压下，任正非可以保持平静心态，说出"东方不亮西方亮，黑了南方有北方"。一部分客户买我们的东西，一部分客户不买我们的东西，这很正常。现在不买，以后要买我还会卖给他们。美国不可能把世界所有的市场都控制，至少中国市场还可以卖东西。过去公司小的时候也是如此，华为那时候连大城市的市场都没有，遑论国际市场和全球市场。华为知道妥协，收缩到中国市场也能活，把公司关掉也无所谓，又不是上市公司——投的是自己的钱，不是股民的钱。只是苦了客户——设备维护怎么办？可能苦了银行——贷款还不上怎么办？

五、屈服与妥协

有老师把孔融让梨的故事讲给学生听，然后让学生交流这个故事的感受，学生们大多都说孔融具有谦让的美德，要如何学习云云。但有一学生持不同观点：孔融不让梨，哥哥们可能会揍他，这是他不得已的选择。也许在他哥哥们的眼里，他这不是谦让，而是一种屈服。这么说也有道理，也许这学生体验过，或者听说过。

在企业，让梨行为可能是屈服，也可能是妥协。华为公司国际化的一个做法就是妥协。"我们要韬光养晦，要向拉宾学习，以土地换和平，宁愿放弃一些市场、一些利益，也要与友商合作，成为伙伴，共同创造良好的生存空间，共享价值链的利益。"我们的团队还弱小，还不足以和强大对手直接抗衡，我们就要不打价格战。不扰乱市场，以免他人群起而攻之。要通过提供高质量的产品和服务来获得客户的认可，不能由于自己的一点点收入来损害业界的利润。这可能不是美德，而是一种活法。

任总说，他和微软、思科的 CEO 聊天，他们都说害怕华为站起来，举起旗帜反垄断，"我给他们说我才不反垄断，我左手打着微软的伞，右手打着 CISCO 的伞，你们卖高价，我只要卖低一点，也能赚大把的钱。我为什么一定要把伞拿掉，让太阳晒在我脑袋上，脑袋上流着汗，把地上的小草都滋润起来，小草用低价格和我竞争，打得我头破血流"。任总说小时候吃苦的经历使他真正能理解活下去这句话的含义。因此，提出"活下去才是硬道理"，"活着是华为公司的战略"的论断。

回到孔融的故事，孔融小时候命好，可长大后却没处好和曹操的关系，与强者对抗。就好比孔融和兄弟相比不是弱者了，不用让梨了，但这时候大人出来参与了分梨，于是孔融又成了弱者。他忘记了弱者的活法，惹了杀身之祸。看来小时候的谦让或屈服作风，长大后改变了，变得不懂妥协和屈服，结果连命也丢了。

企业要做的是生态，而不是你死我活。华为践行着三大生态与产业发展核心理念：①做大产业、做大市场，比做大我们自己份额更加重要。②管理合作比管理竞争更重要。华为坚持做"黑土地"和使能者，不与合作伙伴争利，长期坚持开放、合作、共赢。③共享利益。面向万物互联的数字世界和智能世界，华为坚持做黏合剂，通过共享利益实现"团结一切可以团结的力量"。

六、真心还是假意

想拿大的拿了小的，是违心的。但孔融得到了表扬，也算平衡了。万一本来孔融就想要表扬，对梨的大小不感兴趣呢，不是正中下怀吗？前面说过，有心做好事，虽善不赏，因有自赏。但搞宣传的人还是想宣扬一番，让不想做好事的人也学着做好事。如果不想谦让被逼谦让了，也是违心的。但孔融为了生存和安全，这么做也是值得的。所以，这孔融可能是真心谦让，也可能是假意谦让，或者是被迫谦让？孔融4岁，真不易！

满招损，谦受益。中国人从小还训练人说话要注意场合，要照顾对方的面子，要猜测对方的意思。日本人也学了不少中国的这些礼节，比如送人礼物，会说"这是很没意思的东西，请笑纳！"请人喝茶吃饭，会说"就是一粗茶淡饭，请！"请人到家里做客，进门会说"我家里很脏，请进！"其实这是礼节礼仪，那礼物还真不能太差，那茶饭不能太难吃，那家里绝不能像猪窝！日本人讲究"建前"和"本音"，也就是把礼节用语和真心所想分开，把公司工作和个人生活分开，把自己人和外人分开，在外当演员，回家成真人，因而活得很两面人，很累！中国人习惯这种做法，因而去日本旅游购物感觉很舒服。当然，游客只是短暂地感受到了日本人的一个侧面。

但有时，对方不一定理解你是谦让，换成欧美人，对东方人习惯的礼节并没有太深感动，他们说话做事喜欢直来直去，不拐弯抹角，喜欢独立自主，明确表达自己的意愿。因而有时候欧美人感觉不到东方人的谦虚，反倒觉得不诚实，太麻烦。所以，伦理没有统一的标准，尤其是东西方之间。但欧美人信奉一神论，因而认同世界上有普世价值观。东方人认同多样性，日本各个宗教组织统计起来的人口，比日本总人口还多，就是因为一个日本人信好几种教。

不仅是伦理观，世界观、方法论也有类似现象。东西方交往就像倒时差一样，刚开始很难受，吃不好睡不好，相互适应需要时间。适应了美国的时差再回到中国，还要倒时差，依然要难受一段时间。因而笔者很佩服在中美、中欧之间坐飞机来回奔波的人。如果像过去那样坐船一个月几个月才到，就没有倒时差的痛苦了。笔者认为，某些伦理观冲突就像倒时差问题一样永远都解决不了，就像某些宗教冲突永远无法解决一样。

第二节 从"雷锋精神"看企业伦理

一、雷锋的故事

雷锋的故事也进入了小学课本，在现代中国是家喻户晓。雷锋出生于 1940 年，7 岁成了孤儿，10 岁才免费上了小学，20 岁参军，作为解放军战士，他克己奉公、助人为乐，为集体、为人民做了大量的好事，荣立二等功一次、三等功两次，22 岁因事故受伤不幸牺牲。1963 年 3 月 5 日，毛泽东亲笔题词"向雷锋同志学习"，后来把 3 月 5 日定为学雷锋纪念日。50 多年过去了，雷锋一直是人们学习的榜样，人们把雷锋精神归纳为：①团结友爱的集体主义精神；②艰苦朴素的奋斗精神；③热爱本职的敬业精神；④舍己为人的奉献精神。其核心是全心全意为人民服务，为了人民的事业无私奉献。

雷锋不但做了很多好事，还留下不少日记和格言，其中最为人们熟知的有：

"我愿做一颗永不生锈的螺丝钉。"

"人的生命是有限的，可是为人民服务是无限的，我要把有限的生命，投入到无限的为人民服务之中去。"

"一滴水只有放进大海里才永远不会干涸，一个人只有当他把自己和集体事业融合在一起的时候才能最有力量。"

"凡是脑子里只有人民、没有自己的人，就一定能得到崇高的荣誉和威信。反之，如果脑子里只有个人、没有人民的人，他们迟早会被人民唾弃。"

"世界上最光荣的事——劳动。世界上最体面的人——劳动者。"

"在工作上，要向积极性最高的同志看齐，在生活上，要向水平最低的同志看齐。"

"把别人的困难当成自己的困难，把同志的愉快看成自己的幸福。"

"对待同志要像春天般的温暖，对待工作要像夏天一样火热，对待个人主义要像秋风扫落叶一样，对待敌人要像严冬一样残酷无情。"等等。

雷锋精神符合人们的美好追求，加上几代领导人的题词和号召，党团组织的活动，因此到每年3月的学雷锋月、3月5日的雷锋纪念日，都会有大批学生、青年参与到学雷锋活动中去。但是，时间长了，也有的地方开始搞形式主义，社会上有"雷锋精神天天有，雷锋叔叔3月来，4月走"的说法，就是形容某些学雷锋活动一阵风。

学雷锋也不是没有回报，学雷锋先进分子、学雷锋标兵，得到的是表扬、表彰、立功、奖状、戴大红花，有的也因此提拔升职，但主要是精神鼓励。那时思想不太解放，认为给予物质奖励会贬低雷锋精神的高尚。即使别人表扬一句，也要像雷锋一样回答："这是我应该做的！"有时候做雷锋就是吃亏，舍己为人，于是有人认为做雷锋的是"傻子"。

二、企业内的雷锋

雷锋是全社会学习的榜样，对企业中的"雷锋"和"雷锋精神"又该如何看待呢？

集体主义、敬业精神、奉献精神、艰苦奋斗，这些和很多企业提倡的精神是相同的。但企业的本质和社会不一样，企业中的"雷锋"不仅是帮助同事，在社会上帮助妇女儿童、捐钱做好事，而是要服务客户，为企业创造经济效益。

那么，企业如何对待那些积极担当、努力工作、为企业做出了较大贡献的员工呢？比如员工做出了超额的业绩，主动地挑战未来的贡献，企业该怎样做？表扬表彰当然是不可少的，但如果我们只是表扬雷锋的精神，不给他相应的回报，不给他涨工资帮他改善生活，提倡"新三年，旧三年，缝缝补补又三年"，可能就有问题了。现在不少企业，特别是国有企业，由于对有贡献的人才激励不足，致使他们跳槽到有激励制度的民企，或者自己出去创业。如果"雷锋"是企业的榜样，应该不应该奖励？如果应该奖励，那应该给予什么奖励？应该奖励到什么程度？这些都是应该认真思考和设计的。

笔者认为，理论上的雷锋可以是抽象的、统一的，但现实中的雷锋不是一样的，上下可以分层，左右可以分类。在此先说上下分层：第一层是奉献了坚决不要回报的大公无私型雷锋；第二层是奉献了给回报收下然后再捐献的雷锋；第三层是奉献了想要回报以后更积极奉献的雷锋。这三种都是雷锋，因为他们都是没想要回报，先做出了奉献，企业要给予回报时才区分出来的。能够和敢于先做，就已经不容易了，因为有风险——可能会吃亏，也可能会牺牲。如果企业的激励机制不能保证做雷锋不吃亏，思想不那么先进、觉悟不那么高的一般员工，谁还会积极学雷锋呢？

管理是个机制，不是一个要素；管理是个体系，不是一个点。企业中的雷锋管理也是如此。提倡雷锋精神，但不能让雷锋吃亏；用人以德为先，但无才做不成事。民主是个好东西，但没有效率和业绩的民主不是好东西。精神必须有健康体魄才能焕发，理念必须有管理体制才能作用。借助雷锋的话来说，就是"一朵鲜花打扮不出美丽的春天，一滴水只有放进大海里才永远不会干涸"，所以，雷锋精神和雷锋行为、雷锋业绩、雷锋激励是一个完整的体系，是保证雷锋精神的长效机制。

什么叫机制？就是几个要素之间的配合和制衡，比如汽车的油门、刹车、离合器和方向盘就是一种机制。有动力，有控制，有换挡，有方向，司机就是利用这个机制开车的。具体到雷锋机制，就是企业和员工要有做雷锋的精神动力和能力，要约束和惩罚某些非雷锋的言行，要把干部员工分成不同档次、不同程度来要求，要把组织目标作为雷锋言行的引导，只要是为公司做出业绩奉献了，就一定给予回报。

员工做雷锋时从来没想到要回报，但企业不因为员工没想要回报，就在机制上不设定回报，或者舆论上打压接受回报的人，这就会打掉后面第二层和第三层上的雷锋。

《淮南子·齐俗训》里说：子路撜溺而受牛谢，孔子曰："鲁国必好救人于患。"子赣赎人而不受金于府，孔子曰："鲁国不复赎人矣。"这讲的是子路和子赣两人的故事。第一个是子路救人收酬谢的故事：看见有人掉到水里去了，孔子的学生子路跳下水去，把人救了起来，家属感谢他，给他一头牛，子路就收了。别人就在背后议论子路。孔子知道了表扬子路，说他做得对，救了人之后，人家给东西，是可以收的，这样做会使更多的落水人被救。做好事受回报，是双赢，也是多赢。我们总不希望看到落水没人救，也不想看到子路救人了，家属不感谢，反而讹子路推人落水，更不想看到救人不成自己也牺牲的"双输"。

第二个是子赣赎人不报账的故事：鲁国有规定，凡是到国外旅行去，看到有鲁国人在外国被卖为奴隶的，可以花钱把他赎出来，回到鲁国后可以到国库去报账。孔子的学生子赣在国外看到有鲁国人被卖为奴隶了，就把他赎出来。但他回鲁国以后，并没到国库去报账，别人都说子赣品格高尚。孔子知道后，责备子赣做错了。孔子说他这么干，实际上妨碍了更多的奴隶被赎出来，是有害的。子赣回来后没有去报账，不对外说可以，让别人知道了，做了榜样，将来别人看见做奴隶的鲁国人，本想赎他出来，但如果再去报账的话，别人就要议论他品格不如子赣。这样，这个人就可能装作没看见，不去赎人了。所以，这个做法就妨碍了更多的鲁国奴隶被赎出来。鲁国定的这个制度，像是"不让雷锋吃亏"的制度原型，子赣的做法也是违反政府规定的。《淮南子·齐俗训》对此的评价是："子路受而劝德，子赣让而止善。"

我们要强调的是，这个机制不仅要有，又要分类，还要有力度。

首先是"有"。对于雷锋精神和行为，一定要给予提倡和奖励，不能"干多干少一个样，干好干坏一个样"，要奖雷锋，罚懒汉。

其次是"分类"。对于雷锋业绩和激励，一定要给予物质奖励。企业不能像社会一样只是表扬、表彰、立功、奖状、戴大红花。国企有提拔升职的机会，但雷锋不一定具有当领导的能力，因此这种办法有很大局限，因而要给雷锋物质奖励。员工学雷锋是一种精神和行为，只要产生了业绩，就要给予物质奖励。因为企业是经济组织，不能因为员工自己不追求，机制上就不给。员工自己有精神自赏，企业机制也要加上物质激励。1982 年，改革开放还处在初期阶段，笔者为了写本科毕业论文调研的工厂（那时还是工厂，不叫企业）在讨论如何通过"浮动工资制"激励员工努力工作的问题。笔者的观点是按需求激励，人有两种基本需求，一种是精神需求，另一种是物质需求，应该做到需求和激励匹配，精神需求用精神激励，物质需求用物质激励，不能缺位，也不能错位。

最后是"力度"。针对突出的贡献，一定要给予足够的奖励。所谓足够，就是给到让没做雷锋的员工看得眼红，开始向雷锋员工学习的程度。正所谓"奖要奖得心动、行动，罚要罚得心痛、肉痛"。

三、华为公司的雷锋理念和机制

华为公司最知名的一句话是"我们绝不让雷锋吃亏，奉献者定当得到合理的回报"。其实不仅是一句话，华为公司对待企业内的"雷锋"是有一个体系的。主要包括以下四点：

第一，华为公司提倡雷锋精神。《华为公司基本法》第四条写道：爱祖国、爱人民、爱事业和爱生活是我们凝聚力的源泉。责任意识、创新精神、敬业精神与团结合作精神是我们企业文化的精髓。华为还提倡以奋斗者为本，长期坚持艰苦奋斗；提倡胜则举杯相庆，败则拼死相救的集体奋斗精神，这和雷锋精神的基本内涵几乎完全一致。华为公司认为雷锋精神的核心本质就是奉献，做好本职工作就是奉献，踏踏实实做好了本职工作的精神，就是雷锋精神。华为公司提倡雷锋精神，并对雷锋精神做了自己的定义。

第二，华为公司回报雷锋奉献。《华为公司基本法》第五条写道：我们绝不让雷锋吃亏，奉献者定当得到合理的回报。华为这一主张与社会上的学雷锋活动有所不同，作为企业，他们力图使企业和顾客、员工与合作者之间结成利益共同体和命运共同体，努力探索按生产要素分配的内部动力机制。绝不让雷锋吃亏是矛盾和对立的，在企业管理中不能把矛盾的对立绝对化，而是把矛盾的对立转化为合作协调，变矛盾为动力。雷锋也是要富裕的，这样人人才想当雷锋。华为是民营企业，不像国企那样可以给人社会地位，那就多发钱。

第三，华为公司兼顾利他利己。《华为公司基本法》第七条的内容是：华为强调以产业报国和科教兴国为己任，以公司的发展为所在社区做出贡献。为伟大祖国的繁荣昌盛、为中华民族的振兴、为自己和家人的幸福而不懈努力。这和一般所讲的"毫不利己，专门利人的大公无私精神"有所不同，在为国家、民族、社区做贡献的同时，也"为自己和家人的幸福而不懈努力"。这是为了促进千百个雷锋不断成长，使爱祖国、爱人民、爱公司、爱自己的亲人和朋友的一代新风在华为蔚然成风。任正非说："只提爱祖国、爱人民是空洞的，我这个人的思想是灰色的，我爱祖国、爱人民，但我也爱公司、爱自己的家人，我对自己子女的爱，总还是胜过对一般员工的爱。这才是实事求是，实事求是才有凝聚力。华为提倡员工的第一笔工资要孝敬给父母，要帮助弟妹，要为父母洗一次脚等，这种为家人的幸福而努力的意识，是从小是孤儿的雷锋所难以体会到的。"

第四，华为公司让雷锋得到的更多。《华为公司基本法》第六十九条提到，"我们在报酬与待遇上，坚定不移向优秀员工倾斜"。优秀员工是奋斗者和奉献者，华为认为他们在报酬与待遇上不是吃亏，也不是平均主义一样多，而是应该得到的更多。华为提倡为火车头加满油，鼓励冲锋。

这就是华为公司在"雷锋精神"之上，创造性地发展出的独特理念和建立的独特激励机制，这个机制分为五个部分：企业建设奋斗者和贡献者的雷锋文化，文化选聘选拔出有雷锋精神的员工，企业建立起激励雷锋的机制，雷锋式员工努力做出最佳的贡献，企业给予合理的或最佳的回报。应该说，这个机制对华为公司的后期发展起到了巨大的推动作用。

四、做雷锋的目的

前面说过上下分层，这里再说左右分类，那就是做雷锋的目的不同。和上下分类有一定关系，但又不完全一样。

我们经常讲雷锋是助人为乐。仔细分析，这里至少有三种类型的助人：一是为了助人而助人，二是为了快乐而助人，三是为了回报而助人。三者之间是有本质差异的。

为了助人而助人，目的单纯，纯属自发，认为这是自己本来就应该做的，不需要受助者的回馈也不需要事情一定成功。

为了快乐而助人，是有意识的，助人不是目的而是手段，助人者需要从助人的行为中获得快乐，因而他可能会选择对象。

为了回报而助人的人，需要从受助者那里获得积极的正面的反馈，从而获取价值感与荣誉感。一旦没有得到他希望的反馈，助人者的内心便会陷入失落甚至是愤怒。这实际是一种交易式助人。"养儿防老"意识也是如此，一旦孩子不孝顺，老人就开始愤怒："白养活你了，你个不孝子孙！"交易是人之常情，但有人做得更让人羡慕：记得有一位长寿老太太的故事，她的原则是不求回报，孩子来了高兴，孩子走了不惦记，从不要求孩子必须常回家看看。

因此，雷锋精神的"助人为乐"，如果指的是在助人行为中获取纯粹的快乐，关注点不在受助者的反馈上，那么，雷锋精神就是一种至高无上的境界，这不是一般人能够做到的。这种境界不来自于对于他人认可的渴求，而是参与奉献者的自我价值实现。我们所有助人的行为，都可在那一刻证明自己较之受助者，是个更有能力的人。这一点就足以让我们获得自我价值的满足感和快乐。雷锋精神的实质是以有能力帮助他人为快乐，是以有能力为社会做贡献作为自我价值实现的方式。

所以，除了雷锋精神，还要具备雷锋能力。力所能及、兢兢业业地做好自己的职业就是雷锋精神。做豆腐的做好豆腐，发豆芽的发好豆芽，这样的雷锋是做得到的，是可以实现的，雷锋不是超纯的人，雷锋如果超纯化，世界上也就没有雷锋了。

雷锋之所以成为雷锋，除了雷锋精神，还有三个基本条件：第一，20 来岁的他年轻健康、热血青年；第二，作为单身军人的他没有生活上的担忧；第三，作为孤儿受亲戚和社会帮助的他具有了回馈他人的能力。当然，并不是每个具有这三个条件的人都能像雷锋一样，但这可能是他成为雷锋的必要条件。

一般人做不到雷锋那种至高无上的境界，除了不具备上面三个条件的原因，也有教育导向的原因，无论是学校里，还是电视上，我们倾向于引导人注重荣誉，注重声望，注重回报，注重在他人的评价中寻找自身的价值，我们多数人是活在别人的眼光里和言论中。纯粹关注个人感受，特立独行的人并不能很好地融入组织和社会。

华为公司不去宣传让大家都去做雷锋，而是实事求是地建立公司对奉献者一定给予合理回报的机制——如果奉献了必有所得，那人人有奉献，如果人人想有所得，那么必须学雷锋。员工奋斗可以是无私的，是拼命努力的，但是企业反过来，要让那些无私奉献者不吃亏，这样企业就前进了。

企业管理的关键是建立一种利益驱动机制，"以客户为中心，以奋斗者为本，长期坚持艰苦奋斗"就是一种利益驱动机制。以奋斗者为本的文化可以传承的基础就是不让雷锋吃亏，对那些有使命感，自觉主动奉献的人，组织不要忘了他们。

华为公司不是为了培养雷锋，而是为了使更多的人为公司和社会做出贡献。

五、做雷锋不是孤立的

人是社会人，生活在一个复杂的社交系统中，每个人的行为都涉及周边相关人的利益，不能认为自己就是自己。所谓的无私，并不能把自己刨除在社会之外，认为牺牲了自己和别人没关系。因为自己也在社会之内，自己牺牲了，家庭和社会照样也有牺牲。所以，绝对地把自己和社会分开的无私奉献，实际对社会也是一种损害。尤其当自己是地位重要的领导人的话，尽量不要冲在前面，牺牲自己，那对整个组织损害更大。当然，有时候，牺牲的英雄也会唤起民众，领导也会提倡英雄主义激活组织。孤立地做雷锋可能会产生以下四种不良影响：

第一，你的雷锋行为可能会影响到家人和社会。你早出晚归，加班加点为公司做贡献，照顾不了家人，还挣不了多少工资，甚至老不拿工资回家，老婆孩子会不高兴，养家糊口上学看病亲戚交往都成问题。人的生活很现实，你做雷锋牺牲了自己，但不能牺牲家人。所以企业会规定，要员工避免公司利益和个人利益产生冲突。

第二，你做雷锋可能会影响到同事。据说某企业新员工集训，教员讲到了雷锋做好事打扫卫生的故事。第二天即有员工很早起床，拿扫帚到院子里搞卫生，教员知道后做出表扬，于是后面几天大家争先恐后早起床抢扫帚搞卫生。其中有一员工早上起不来，总抢不到扫帚，做不了好事，于是他想一办法，头天晚上把扫帚藏在被窝里了。大家早上起来找不到扫帚，没法做好事。他睡醒了慢悠悠从被窝里扯出扫帚，去搞卫生，于是被评为先进。大家争做雷锋，在有限条件下，你当了雷锋，会影响别人当雷锋。

第三，你做雷锋可能会影响到同行。过去曾有学雷锋小组上街免费为群众修理电器，大家排队来修理。结果学雷锋小组和旁边的电器修理铺的员工吵起架来，还差点动手。原来是店铺抱怨免费修理影响了他们的生意。同行之间竞相降价争取客户也是如此，你降价，他更便宜，另一家免费，再来一家不但免费还送礼品倒贴钱。说起来是为客户好，其实是想利用资本手段干掉竞争对手后赢家通吃，涉嫌倾销，破坏了市场竞争的基本规则。

第四，你做雷锋可能要负责任。本书在前面讲过免费坐车的案例，就是如此。

六、有贡献才称其为员工

市场就是交换，大家是自愿的，合适就交换，不合适就退出。市场经济是一个地位平等、规则透明、自愿自主、各为其利的机制。只要认同这个市场竞争机制，就不能批判各为其利的所谓自私，就要愿争服输接受最后的结果。市场经济中最根本的原则是交换，不是奉献。

员工加入企业时，可以和企业谈各种交换条件，比如工资待遇、工作条件、岗位安排等，一旦加入企业，这些交换条件就具体化成为绩效考核指标的完成，具体化为某些不确定性责任的承担，具体化为个人对企业的必要贡献，这比在市场上买卖东西要复杂得多。

企业员工可以细分为以下四类：

第一类是普通劳动者。这些人应该按法律相关的报酬条款，保护他们的利益，并根据公司经营情况，给他们稍微好一点的报酬。普通劳动者在劳动密集型企业可能占60%～70%的比例，在高科技企业可能占5%～10%。他们也对企业有所贡献，但人均较低。几万名、十几万名普通劳动者构成的企业，主要是靠管理者的指挥协调产出贡献。

第二类是一般奋斗者。在比较宽容的企业，要允许一部分人不是积极的奋斗者，他们想想每天按时回家吃饭，也是人的正常需要，属于"小资型"的奋斗者，对这种人可以给予理解。企业有适合的岗位可以给他安排，如果没有适合的岗位，他可以到社会上去寻求。只要他们输出贡献，大于支付给他们的成本，他们就可以在公司存在。或许他的报酬甚至比社会稍微高一点。这部分人，在高科技企业一般占40%～50%。

第三类是有成效的奋斗者，也就是主要贡献者。这些人是企业的事业中坚，企业渴望越来越多的人走进这个队伍。他们要分享企业的剩余价值，分享剩余价值的方式，就是奖金、分红与股票。这部分人，在高科技企业一般占到40%～45%。

第四类是惰怠者或腐败者。不愿意奋斗的人，给他的激励越多，他的惰性越强，个体的惰性越强，对整个组织的惰性的影响就更大。所以企业必须清除组织内的惰怠者和腐败者。

前三类有贡献者会成为企业员工。企业要有成长，员工就要有贡献，没有贡献的人不应成为企业员工，你要能先做出奉献，那你就是雷锋式员工。所谓先付出奉献，就是员工要在某种程度上先付出努力承担较高绩效目标，承担一定责任风险，并给企业创造超额价值。

但同时，企业又不能违反市场经济的基本原则，那就是一定要对有奉献的员工给予回报。在企业伦理上提倡雷锋精神和行为，在分配机制上执行市场基本原则。因此，企业内部提倡的既不是纯粹的市场交换，也不是纯粹的雷锋奉献精神，而是"基于市场交换基本原则的雷锋奉献精神"。

七、雷锋式企业

员工的贡献首先是体现在企业资产的增值和成长。无增值不成为企业。企业通常提出的"人均收入增长不能高于劳动生产率的增长"就是为了保证资产的增值和企业的成长。工会的立场稍有不同，一般提出的指标是"员工分配率不能低于资本分配率"，也就是在每年新创造的附加价值中各分50%。

其次，员工的贡献还体现在给政府纳税。员工没贡献，则企业没利润，政府至少不会有所得税。但如果政府税收过重，则企业会选择纳税较轻的国家或地区注册。

最后，员工更大的贡献还体现在优秀企业的社会公益行为，他们会规定企业每年拿出净利润的多大比例去做抗洪救灾、支援贫困地区、捐助教育、保护环境等，也就是在完成经济责任基础上履行社会责任。企业是功利组织要赚钱但不是一毛不拔，但企业更不能因奉献社会的所谓高尚而把自己搞破产，而是"基于企业本质使命的社会公益精神"。企业可以在搞好经济绩效的前提下成立公益基金会来持续地、长期地为社会做出应有的贡献。

第三节　从"家伦理"看企业伦理

一、实力雄厚的家族企业

家庭是社会最基本的细胞，企业是经济最基本的细胞。而家族企业则是家庭与企业的结合体。家族企业可以分为以下两种类型：

一是纯粹的家庭企业。企业成员和家庭成员是完全一致的，比如单身个人独自设立的单人企业，夫妻婚姻关系共同设立的夫妻店，夫妇、子女和父母婚姻和血缘共同设立的家庭企业，由夫妻婚姻关系、父母子女血缘关系以及领养、入赘关系的人参与的家庭企业。

二是家族企业。有上述四种关系以外的亲属关系以及雇用关系者参与的家族企业。有的是共享股权和分配权，有的则参与经营权。但资本或股份还是主要控制在一个家族手中，家族成员出任企业的主要领导职务。

家族企业并不都是人们一般所想象的小微企业，也有世界级的大公司。安永会计师事务所联合瑞士圣加伦大学公布的《2019 全球家族企业 500 强》榜单中，就有众多声名显赫的大公司。这个榜单按营业收入排名，入榜的标准是：在经营权上，必须由第二代或更多代管理，一个或多个家庭成员必须参与企业的运营，即成为董事会或执行领导的一部分。在所有权上，家族要控制 50% 以上股份和投票权的私营公司，或家族拥有至少 32% 股份和投票权的上市公司。

从地域来看，世界"500 强"家族企业中欧洲家族企业势力庞大，占据了"500 强"中的 46%；北美洲次之，占 30%；亚洲、南美洲、非洲分别占 19%、4% 和 1%。从国别看，有 122 家美国企业上榜，德国企业 79 家，大陆港台共 38 家（见表 9 - 1）。前十大家族企业为沃尔玛公司（50.83%）、大众汽车公司（52.2%）、伯克希尔哈撒韦公司（32%）、exor 集团（52.99%）、福特汽车公司（40%）、宝马汽车公司（46.82%）、科赫工业公司（84%）、嘉吉公司（100%）、施瓦茨集团（100%）、罗伯特博世有限公司（99%），可以看到，括号中显示的家族持有股份比例相当高。

表 9 - 1　2019 年世界家族企业 500 强中国上榜企业

排名	公司名	家族	年收入（亿美元）	股份比例（%）
21	长江和记实业有限公司	李嘉诚	530	58.5
25	中国恒大集团	许家印	479	77.17

排名	公司名	家族	年收入（亿美元）	股份比例（%）
27	正威集团	王文银	466	99
36	美的集团股份有限公司	何享健	374	33.93
38	碧桂园控股有限公司	杨国强	349	57.82
41	大连万达集团	王健林	327	50
64	万向集团	鲁冠球	250	100
75	台塑石化股份有限公司	王永庆	210	50
105	高鑫零售有限公司	尹衍梁	159	51
115	长城汽车股份有限公司	魏建军	149	56.04
116	中国宏桥集团有限公司	张士平	148	68
120	吉利汽车控股有限公司	李书福	144	44.2
128	利丰集团	冯国经	136	62
143	台湾化学纤维股份有限公司	王文渊	121	50
146	中华电力有限公司	嘉道理	118	35
154	国美电器控股有限公司	黄光裕	113	50.99
161	顺丰速运有限公司	王卫	109	68
162	世茂房地产	许荣茂	108	67.63
171	南亚塑胶工业股份有限公司	王永庆	103	50
172	太古股份有限公司	施怀雅	103	63.88
175	新鸿基地产	郭得胜、冯景禧、李兆基	101	84.12
208	华夏幸福基业股份有限公司	王文学	84	68.88
238	第一太平有限公司	林逢生	73	44.56
240	新世界发展有限公司	郑裕彤	73	44.24
251	台湾塑膠公司	王永在	69	50
264	周大福珠宝金行有限公司	郑裕彤	66	89.3
280	东方海外国际	董浩云、董建华	61	68.7
288	九龙仓集团有限公司	包玉刚	59	62
290	玖龙纸业（控股）有限公司	张茵	59	66.6
291	杭州娃哈哈集团有限公司	宗庆后	59	80

续表

排名	公司名	家族	年收入（亿美元）	股份比例（%）
323	银河娱乐	吕志和	52	45
403	香港中华煤气有限公司	李兆基	42	41.52
414	中国旺旺控股有限公司	蔡衍明	41	49.3
428	保利协鑫能源控股有限公司	朱共山	39	34.26
439	正新橡胶工业股份有限公司	罗结	38	63.76
470	理文造纸有限公司	李文俊	34	68.7
483	澳博控股 SJM HOLDINGS	何鸿燊	33	62.74
490	恒基兆业地产有限公司	李兆基	32	72.6

　　从东西方国家家族企业的现状比较来看，很难认为中国是特别重视家族文化的国家，倒不如说，由于实行中国特色社会主义制度，相对于西方国家，我们是更重视以国有企业为代表的公众公司的国家。从改革开放以来，我国家族企业的数量迅速发展，家族企业的实力也获得了迅速壮大。在这些家族企业中，由于基本还处于第一代创始人主导的阶段，创始人的个人伦理对企业伦理、战略和管理的影响相当强大。

二、典型的家族企业——山东宏桥

　　高扬（财富中文网，2017 年 1 月 25 日，https：//xueqiu.com/4852972646/82047105）一篇有关中国宏桥集团创始人已故张士平先生的文字很有意思。张士平深居简出，拒绝接受媒体的采访，并且要求他的子女和下属做同样的事情。由于难以忍受长途飞行，张士平几乎不出远门，而且很少参加企业家圈子的活动，公开露面的机会更是稀少。即使露面，他也不说话。张士平是仅仅读完了初中的商人，拥有极为朴素的经商哲学，深谙简单之道。张士平称，做再大的企业与卖青菜都是异曲同工的——"低买高卖，中间不浪费"。他懂得拒绝诱惑，他发誓此生不会跨入利润丰厚的房地产行业，绝不染指其可以轻易进入的期货交易，并且对金融和互联网态度冷淡。

在儒家文化最为兴盛的中国山东，张士平和他的企业体现了典型的"家文化"。首先是注重家族在股权架构上的控制权关系，作为创始人，张士平家族累计持有魏桥创业集团 48.79% 的股权，其中，张士平持有 36.27% 的股份，其子张波持股 3%。家族的两家在港上市公司均保持控股。其中，"魏桥纺织"大股东"山东魏桥投资控股"的持股比列高达 63.45%；而"中国宏桥"的最终控制人张士平，持股为 68%。其次是以"家文化"治企，其家族化管治的特征尤为明显。在上市公司"中国宏桥"，张士平自任董事局主席，与他同龄的妻子郑淑良为副主席，儿子张波是行政总裁。其高管团队中还有张波的妹夫杨丛森，他出任非执行董事，还是魏桥创业集团董事。而在"魏桥纺织"，今年 47 岁的大女儿张红霞任董事长兼总经理，妹妹张艳红出任执行董事。除了魏桥二代"三支台柱"张波、张红霞、张艳红兄妹外，张士平的女婿、外甥、侄子们都担任公司副总级别的职务。

张士平为自己数量庞大的员工提供了优厚的生活条件。无论员工来自哪里，张士平承诺做到家有所居（每人都有房子住）、老有所养（每人都有养老保险）、病有所医（在公司自建的门诊享受低价医疗）、子女有学上（自建 8 座幼儿园，支持政府创办小学、中学）。房子会以极低的价格出售给工人，面积最小要达到 90 平方米，必须有三居室。他鼓励员工把老人孩子接过来一起住，一家三代人进城安居于此。

但同时，他又警告自己的高管说："你们可以支配的财富只有你们的工资和奖金，公司里的每一分财产都用来创造税收和造福自己的十几万名员工。"他经营的这个家有着严格的纪律制度。他曾经因为发现一名工人偷吃了三颗花生而将其直接开除，而这名工人还是县里领导的亲戚。他收购了一家历史悠久的国有棉纺厂，习惯了轻松日子的职工因不满张士平的严苛纪律而开始罢工。一名情绪激动的工人质问他："为什么迟到半个小时被扣了一天的工资？"张士平回答："这要是在我以前的工厂里，要被扣一个月。"已经接班的张士平儿子张波回忆说，父亲从小家教很严，只要犯错，免不了挨打。

他的企业像一个完整的小社会，又像一个大家庭，甚至像是一家传统的国有企业——加入中国共产党在公司是一种荣誉和晋升的前提，公司高级管理人员全部是党员，公司内部建立了完整的党组织。他为大女儿张红霞（魏桥纺织董事长）在其员工里的崇高威望和作为党代表参加全省会议而感到骄傲，也为儿子张波（中国宏桥董事长）受到业内同行的尊重和继承了他的吃苦耐劳而自豪。他不会总是对官员言听计从，也不在减免税收上做任何文章，即使有减免税政策，他说公司"安得是中国人，缴得是中国税"。

一般而言，只要家族企业不满足于做一个街头小店或是手工作坊，而是追求资产和组织不断发展壮大，基本就是沿着家庭式企业—企业家族化—家族企业化—公众公司这一路径演进的。期间最主要的变化，就是所有权和经营权的分离以及非家族成员的进入。中国宏桥集团应该属于家族企业化的阶段。

在这一过程中，原有家族的影响在不断淡化，但与此同时，企业家族又通过家文化、家伦理以及家制度的建设，力图不断地促使非家族成员形成统一的价值和伦理观念与行为。因此，这些企业形成的是源于原有家族企业伦理根基的现代企业模式，既不是完全的家族伦理型公司，也不是纯粹的社会伦理型公司。

三、家伦理对企业伦理的渗透

从上述山东宏桥的案例可以看出，家族企业不仅是所有权和经营权的问题，一般人们更强调的是家伦理和家文化在企业中的作用。从历史上看，传统的儒家更重视"家"的理念。

《礼记·大学》先是溯源云：古之欲明明德于天下者，先治其国；欲治其国者，先齐其家；欲齐其家者，先修其身；欲修其身者，先正其心；欲正其心者，先诚其意；欲诚其意者，先致其知，致知在格物。然后又正着说：物格而后知至，知至而后意诚，意诚而后心正，心正而后身修，身修而后家齐，家齐而后国治，国治而后天下平。后人不大说格物、致知、诚意、正心，而"修身、齐家、治国、平天下"则路人皆知，一般人到不了治国、平天下的位置，于是"齐家"成了百姓的最普遍追求。在过去的封建社会，其实天下也是皇帝家族的，因而有家天下之称。前面讨论的传统社会的各种著名家规，也是社会名门望族的治家之道，对现代企业伦理的影响很大。

现在看来，"修身、齐家、治国、平天下"的理论主要是用来指导政治家的，现代社会又产生了企业家和科学家两大主流职业，这两大职业的追求又是什么呢？仿照修齐治平的说法，来说明科学家和企业家的职业追求。科学家是修身、成家、资政、智天下；企业家是修身、兴企、报国、富天下（见图9-1）。

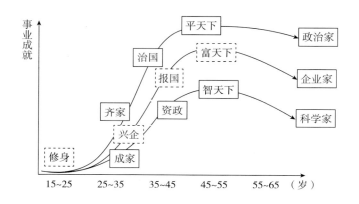

图9-1　企业家人生事业曲线

如果说企业家是修身、兴企、报国、富天下，那么，我们要兴什么样的企业呢？

受传统"家文化"的影响，也由于小微企业本来就和家庭有着不可分的联系，企业普遍把家的文化和伦理引到企业中来。企业中有很多和家相关的口号，如家和万事兴；公司是个家，建设靠大家；家是温暖，家是认同，家是归属，家是你我；一朝辞故乡，公司遂为家；等等。笔者在以前出版的《文化的逻辑》一书中，也曾简要讨论了把企业看作家的一种比喻：

"不少企业把企业看成一个大家园、大家庭，公司大厅布置着全家福的大照片，大家关系融洽、氛围和谐。企业讲究忠诚、互助，上班一块工作，下班一起参加各种文艺体育活动。上班有上下级区别，下班后干部员工就像兄弟姐妹，大家一块吃喝玩乐。过年过节有热闹的联欢会，员工过生日，红白喜事，公司有专门的问候。管理者热衷给员工介绍对象，把员工家属一块拉过来参加活动，参观企业，让家属理解家人是怎么工作的，有什么样的辛苦，希望家属共同支持企业。比如联想公司，号称要建立一个没有家族的家族企业——它不姓柳（传志），不姓杨（元庆），不姓朱（立南），员工能感受到大家族的氛围，但又没有传统家族企业的狭隘。"

但也有人对"企业是个家"的观念和做法不以为然。企业是个经济组织，太像个家庭，员工间亲戚太多，关系太密切会有问题。某人能力无论如何跟不上公司发展和岗位要求，但他对企业很忠诚可靠，由于多年来一起干过来的，关系不错，有感情因素在，可能很难去淘汰他，他干不了还得在企业混日子，影响他人，自己也难受。另外，太多的裙带关系会使企业员工关系极其复杂，以至形成亲疏分别，但公私不分的小圈子文化。"家文化"运作不好也会成为企业发展的障碍。

因此，把企业当成家的观念和做法有利有弊，看你怎么去管理，看它适不适合你的企业。比如建筑施工企业，施工区域点多面广，基层员工长期远离家乡，流动在外，如何为员工提供"愉悦工作、快乐生活"的空间，是企业尤其是工会努力探索的问题。北京城建北方公司工会组织积极转变传统工作思路，创新工作模式，从关心、关怀、关爱等角度出发，在公司范围内全力做好"职工之家"建设，为在外员工建一个"家"，让在外员工感受到"家"的温暖，建成员工生活上的温馨之家，安全保障的平安之家，共同成长奋进之家，关系沟通的和谐之家。

比如零售行业企业，也很适合"家"的理念。在超市做零售没有哪一个员工是能力绝对不行的，最重要的是他愿不愿意干，超市就像家庭的厨房客厅，如果上班时卫生做不好，家里面的卫生做得很好，在做生鲜时做不好，回家却做得很好，这说明他不把单位的事当作自己家的事。酒店饭店行业也是如此，比较适合提倡"家就是企业，企业就是家"。

四、企业伦理对家伦理的改造

企业之家毕竟不同于传统之家，主要有以下两点不同：

1. 企业之家分层次

家人是全员制，企业是分层制。企业发展到一定规模，就超越家人的范围，扩展到家族、同乡、同学、战友，然后到合同制的一般员工等。人的关系也就由紧密的姻缘血缘到越来越松散的乡缘、学缘、战友缘，以及契约关系。

企业模仿家族管理的最主要特色之一就是论资排辈，在经验知识起重要作用的时代，这是合适的。企业发工龄工资、按工龄升职、按学历录用等，都是为了留住有经验知识的员工。论资排辈流行到日本企业就是著名的年功序列制，按照入职年份涨工资，最终促成了终身雇用制，一旦入职，干到退休。这促进了员工的忠诚，减少了熟练员工的流动，对日本企业的高速成长起到了重要作用，但随着低成长期的到来，也成了企业创新和活力的阻碍。

中国企业自改革开放以后，开始逐渐改掉了从上到下的论资排辈的传统，而是由核心往外的分层管理。企业基本分为命运层、事业层、利益层和合作层四个层次，也可以叫四个共同体：最核心圈是领导层构成的命运共同体，第二圈是干部层构成的事业共同体，第三圈是一般员工构成的利益共同体，最外一圈是和行业伙伴构成的合作共同体。最核心的高层干部更接近家人，一般员工则是雇用制。在法人组织企业中，实行责权一致，论功行赏，宽严相济。全员严格不现实，全员宽松则不可能建立一个高效的组织，因而采取的模式是对干部严，对员工宽。

有的企业会约束领导层不能脚踩两只船。比如华为公司规定，"高级干部的合法收入只能来自华为公司的分红及薪酬，除此之外不能以下述方式获得其他任何收入：绝对不利用公司赋予我们的职权去影响和干扰公司各项业务，从中谋取私利，包括但不限于各种采购、销售、合作、外包等，不以任何形式损害公司利益。不在外开设公司、参股、兼职，亲属开设和参股的公司不与华为进行任何形式的关联交易"。这样的规定，连上市公司的股东都做不到，股民不会约束自己只买卖一家公司的股票，不会像华为公司干部那样做出承诺和宣誓，因此，华为高级干部和公司之间结成的是命运共同体和事业共同体，而一般股东和公司之间只是结成了利益共同体。这和国家的干部管理制度一样，拿国外绿卡和全家移民的"裸官"是不能担任政府官员的。晋商代表乔氏家族对家人严，对外人宽，规定子孙的六不准家规："不准纳妾、不准赌博、不准嫖娼、不准吸毒、不准虐仆、不准酗酒。"第一是不准纳妾，以保证家族资产和传承的统一性。这一家规始立于乔贵发，完善于乔致庸，成为乔氏子孙口口相传、遵守躬行的"纪律"，保证了乔家事业的长期发展。当然，对商号的伙计和掌柜就没有如此要求。员工在企业工作表现不良，企业可以按照制度对其进行警告、罚款，直至除名解除关系，但家族成员表现不好，离婚倒是相对容易，但家族的血缘关系和婚姻关系不是那么容易解除的。不过，过去优秀的大家族和家族企业，往往会在家族内部严格管理制度，不允许"一个人属于两个家"，使家族成员必须努力为家族的发展而努力工作，如果某个成员出现道德风险和行为，他就可能会被"逐出家门"或被开除族籍。

2. 企业之家建机制

企业这个家不仅是一个理念，更是一种机制，主要体现在以下五个方面：

第一是资产所有机制。现代家庭是个资产全员共有的机制，而在现代企业，公司可以采取员工持股制度，吸收优秀员工加入股东，结成事业共同体和利益共同体。员工则通过持股多少，形成共担风险，共享收益的不同层次。这各机制的关键不是为了筹资，而是建立有效的"投资权"分配机制，要看贡献、奋斗精神和潜力来给予投资权，实现知识资本化、技术资本化。

第二是报酬分配机制。企业的分配原则是按贡献付酬，家的分配原则是按需分配。

从表面看，企业和家都是为每一个成员提供衣食住行的需要，但企业是按贡献分配，只为那些能够给企业做出贡献的员工提供报酬和机会，且贡献越多，酬劳越多。家庭和企业一样，也反对不劳而获，看不起有劳动能力但好吃懒做的懒汉，但一般而言，家庭的分配原则是按需分配，是尊老爱幼，而且越是病伤者，往往得到的呵护越多。

当然，不同家庭是有不同做法的。联想的柳传志就讲过一个"贴饼子的故事"，说家里只有一块贴饼子，但家里有老人、孩子和男人三个人都饿着肚子，如果你是儿媳妇，会先给谁吃呢？给老人吃是孝顺，给孩子吃是爱心，但儿媳妇把贴饼子给她男人吃了，好让他出去打工挣钱。给男人吃实际是投资。前面讲过，华为公司的做法是鼓励冲锋，给火车头加满油，改革开放政策的以经济建设为中心，与此是异曲同工。

不同的伦理观，不同的做法。其实给谁吃也没有绝对的对错，看你优先追求什么，或者说你的核心伦理观是什么，这恰恰就是企业的伦理建设。如果你认为应该照顾弱势群体，那就给老人或孩子吃。如果你认为给男人吃，让老人孩子忍一忍，挣回钱来才能买更多的贴饼子，也才有可能更好地体现对老人的孝顺和对孩子的爱心。但这样做，持不同伦理的人可能不会理解你。如果你注重追求孝顺和爱心这些传统伦理，就好比追求精神文明，可能有利于美德传颂，但过度了可能会影响家庭脱贫和奔小康。

当然，也可以"孔融让梨"，按感情密切程度，或者按平均主义，每人吃1/3个贴饼子填肚子。在孩子们之间这么分应该问题不大，保证谁都能活命，但老人、孩子、男人均分的这种谁也不得罪的人，可能也干不成什么大事。

第三是集体奋斗机制。家庭是"打仗亲兄弟，上阵父子兵"；华为公司则强调狼群文化、狼狈机制，强调"胜则举杯相庆，败则拼死相救"的集体奋斗精神，不大赞成个人英雄主义，不让"个人成就感强的人"担任领导职务。但这不是仅仅提出理念，而且要建立机制。管理者和员工之间是有矛盾的，矛盾的实质是什么？任正非在1998年《华为的红旗到底能打多久》一文中说道："其实就是公司目标和个人目标的矛盾。公司考虑的是企业的长远利益，是不断提升企业的长期竞争力。员工主要考虑的是短期利益，因为他们不知道将来还在不在华为公司工作。解决这个矛盾就是要在长远利益和眼前利益之间找到一个平衡点。我们实行了员工持股制。员工从当期效益中得到工资、奖金、退休金、医疗保障，从长远投资中得到股份分红，避免了员工的短视。"员工持股制就是集体奋斗机制。

第四是尽职尽责机制。家庭讲主人翁精神，讲尽本分，有企业依然提倡员工的主人翁精神，但多数企业强调职业精神和敬业精神，提倡踏踏实实完成本职工作，提倡敬业意识，干一行，爱一行，精一行。尽职尽责就是专注工作，而不是专注做人；以客户为中心，而不是以领导为中心；是直接责任结果导向，而不是间接素质能力导向。提拔干部的传统原则是德才兼备，以德为先。其实，"德的评价跟领导的个人喜好和对事物认识的局限性有很大关系，绩效和结果是实实在在的，是客观的。所有高层干部，都是有职责和结果要求的，在有结果的情况下，再看你怎么做的，看关键行为中是否表现出你有素质"。有结果才有素质，有素质不一定有结果。

第五是企业传承机制。家的特色之一是世代传承，代际之间是一代带一代，同代中间是哥姐带弟妹。传统家族企业的企业传承主要是传承资产所有权、经营权，子孙有经营素质或企业规模较小时问题不大，日本企业长寿公司较多，是因为其中多数不是上市公司，规模较小，以及处于服装、传统食品、商店、手工艺、木工等传统产业，稍大规模的要通过入赘女婿来顶门户。中国现代企业现在基本处于二代接班的阶段，传到三代的还很少。企业传承除了所有权和经营权，更重要的可能是经营理念、文化，以及品牌商标的传承。企业到底是追求做大，还是做久；是专注实业，还是投资；是产业报国，还是介入政治；是量力而为，还是机会导向，是尊重传统，还是崇尚创新；等等。第一代创始人自然希望提倡第二代、第三代认同企业的价值观、伦理观，并通过师傅带徒弟的导师制，英雄人物和故事等形式，把企业文化、伦理经营模式和技术资产等，一棒接一棒地传承下去。

第四节　从"做人"看企业伦理

一、做人与做事

中国人世俗性强，宗教性弱；强调以人为本，而不是以神为本。个人讲究修身养性，家庭讲究礼仪道德，总而言之是强调"做人"。笔者曾在课堂上问学生，大家赞成"先做人，后做事"，还是赞成"先做事，后做人"？绝大多数回答"先做人，后做事"。我们与人交往，会先看这人如何做人，我们在企业用干部，也是先看做人。但是，世界并不因为我们这么强调做人，而变得多么美好。我们强调学会做人，是指懂得商业道德、企业伦理，提高自己的技能，结果很多人理解成学会做内部公关，和领导拉关系，而不去做事。我们强调做人，而忘掉做事的人，甚至干扰和损害做事的人的利益。

按照逻辑分析法，把"先做人，后做事"和"先做事，后做人"用在企业管理未免太简单。现实中的管理要比这种两分法复杂得多。通过考察，企业员工行为至少有以下五种情况：

（1）只做事，不做人。

（2）先做事，后做人。

（3）边做事，边做人。

（4）先做人，后做事。

（5）只做人，不做事。

这样多层次区分的话，会比较容易包容，也容易产生落地的政策。你有自己的选择，其实可能是你的排序。不仅是对自己的要求，也是根据不同人采取的不同管理措施。比如，10～20岁的人或者新员工只做事，不做人是可以的；20～30岁的人或者骨干员工，可以先做事，后做人；30～40岁的人或基层干部，应该边做事，边做人；40～60岁的人或中高层干部，适合先做人，后做事；到了60～80岁或者高层领导、老板的位置，只做人，不做事也是可以理解的。不插手日常业务，只做好思想引导就足够了。

其实，除上面五种之外，还有既不做事，也不做人的第六种人，对他们不必生气，他们本来就不是企业的同路人，通过制度把他们剔除出企业就行了。

二、为什么企业会存在"59岁现象"

"59岁现象"是指企业领导60岁退休之前的一种比较普遍的犯法犯罪现象，

其中包括一些有本事的、为企业创造了巨大效益的知名企业家。我们认为这里面有分配机制的问题。尤其是国企、央企，能做到这个位置，一定有些能力，但他们不是圣人。干了一辈子，临到退休总会多想一些退休之后的事，他知道在位不在位的巨大差距，因而可能有失落、不公平和恐惧。在位时一年有巨额的职务消费，一退休就只剩几千块钱了，于是他可能会想方设法弄钱。在位时前呼后拥，退休后人走茶凉，于是他会千方百计安排自己的人进入单位。

国企领导的工资待遇制度，主要是比照政府官员行政级别，而非按照责任结果制定，而某些企业面对的市场竞争程度、责任压力差别巨大，不像政府部门那样人物相似、责任均一，因而这种比照行政级别的制度容易产生平均主义。另外，2014 年 8 月 29 日中央审议通过的《中央管理企业负责人薪酬制度改革方案》，将央企负责人薪酬调整为基本年薪、绩效年薪、任期激励收入三部分，且明确央企负责人薪酬不超过央企职工平均工资的 8 倍。这个薪酬改革方案虽然针对央企负责人，但国企同期也跟着改了。新的薪酬制度推行之后，高管尤其是央企高管的薪酬大幅度下降，正职年薪一般在 40 万 ~ 60 万元之间，和国外同等规模公司领导动辄几百万元、几千万元甚至几亿元十几亿元的年薪是天壤之别。一些完全市场竞争化、国际化的国企，一些非常职业化的业务部门提供的中层薪酬，和市场上、国际上同样岗位基本没有竞争力，很难留住人才。因而世间把央企、国企比喻成民企、外企的“黄埔军校”。并不是每个人都会离开央企、国企“下海”，也不并不是每个人都为钱而来，但是，“59 岁现象”的普遍化，不能都归为个人素质和党性觉悟问题，而应该从机制上寻找原因。

如果把企业当成一座庙，这个收入分配机制会造成“富庙穷方丈”，庙里香火旺，且他能耐也很大，但他禅房里穷得一塌糊涂，他就可能琢磨着往禅房搬个金香炉、多收点钱之类的，富庙穷方丈最容易犯错误。如果是穷庙穷方丈，香火钱很少，犯错误也犯不到哪儿去，心态可能还容易平静一些。

退休之前权力挺大，功劳不小，在分配机制一时改不了、监察机制又差的情况下，心里一急就突破了自己常年坚守的做人底线和法律底线，褚时健等人的案件即是如此。

三、没逻辑就没有伦理

笔者在这里其实是在讲伦理的逻辑：不管多有能耐的领导，到 59 岁的人生转变关头，观念可能会变的；不管多真实的爱情，在外力诱惑面前，有可能会变得廉价；不管多深厚的亲情，总有被消耗甚至耗尽的时候。从形式逻辑说就是，大前提、小前提、结论的关系。大前提不变，小提前变了，结论就会变。或者用统计模型说，自变量不变，中介变量或调节变量变了，因变量也就变了。

本书的书名之所以选用"伦理的逻辑"，是因为笔者认为，企业伦理不仅是几句口号、几个理念。大前提定了，还要有一个符合逻辑的机制做小前提，在正确的推理之下，才能得到合理的结论，否则就可能是空对空的道德说教，几千年不会变化，自然也不会进步。

从逻辑的角度研究伦理，和我们传统的伦理思路和方法有很大不同。不过，逻辑学和逻辑方法不是国人的创造，是西方"舶来品"。国人思考和讨论问题的时候，不大习惯讲逻辑，连最基本的形式逻辑也不擅长，国学经典有以下几个特点：①伦多，理少；②警句多，论理少；③内容多，形式少；④一因一果多，分析推理少。

国学经典中主要有以下三类道理：

第一类是和人生阶段相联系的道理。这些道理一般比较准确，因为和经验相关以及年龄相关。比如《论语》中说"君子有三戒：少时血气未定，戒色；壮时血气方刚，戒斗；老时血气已衰，戒得""吾十有五，而志于学。三十而立。四十而不惑。五十而知天命。六十而耳顺。七十而从心所欲，不逾矩"等。

第二类是与道德才能相关的道理。这些道理中包含价值观的问题，所以仁者见仁，智者见智。比如《论语》说："君子喻于义，小人喻于利；君子怀德，小人怀土；君子怀刑，小人怀惠；君子坦荡荡，小人长戚戚；君子求诸己，小人求诸人。"《孟子》说："为富不仁，为仁不富。"

第三类是跟因果相关的道理。因果问题按道理应该进行逻辑分析，但一般采用一因一果的语句，一般人从表面字义看很容易误解，需要悟性。用逻辑的说法就是需要加小前提。比如《大学》里讲："君子先慎乎德，有德此有人，有人此有土，有土此有财，有财此有用""财聚而民散，财散则民聚"。《中庸》里讲："凡事豫则立，不豫则废。言前定则不跲，事前定则不困，行前定则不疚，道前定则不穷""唯天下至诚，为能尽其性。能尽其性，则能尽人之性。能尽人之性，则能尽物之性。能尽物之性，则可以赞天地之化育。可以赞天地之化育，则可以与天地参矣"。《论语》里讲："名不正，则言不顺；言不顺，则事不成；事不成，则礼乐不兴；礼乐不兴，则刑罚不中""上好礼，则民莫敢不敬。上好义，则民莫敢不服。上好信，则民莫敢不用情""其身正，不令而行；其不正，虽令不从"。

先慎乎德，唯天下至诚，上好礼，上好义，上好信，其身正，皆是以君子的道德伦理为先的，有道德伦理之因，则有人，有物，有财，有事成之果。而且三个经典中的话语方式，皆是一因一果的。这种话语方式，基本始于《道德经》的"道生一、一生二、二生三、三生万物"。但后人没有特别从形式逻辑上明确其中的因果关系。

其实，这些一因一果的结论，和"道生一、一生二、二生三、三生万物"一样，从逻辑上来讲，都是"不一定"的结论：有德不一定有人；财聚不一定民散，财散也不一定民聚；上好礼，民不一定敬不敬；其身正，不一定令行；以身作则，下属不一定追随。应该还有别的原因，否则思考就不是一个框架，管理就不是一个体系。一必须在特定条件下才能生二，二必须在特定条件下生三，三也必须在特定条件下才能生万物。按照数学公式就是：$0+1=1$，$1+1=2$，$1+2=3$，$9997+3=10000$。有 1 和 1 两个数，特定条件是加（+），才等于 2。如果是减（-），就等于 0 了。思考伦理问题，我们也需要从原始朴素思维，进到逻辑思维，再进到数学思维。这在企业管理中更是如此——经营企业核心是算账，不是算人；核心是效益核算，不是道德教化；核心是做事流程，而不是人际关系。

四、"杨杜第一定律"与"杨杜第二定律"

本书研究伦理的逻辑，对传统国学经典中所讲的这些道理，笔者有自己的想法。笔者比较赞成来自数约（SKY – DATA）《双盲实验：让有意无意的骗子现形》这篇文章的观点，文中讲道："事实上诉诸传统（appeal to tradition）是一种典型逻辑错误。因为人们以此为传统，与它本身的正确与否无关，悠久的历史不代表正确，而可能只是被某种原因阻隔了发现自身错误的可能，'地心说'延续了上千年，只是因为人们意识不到地球的公转而已。中医流传千年，是因为古代医学水平不发达，科学思想没有萌芽，人们被中医理论的不可证伪性以及中医实践的假治效果给误导了，一直没能跳出错觉而已。"同理，传统国学伦理观点可能是把某些"相继发生的现象，当成了因果关系"，是没有经过现代科学方法验证的结论。所谓的科学方法，即大样本随机双盲三组实验方法。

为此，笔者提出过"杨杜第一定律"：现实中没有一个结果是由一个原因所引起的。

比如，柳下惠为什么坐怀不乱？可能有三个原因；愚公移山为什么成功了？可能有五个原因，而其中最重要的原因是那位偶然路过的神仙；大禹治水为什么三过家门而不入？也可以提出八个原因。柳下惠不仅是正人君子，愚公不仅是坚持，大禹也不仅是公而忘私。本书认为，一个结果必有三类原因：必是多个因而非单个因；必有不确定因而非确定因；必有未知因而不会知道全部因。这样逻辑地思考，我们就可以跳出仅仅归因到人的道德和品格的故事教化，开拓思路，打开"脑洞"，锻炼解决问题的能力。

俗话说，一分汗水一分收获，这是一种美好愿望。笔者做过农民，有过灾荒年份流尽了汗水年底却颗粒无收的经历。俗话又说，好人必有好报，这只是一种信念。好人不好定义，好报难以衡量，报与不报和时间长短又有关系，不见得现世报，来世报也可以。如果按照科学实验方法，我们可能需要随机找到大样本的农民兄弟，分成不流汗组、相信流汗组和流汗组，做跟踪几年的对照实验分析，才能得出概率性的结论。同样，对于"财散则民聚"这个和企业分配机制密切相关的观点，也需要分成不财散组、相信财散组和散财组，做大样本随机双盲三组实验研究，才能验证古代哲人的观点对错。

《双盲实验》这篇文章说，著名的无神论者、英国皇家科学院院士、牛津大学教授道金斯认为，最能提高每个人认知能力的科学概念就是"双盲对照试验"。道金斯说，如果所有学校都教其学生如何去做"双盲对照试验"，我们的认知方法和能力将会在以下方面得到提高：

（1）我们会学会不从零星轶闻中去归纳普遍化结论；

（2）我们会学会怎样评估一个貌似很重要的结果其实可能只是偶然发生的可能性；

（3）我们会学会排除主观偏见是件多么极端困难的事，知道有主观偏见并不意味着不忠实或不公正，对于打消人们对权威和个人观点的崇拜能起到积极的作用；

（4）我们会学会不再受骗于顺势疗法和其他假冒医生的江湖骗子，让他们失业；

（5）我们会学会更广泛地使用批判性和怀疑的思维习惯，这不仅会提高我们的认知能力，说不定能拯救世界。

做研究如此，但企业经营不是为了得出普遍结论，而是为了实现切实业绩。于是，笔者提出了"杨杜第二定律"：有原因不一定有结果，有结果一定有原因。

要想管理有效率，应该把"因果关系"变成"果因关系"，员工行为才容易管理。绝不让雷锋吃亏，就是"果因关系"，你首先做了雷锋，有了贡献结果，企业一定给你回报，才认为你一定有做雷锋的原因——不管是什么原因，是因为"傻"还是品德好，只要做了雷锋行为，就形成正面记录。

这些道理在华为公司是怎么运用的呢？比如华为公司提倡正向考绩、逆向考事的原则。也就是抓住关键事件考事，对每一件错误要逆向去查，找出根本原因以改进，并发现优秀干部。又如，公司的制度有漏洞，但当时的主管没有钻这个空子，为什么不能在干部诚信问题上为他记录一笔呢？他不钻空子证明他是好的，这就是关键事件过程行为考核。虚假报销的人，那他关键事件过程行为考核就是负的。没有钻财务上的空子的人，不管是"笨"还是品德好，都要形成正面记录。对业绩结果要明确准确，对原因分析只抓根本原因的，不必太细。

因此，如果讲企业伦理时，我们汲取中国伦理思想的精华，再加上西方伦理方法的科学思考，则会把伦理管理手段设计和运用得更有效一些。

|第十章|

财富与伦理

第一节　Q型与F型财富伦理观

一、事业心与孝心

追求卓越科技有限公司总经理孟总今年 40 岁，孔子曰人生三十而立，四十不惑，可孟总偏偏到四十岁遇到了新的困惑。

家里父母 60 多岁了，最近抱怨很多，说来让人奇怪，其中最主要的是嫌孟总公司办得太好。年营业额接近 30 亿元，而且每年还在快速增长，利润率比同行高，公司员工人数差不多每年翻番地增加，已经成为当地小有名气的公司了。孟总个人也有了几亿元的财产。父母看到儿女办成了这么大一个公司，刚开始很高兴，后来就总担心会出什么事，莫名其妙地整天提心吊胆，近来还连续生了几场病。

一些亲戚说的话就比较直白了："钱是挣不完的，别钻到钱眼里去了，回家多陪陪老人尽尽孝心吧！"孟总被说得不好意思，可又没法辩白，每天工作很忙，没有多少时间常回家看看，再说现在拼命工作和以前不一样了，以前是为自己赚钱，现在是为别人赚钱。因为现在赚多少钱和自己的生活享受已经没有多大关系，可公司里那么多员工等着，客户那里有那么多设备运行着，竞争对手还在那盯着，公司还有不少负债，怎么能撒得了手呢？

十年前，现在的孟总当时还是一个国有大型科研所的一名工程师，所里人才济济，可研究出来的科研成果总是转换不成商品，每年花了国家不少的科研经费，都变成了所里的样品和杂志上的论文，尽管大家靠这些填补国内空白的成果高兴了一番，也没有耽误评职称，可总是觉得花了钱没给国家挣钱心里不舒服。想来觉悟还挺高，实际上也还有别的理由——在所里干收入太少。眼看着毕业后去外资公司和独立办企业的同学们的腰包慢慢鼓起来，和大家见面总不是滋味，心一横就出来创业了。

孟总创业还不是单打独斗，而是和妻子商量好了一起办公司，就是人们所谓的"夫妻店"，不过还真不能小瞧孟总的公司，因为夫妇俩都是电子学研究生毕业，手头还有几项专利，开始就是个形象不错、档次不低的高科技公司，夫妇一起创业的决心下得也是不容易，真有点破釜沉舟，不成功便成仁的准备，公司名字叫作"追求卓越科技有限公司"，也能反映出他们的宏伟志向。一靠技术、二靠诚信、三靠执着，也有些机遇被他们抓住了，短短十年公司就发展成气候了，可不曾想到的问题摆在了面前。

刚开始创业办公司，父母都很支持，孟总夫妇一连多少天吃住在公司开发产品，父母还帮忙带孩子。现在条件好了，公司大了，父母反而不支持了。作为一家民营公司，孟总在商海里摸爬滚打十年，经营管理包括技术的事情基本没什么拦得住的了，可孝心较重的他，还真不知道怎样才能解决这家里的难题。

如果是你遇到这种情况：①你该怎样向父母解释这些企业情况，让父母安下心来？②父母和亲戚们的想法代表了一种什么社会观念？你怎样看待和处理？③企业家的事业心和孝心关系该如何处理？

二、爱财与厌富

企业是个经济组织，以盈利为主要目的，因而财富伦理观念对于企业人和企业组织至关重要。表 10 – 1 描述了与财富伦理相关的两种观念体系。

表 10 – 1　与财富伦理相关的两种观念体系

观念	Q 型观念体系	分数	F 型观念体系	分数
1	贪财为万恶之源		贫穷乃万恶之本	
2	我对钱不感兴趣		金钱就是力量	
3	我是一个穷人		我是一个富人	
4	我为钱而工作		钱为我而工作	
5	工作是为了吃好饭		吃好饭是为了工作	

续表

观念	Q 型观念体系	分数	F 型观念体系	分数
6	钱够用就行了		钱越多越好	
7	我赞成按劳分配		我不希望按劳分配	
8	稳定的工作才是一切		不断地学习才是一切	
9	我买不起房子		我怎样才能买得起房子	
10	重要的是好成绩、好简历和考取多个资格证书		重要的是有一份优秀的事业规划和财务计划	
11	富人应多纳税去帮助不幸的人		税收是奖懒罚勤	
12	努力学习才能去一个好公司工作		努力学习以便有能力开办公司	
13	我不富的原因是因为我孩子太多		我必须富的原因是因为我有孩子	
14	挣钱的时候要小心，别去冒险		要学会管理风险	
15	尽量别借债		能借债就借债	
16	欠款要争取期初付账		欠款要尽量在期末付账	
17	关心政府的加薪退休政策、医疗补助、病假以及其他额外津贴		关心自己的经济独立，其他收入	
18	努力存钱		不断投资	

对待财富，人们有不同的观念或观念体系，请各位读者就上述 18 类观念体系给自己打一个分数，打分时绝对一点，只选其一，赞成 Q 就给 Q1 分，赞成 F 就给 F1 分，加起来看看 Q 型和 F 型各得几分。如果 Q 型得分超过 F 型，就是"穷爸爸"的观念；如果 F 型得分超过 Q 型，则是"富爸爸"的观念。简单结论就是，Q 型的你会过得比较穷，F 型的你会过得比较富。表 10 - 1 中的内容基本是曾经流行一时的《穷爸爸，富爸爸》一书中关于人们对待财富的不同观念。笔者所做的调研显示，经营企业而且有一定财富的老板和管理者确实大多属于F 型。

财富伦理观念也无所谓对错，但它可能会影响你的行为，从而影响你的财富人生。反过来说，你对自己的人生财富结果是否认可，对自己的决策行为是否认可，经常会用一种理念来合理化，也就是用观念来说服自己。实在说服不了，你可能会认命，如果不认命，你还可能会责备自己或迁怒于他人和社会。在某个人生的阶段，你所坚守的财富伦理观念可能在 Q 型和 F 型之间有一定的摆动，这涉及一个人的人生观、价值观、职业观以及财富多少的影响。年轻时可能会愿意多闯一闯，年龄大了可能风险意识会强一些，尽量做低风险投资。

三、钱乃身外之物

世人常说，钱乃身外之物，生不带来，死不带去。但是，做企业管理，你创造的财富，包括你的商品、服务、技术或者资产等，都是身外之物，你不重视这些似乎不对。成功的企业人，不会把钱当成身外之物加以贬低，也不会像佛学那样提倡"戒贪"、禁欲，但他们又不是完全没有原则、没有目的地去追求钱财。

是把钱财这种身外之物当成一种罪恶或者负担？还是当成自己事业和人生成功的标志？伦理观念是不一样的。站在企业管理的立场，笔者认为：

首先，成功企业人的人生不仅是你挣了多少钱，更是你管理了多少钱。这个钱数是你事业成功的重要标准之一。做企业有一个非常重要的概念是现金流，这不是赚了多少利润，而是管理运作了多少资金。运作、支配、控制的现金流多，是能力和成功的标志之一。比如，有人一天花 30 块钱，一个月才花 1000 块钱，这样能做多大的事？有人可能一年运作几亿元、几十亿元甚至成百上千亿元，这能做很多大事情。

其次，成功企业人的人生不仅是你挣了多少钱，更是你留下了多少钱。正因为钱生不带来，死不带去，留下的财富越多反而越好。来的时候一丝不挂，走的时候弄个草席卷走，这样的人生难道不遗憾？做企业，就是要为社会创造财富，不管这个财富将来留给国家，留给社会，还是留给后代，都是人生贡献，留一身债务就是给后人找麻烦。

用企业伦理的观点思考"钱乃身外之物"，就不能那么机械、简单。生而贫穷不是过错，死而贫穷才是遗憾。正因为钱乃身外之物，所以才要多挣、多管、多留。

最后，成功企业人的人生不仅要看你有多少身外之物，更要看你有多少身内之物。持续成功的企业人，在积攒和管理财富的同时，更是在积攒和管理自己的知识和能力——身内之物。身外之物和身内之物是个辩证关系，要想持续地多挣、多管、多留身外之物，就需要不断地保持和增加有效管控身外之物的知识和能力，这是管理钱财的基础。

钱乃身外之物，核心是讲人的金钱观，并且有贬低金钱的意思。本书将在第二节分析古人有关财富的观念时详细展开笔者的观点。作为管理学者，笔者更想强调的不是金钱的观念，而是金钱的管理。国家要建设全面小康社会，实现全面脱贫，企业要不断提升员工收入，奋斗致富，就要学习管理金钱、运作资本的知识。在本章第四节我们将详细讨论才与财、财商与财富的关系。

从身外之物到身内之物，中间有多种形态。一端是金钱，中间有权力、知识、能力，另一端是幸福快乐。在人们的观念中，对金钱和权力相对警觉——比如"钱乃身外之物""权乃双刃之剑"，对知识和能力比较推崇——比如"知识就是力量""技不压身"，对幸福快乐则推崇备至。

劳动创造了价值，企业获得利润，员工获得工资，这都是金钱形态。管理者在企业干部岗位，有权力有地位同时要负相应责任。员工通过劳动一边为企业创造价值，一边学习和增长了自己的知识和能力。如果做的是自己喜欢的工作，你会获得工作的快乐，如果你完成了工作，你会获得成就的幸福感。因此，身外之物和身内之物各有各的价值。

有的东西离你很远，有的东西离你近些，有的东西就是你自身或者是不可分离的。身内之物通过身外之物感知和获得，身外之物可做身内之物的标准和尺度。这是一个辩证依存的关系。

第二节　看待财富的七个视角

一、财富的定义

在《现代汉语词典》中，财富指具有价值的东西。那价值是什么呢？这就更麻烦了，因为价值概念比财富概念更复杂，用复杂解释简单可是自寻烦恼。先看一下财富的反义词。财富不是形容词，因而没有完全对立的反义词，但可以用贫穷、穷困等来代替。如果把财富看成利益，这又和前面所讨论的义利观有了关系，那里的"利"即主要指的是财富，但"义"也不是"利"即不是财富的反义词。再看近义词。除了价值，还可以找到很多近似财富的概念，比如资本、资产、资金、利润、价值、现金等；说到有价值的东西，具体的财富则有土地、房产、收藏、汽车、珠宝、黄金等；说到可以类比的财富，可能有健康、美貌、名誉、权力、关系、知识等。

因此，既然现在社会对财富的看法已经到了这么复杂化和科学化的阶段，如果还仅仅在"财富贫穷"这个层次讨论分析，就又陷入了原始"义利观"的无聊之辨。因此，我们要做财富伦理的深层次分析。

先来说财富观。如果财富是指有价值的东西，那么财富观也就是价值观。不同学科和职业对财富有着不同的观念。比如史学家司马迁在《史记·太史公自序》中说："布衣匹夫之人，不害於政，不妨百姓，取与以时而息财富。"他的观念可能接近道家，比如王充在《论衡·命录篇》说，太史公曰："富贵不违贫贱，贫贱不违富贵，是谓从富贵为贫贱，从贫贱为富贵也。夫富贵不欲为贫贱，贫贱自至；贫贱不求为富贵，富贵自得也。春夏因死，秋冬旺相，非能为之也，自朝出而暮入，非求之也，天道自然。"文人丁玲在《过年》一文中说："妈只希望她书读得好，有学问，是比有一切财富都值得骄傲的。"佛家则在《华严经·离世间品》说："所谓不著味，不著欲，不著财富，不著眷属。"毛泽东在《论联合政府》中说："一切知识分子，只要是在为人民服务的工作中著有成绩的，应受到尊重，把他们看作国家和社会的宝贵的财富。"《华为公司基本法》第二条写道："认真负责和管理有效的员工是华为最大的财富。"很多企业直接就提倡"员工是企业的最大财富"。这里面就涵盖了不求财富、不重财富、不著财富、有成绩的人是财富以及人就是财富等各种财富观。

当然，社会上还有"厌富""仇富""均富""劫富""杀富"等观念，不一而足。

上述只是简单罗列一个"财富"的概念，就会发现，仅仅"财富"二字，就有赞的、厌的、不在乎的"正、负、零"三大类观念，褒贬不一。再到具体财富和类比财富，那更是错综复杂。

说到具体的财富，比如土地、房产、收藏、汽车、珠宝、黄金等，也能体现人的不同财富观。有人喜欢房产，有人喜欢收藏，有人喜欢珠宝，有人喜欢黄金，有人喜欢名表汽车，有人喜欢圈地造园。

说到类比的财富，比如健康、美貌、名誉、权力、关系和知识等，人们的观念更是五花八门，更难取得什么共识。

倒是企业管理常用的资本、资产、资金、利润、价值、现金等财务术语，有着比较科学和明确的界定。

只停留在"财富"或者"贫穷"的概念上，有人就可能产生一种情绪，而一到具体的财富，或者财务意义上的财富，人的情绪就会平静不少。这是因为"贫富"是一种政治概念，谁都可以上来说两句，评论甚至批判几句。讨论具体的财富和财务意义上的财富需要专业知识，需要理性。笔者不是搞政治的，虽然本书在此讨论财富伦理观，但不建议停留在贫富层次上，而要更深入一两个层次思考财富伦理问题，才于事有益。

二、古人有关财富的四种观念

中国人自古以来关于财富有非常多的"警句"在民间广泛流传，潜移默化地影响着家庭、学校、邻里、社会。笔者参考了《增广贤文》等书籍，总结了古人关于财富的四种基本观念。

1. 财富次要观

此观念不把财富排在第一，而是排在其他要素后面，讲的是财富重要，但不是第一重要，因而称作财富次要观。列举 9 句典型"警句"如下：

（1）一寸光阴一寸金，寸金难买寸光阴。

（2）许人一物，千金不移。

（3）积钱积谷不如积德。

（4）黄金未为贵，安乐值钱多。

（5）不求金玉重重贵，但愿儿孙个个贤。

（6）积金千两，不如明解经书。

（7）读书须用意，一字值千金。

（8）美酒酿成缘好客，黄金散尽为收书。

（9）钱财如粪土，仁义值千金。

前五句讲的是光阴第一、诚信第一、德行第一、安乐第一、儿孙第一、财富其次。"一寸光阴一寸金，寸金难买寸光阴"，可能是人人从孩童时代都被教育过的一句话。时间就是金钱，时间比黄金更值钱。光阴在西方清教徒那里，更是极其重要。韦伯认为清教徒把虚掷光阴看作万恶之首，"而且在原则上乃是最不可饶恕的罪孽。……社交活动，无聊闲谈，耽于享乐，甚至超过了对健康来说是必不可少之时辰（至多6~8小时）的睡眠，凡此种种皆位于应遭受道德谴责之列。"这和我们以人为本原则下所讲的"万恶淫为首，百善孝为先"不一样。

"许人一物，千金不移"，则强调诚信的重要性，不要轻易承诺，但承诺了就不要毁约失信。与此相近的是"积钱积谷不如积德"，则讲的是投资于德行的重要性，换句话说就是伦理是一种资本。"黄金未为贵，安乐值钱多"，则认为精神文明比物质文明重要，钱多不如幸福，高薪不如高兴。有人总是怀念过去虽然不太富足但单纯快乐的时光，就是因为这种观念。"不求金玉重重贵，但愿儿孙个个贤"，比较了财富和子孙的重要性，认为培养好了后代，可能财富就自然而来了。这符合《大学》所说："君子先慎乎德。有德此有人，有人此有土，有土此有财"的逻辑。

第六到第八句讲的都是知识第一，财富第二。财富重要但是财富不如知识重要，"积金千两，不如明解经书"，"读书须用意，一字值千金""美酒酿成缘好客，黄金散尽为收书"，认真弄懂里面有价值的道理。瓦尔堡放弃继承权建立著名的瓦尔堡图书馆之事，即是瓦尔堡认为，知识财富比物质财富重要的理念，当然，没有弟弟答应给予的财力支撑，他也得不到那么多知识财富，这是相得益彰的事。许多优秀企业重视员工培训，和买书一样，是重视金钱知识化，花钱让干部员工去攻读 MBA、EMBA，把金钱变为知识，这是有传统的。中国人历来特别重视教育，对知识和教师都非常敬重，改革开放后能持续快速成长，和明白了知识特别是现代技术知识的重要性、大批培养各方面人才有很大关系。当然，也要注意知识价值化，不要做一个满腹经纶但不能为企业创造价值的人，也不要做一个知书达理但是生活贫穷的人。有钱去读书，财富变知识，知识要有用，再变成更大的财富，也就是实现财富和知识之间的良性循环。

比较极端的观念是第九句，"钱财如粪土，仁义值千金"。重视仁义的仁人志士甚至会做到"士为知己者死"，命都可以不要，当然会认为钱财如粪土了。不过，笔者认为，企业人重视仁义可以，但不要把钱财看成粪土，更何况粪土也是宝，用好可肥田——钱多了可以捐出去做公益慈善。

2. 财富重要观

此类观念非常重视财富的地位，弘扬财富的作用，列举 10 句典型"警句"如下：

（1）人为财死，鸟为食亡。

（2）人穷志短，马瘦毛长。

（3）富人思来年，穷人思眼前。

（4）人贫不语，水平不流。

（5）有钱道真语，无钱语不真，不信但看宴中酒，杯杯先劝有钱人。

（6）马行无力皆因瘦，人不风流只为贫。

（7）礼仪生于富足，盗贼出于贫穷。

（8）贫居闹市无人问，富在深山有远亲。

（9）贫无达士将金赠，病有高人说药方。

（10）八字衙门向南开，有理无钱莫进来。

第一句"人为财死，鸟为食亡"，此话极端一些，但有人就是如此这般地追求财富的。第二到第十句都是在强调金钱财富的作用。你可能不大赞成"人穷志短，马瘦毛长"和"富人思来年，穷人思眼前"的说法，但不少人的志向确实受贫穷影响。钱少就先一步步来，钱多就可以投个大项目，争取做行业第一，世界第一。财富多少和志短志长的关系是相对而言的，就统计来说的，不排除特例。网络上有人自嘲说："贫穷限制了我们的想象力"。"人贫不语，水平不流"，这个比喻有意思。可能是教导人们人贫就少说多干，没有资源就当不好领导，没钱买单就请不到客人，没有业绩说话也就没人听。"马行无力皆因瘦，人不风流只为贫。"穷人很难风流潇洒，贫困县总不能厚着脸皮说越穷越光荣；做企业想撑起腰杆来，就要保证自己足够的盈利，纳税多才在政府和社会上有地位。"礼仪生于富足，盗贼出于贫穷"，则把两者之间的基本关系说清楚了，尽管有人讽刺暴发户是"富而不贵"，但先富后贵应该是常理，有了富足才能逐渐修养礼仪，穷人由于条件所限，可能就要降低礼仪要求，先行考虑吃喝问题了。比如着装礼仪，以前贫穷之时，一年四季也就那么一两身衣服，连双皮鞋都没有，就不可能在不同的场合、面对不同客人，西装革履燕尾服、唐装汉服大品牌地履行各种礼仪。礼仪不仅需要钱，还需要知识和时间。

"贫居闹市无人问，富在深山有远亲"，人穷了住在闹市也没人愿意理，人富了住得再偏远也会有人去登门拜访。你别抱怨人家只是看上了你的钱，你这是对人有价值。有钱别人会千方百计巴结你，没钱就可能没人理甚至遭白眼了。而"八字衙门向南开，有理无钱莫进来"，讲的是旧社会的某些衙门讲钱不讲理，吃了原告吃被告的腐败行为。不过，官府也是需要钱的。"有钱道真语，无钱语不真，不信但看宴中酒，杯杯先劝有钱人"，讲的是人际交往中金钱利益是重要纽带，跟着钱走，跟着出钱有钱之人走，就容易排好甲乙方，就容易找到真相。光喝酒说空话，不付货款，就没人相信你。

3. 财富追求观

如果说财富次要观和财富重要观是价值观，那么，这里的财富追求观和下面的财富在天观可以是方法论。财富追求观强调的是发财要尽人力，要艰苦奋斗，要有商才。在此有 9 句"警句"：

（1）三十不豪，四十不富，五十将近寻死路。

（2）欲求生富贵，须下死功夫。

（3）人老心不老，人穷志不穷。

（4）人亲财不亲，财利要分清。

（5）人情送匹马，买卖不饶针。

（6）富从升合起，贫因不算来。

（7）吃不穷，穿不穷，算计不到就受穷。

（8）闹里有钱，静处安身。

（9）君子爱财，取之有道。

"三十不豪，四十不富，五十将近寻死路"，一句话描绘了一个人的财富一生，有点"少壮不努力，老大徒伤悲"的意思。二三十岁不玩命干，没有成家立业能力和劲头是不行的，到四十岁左右还没能积累一定的财富，体力、精力都会有问题，接近五十岁大概就没有翻身的机会了。"欲求生富贵，须下死功夫"，更是说财富是靠努力奋斗得来的，求富贵不容易，人要下死功夫，卖大力气，吃得苦中苦，方为人上人。游手好闲之人，就算烧香拜佛祷告算命，也没谁能帮其大富大贵。

"人老心不老，人穷志不穷"，和前面的"人穷志短"观念正好相反，讲的是决心和志向可以弥补年龄和家境的不足，照样可以致富。改革开放以后，有的企业家已经到了不惑甚至知天命之年，白手起家，抓住机会，奋勇拼搏，成就了一番大事业。

"人亲财不亲，财利要分清。"人之间有亲情，但是一涉及钱财的时候就一定要搞清楚，要算财务账。这就是我们经常讲的"亲兄弟，明算账"，公是公，私是私，一码归一码。但有的时候很难分清，所以有人给自己定原则，不和朋友有生意上的往来。如果借给朋友钱就当是白送的，不要指望还回来。"人情送匹马，买卖不饶针"是说如果是做人情，那送匹马也没有问题。但是做生意的话，一根针也要算清楚，强调的是公私分开，做人和经商分开的方法。

"富从升合起，贫因不算来"，和"吃不穷，穿不穷，算计不到就受穷"同样的意思。"升"和"合"是计量东西重量和容积的单位，不是缺斤短两，而是强调会计算的商才，看你在内会不会持家，在企业会不会管理。用现代会计准则来经营企业就是要经过科学的计算、合理的投资才能赚钱盈利，挥霍浪费和靠碰运气是不行的。

"闹里有钱，静处安身"，则讲的是选址方法。开店做生意要在繁华闹市，只有游人如织，顾客临门才会有钱可赚，不能怕吵闹。即使开个网店，客户搜索时也要容易找到你才行。但住宅要选在僻静之隅，能休息得好。国内外富人好像一样，工作跑城里，住处跑山里。

人们最熟悉的应该是最后一句"君子爱财，取之有道"。君子也喜爱钱财，但要讲究商道，财富要从合法、正当的途径得来。

4. 财富在天观

和要努力劳动、奋力争取的财富追求观不同，财富在天观和富贵在天一样，认为财富是命中注定的，有一定的消极和禁欲成分。在此有6句俗语：

（1）生死有命，富贵在天。

（2）富贵定要依本分，贫穷不必再思量。

（3）君子安贫，达人知命。

（4）欲多伤神，财多累心。

（5）求财恨不多，财多反害己。

（6）贫穷自在，富贵多忧。

"生死有命，富贵在天"，"富贵定要依本分，贫穷不必再思量"，劝的是人要了解贫富的规律，有些东西是命中注定的，要量力而行，要认命不要太玩命去追。"君子安贫，达人知命"是要人调整心态，劝慰人清心寡欲，不急不躁。

"欲多伤神，财多累心"，说的是欲望多了就会损伤精神，钱财多了要保护要运用也会劳心忧心。不仅如此，"求财恨不多，财多反害己"，更是强调钱太多的坏处。贫穷难捱，恨不得一夜暴富，遇上拆迁，还真发了横财，殊不知财多的超过自己把握钱财的能力时，有人反而沾染上了赌博、吸毒的恶习，反而是害己一生。

"贫穷自在，富贵多忧"，似乎有懒惰之嫌，也有体谅富贵不易的意思。可能在宣扬人生不仅是财富地位，还有更广泛的精神文明。穷有穷的乐子，富有富的乐趣；穷有穷的忧愁，富有富的烦恼。

上述四种财富观，同样是对待财富，有轻视的，有重视的，有积极的，有消极的，来自于悠久历史中，人们不同体验、不同追求的总结，各有其理甚至相互矛盾，反映了中国人的财富观念的多元化和实用主义。你认同哪种观念，受财富教育、生活体验的影响，要靠自己的立场进行选择。

其实，在西方国家，在不同的文化或宗教之间，甚至在相同宗教的不同教派之间，人们对财富的观念也是不同甚至矛盾的。在韦伯《新教伦理和资本主义精神》一书中，你会发现这一点——基督教中的天主教徒和新教徒对待财富的观念就有很大不同。如果理解了这一点，你就理解了为什么华侨在欧洲"白加黑""五加二"的勤劳工作受到较大的批评和指责，而在美国却不是这样。其中原因之一，就是欧洲天主教徒较多，美国新教徒较多。韦伯引用一位作家描述两个不同教派的人生观时说："天主教更为恬静，更少攫取欲；天主教徒宁愿过一辈子收入不高但尽可能安稳的生活，也不愿过有机会名利双收但惊心动魄、担当风险的生活。俗话说的有趣：'吃好睡好，两者择一'。用在这里，就是新教徒宁愿吃得舒服，天主教徒则乐意睡得安稳。"天主教徒认为华侨或华人礼拜日也不休息，是想多挣钱的贪欲所致，当然这也影响了他们的生意——周六周日买全了东西，周一开门的时候顾客就少了。另外，他们做生意主要是满足自己需求，而不是为了服务客户；周六周日必须陪家人，或者一起度假，而不是努力为家人多挣下些资产。韦伯在引用德国经济学家索姆巴特（Sombart）关于资本主义的起源时说，他把需要的满足和获利作为两大原则，前者的目的始终是获得满足个人需要的必需产品，而在后一种情况下则是努力获得不受需要限制的利润。前者是需求型，后者是获利型。

本章在开始所提到的孟总案例，就反映了这两种不同类型的矛盾。孟总的父母和亲友应该是需求型，孟总偏获利型，但似乎在需求型和获利型之间摇摆。这就是他到底是要成为现代企业家还是成为传统商人的一个选择题。我们身边会遇到不少这样正在做两难选择的企业经营者。

三、财富的 7 个视角及其 24 种细化

无论你对财富如何定义，只要把财富看作是一个管理的对象，就可以在财富前面加上动词，这就可以深入一个层次探讨财富。本书认为，人们有关财富至少有 7 个不同视角（见表 10 – 2）。

表 10 – 2　有关财富的 7 个视角

	视角	伦理观	代表性思想家
1	占有财富	共有	马克思
2	生产财富	勤劳	马克思 + 韦伯
3	分配财富	按劳	马克思
4	追求财富	天职	韦伯
5	消费财富	舒适	韦伯
6	交换财富	诚信	无名氏
7	评价财富	合理	无名氏

关于前面 6 个视角，卡尔·马克思和马克斯·韦伯这两位代表性思想家，都提出过他们的伦理观。其中卡尔·马克思更多地研究了占有财富也就是所有制，以及财富的分配问题也就是财富分配应是按劳分配，而不是由不劳动的资本家占有劳动果实：剩余价值。马克斯·韦伯则更关心只求财富和消费财富的问题，主要集中在对天职和禁欲的研究。但两人都同时关注创造财富的劳动要素和财富交换的市场要素。笔者在此追加提出财富的评价及其标准问题，因为在实际的企业管理中，这一点很重要。

财富是有价值的东西，就一定会成为人们关注的对象。但社会有分工，人心

亦不同，总体来说，企业是创造财富的，政府是分配财富的，客户是消费财富的，富人是占有财富的，商人是交换财富的，投资人是追求财富的，人人都是评价财富的。顺便说一句，军人是抢夺或保护财富的。人类社会的历史，就是一个无财富不成立的历史。

1. 占有财富

占有财富首先是要有财富，不能是以贫穷为荣，以成为贫困户和贫困县为荣。不患不均而患寡；不怕公有，不怕私有，就怕没有；不怕你少我多，不怕你多我少，就怕你我都少。在管理者来说，问题不在多少而在排序。笔者认为：财富的有无问题，高于财富的多少问题；财富的多少问题，高于财富的所有制问题；财富所有制问题，高于贫富差距问题。

改革开放以来，提出和坚持以经济建设为中心，就是因为邓小平理论抓住了人类社会发展的核心和本质，关注了财富有无和财富多少的根本问题，解决了社会主义首先就是要富起来的问题，而且是让一部分人先富起来，先富带后富，实现共同富裕。才有了 40 多年中国社会财富的迅速积累，人民生活的快速富裕。从而有了思考和解决所有制问题和贫富问题的基础。

先有再占，占是为了有。有了财富其次才考虑财富的归属，也就是财富的所有权问题。马克思认为资本主义私有制有问题，社会的发展规律是最终消灭私有制走向公有制，即共产主义。中华人民共和国成立后所进行的私有制改造，农村成立公社，城镇企业公私合营再到国营工厂完成了社会主义公有制改造，就是按照马克思的理论来的。改革开放以来，提出我国还处于社会主义的初级阶段，逐渐形成了以公有制为主体、多种所有制经济共同发展的基本经济制度。党的十六届三中全会作出的《中共中央关于完善社会主义市场经济体制若干问题的决定》又指出，要大力发展国有资本、集体资本和非公有资本等参股的混合所有制经济，使股份制成为公有制的主要实现形式。不少企业实行的各种特色的员工持股制度，也是通过在财富所有上的创新，力图激励员工努力贡献。

韦伯则从另一个角度思考人们对财富的占有。财富本身无所谓善恶，"仅当财富诱使人无所事事，沉溺于罪恶的人生享乐之时，它在道德上方是邪恶的"。他指出清教徒占有财富的担心："占有财富将导致懈怠，享受财富会造成游手好闲与屈从于肉体享乐的诱惑，最重要的是，它将使人放弃对正义人生的追求。事实上，反对占有财富的全部理由就是它可能招致放纵懈怠。"这使人想起了华为公司任正非先生所一直担心的事情：他怕华为员工人太年轻时挣钱太多，会导致惰怠；他怕华为公司如果上市，也会导致有股份的员工一夜暴富，导致懈怠——他甚至比喻说"猪太肥了连哼哼都懒得哼哼"。

2. 生产财富

什么是财富的生产或创造要素？马克思教导我们说，只有劳动创造价值，资本家不劳动，不创造价值，靠资本占有劳动者的剩余价值生活。和马克思的劳动价值论不同，古典学派认为是土地和劳动，最流行的经济学理论认为价值创造有三个要素：土地、劳动和资本。后来法国经济学家萨伊增加了一个企业家要素。中国基本是按照劳动是财富创造唯一因素的理论来实践的，这使企业的经营者也被弄得灰头土脸，在改革开放早期，干个体企业雇工超过8个人就有剥削人的嫌疑了——因为在马克思当时看来，超过8个人，个体企业主就可以自己不工作，就是剥削工人了。生活在手工业时代的马克思，并没看到后来的管理活动在企业和现代大企业中的极端重要性，也没明确管理者是不是劳动者，管理活动是不是劳动、是什么劳动。大家都知道，中国这几十年最赚钱的行业之一就是房地产，除了房地产商，拥有土地所有权的地方政府也赚得盆满钵满，那些赶上好的拆迁补偿的拆迁户也是一夜暴富，这实际验证了土地要素在生产财富中的不可或缺甚至极端重要。

韦伯不是从劳动而是从职业的角度来讨论这一问题。他认为生产财富越多的职业越有用。韦伯对什么叫有用的职业做了说明："确实，一种职业是否有用，也就是能否博得上帝的青睐，主要的衡量尺度是道德标准，换句话说，必须根据它为社会提供的财富的多寡来衡量。不过另一条而且是最重要的标准乃是私人获利的程度。"在韦伯看来，生产财富的伦理标准有两条：私人获利的程度和为社会提供的财富。私人获利的程度越高，为社会提供的财富越多的职业越有用。换句话说，私人获利的程度越高，为社会提供的财富越多的"劳动"越有价值。

马克思和韦伯都认为生产财富的伦理观念是勤劳。

改革开放之后很长一段时间，以经济建设为中心的问题解决了，但在价值创造和致富方式的问题上并没有实现理论突破。让一部分人先富起来，但到底让哪一部分人先富起来呢？我们并不知道，所以才摸着石头过河，于是"倒爷"先富了，"卖批件"的先富了，"卖茶叶蛋"的个体户先富了，"走穴"的演员先富了，后来我们发现"星期日工程师"也开始富了。直到 1998 年的《华为公司基本法》提出："我们认为，劳动、知识、企业家和资本创造了公司的全部价值。"我们对财富生产创造的认识进入了一个新阶段。这个观念，后来写进了党的十六大报告，确认了劳动、资本、技术、知识、管理等都是价值创造要素的观念。任正非在 1998 年的《华为的红旗到底能打多久》一文中谈道："我们这个时代是知识经济时代，它的核心就是人类创造财富的方式和致富的方式发生了根本的转变。创造财富的方式主要是由知识、由管理产生的。"这是由高科技公司的管理实践中产生的生产和创造财富的新理念，也指明和引导了华为公司后来 20 多年的正确发展道路。

3. 分配财富

马克思在《资本论》第一卷中曾明确表述，在未来社会，将会以劳动时间作为计量个人消费品分配的尺度。这就是我们所说的按劳分配思想。既然财富是劳动创造的，那么按劳分配才是公平正义的。马克思还把占有财富、配置财富和分配财富三者做了社会主义的设想："在生产力高度发达的资本主义基础上建立社会主义，实行公有制、计划经济和按劳分配，取消商品生产和货币。"我国长期以来一直遵循按劳分配原则设计企业的分配机制，比如直到现在国企的分配中，工人实行的是按劳分配，对管理者则有报酬不能超过员工平均工资的 8 倍等规定，加上对工资总额的限定，把分配牢牢地限制在了按劳原则的范围之内，其中考虑最多的是所谓的公平原则，希望大家的工资不要拉开太大差距。由于劳动难以衡量，于是考虑工龄、年龄、学历等资历因素较多，这直接导致公平变为了平均，形成了"干多干少一个样，干好干坏一个样"，甚至"干与不干一个样"的吃大锅饭现象，严重影响了想干、能干、干得多的人的积极性。改革开放之后，民营企业发生了很大变化，但国企基本依然如故，改革动作不大。在1997年党的十五大报告中，开始提出坚持按劳分配为主体、多种分配方式并存的制度，将按劳分配和按生产要素分配结合起来，还提了一句"允许和鼓励资本、技术等生产要素参与收益分配"，但并没有明确提出和按劳分配原则对等的按资分配、按技术分配的原则。直到2002年党的十六大报告，才有了"确立劳动、资本、技术和管理等生产要素按贡献参与分配的原则，完善按劳分配为主体、多种分配方式并存的分配制度"的提法，这是一个有关财富分配的很大的进步和突破。

韦伯则从新教伦理的角度讨论了财富的分配问题："不劳者不得食无条件地适用于每一个人，厌恶劳动本属堕落的表征。""富人也不可不劳而食，即使他们无须靠劳动挣得生活必需品，他们必须同穷人一样服从上帝的圣训。上帝的神意已毫无例外地替每个人安排了一个职业，人必须各事其业，辛勤劳作。"也"特别不能容忍有能力工作却而靠乞讨为生的行径"。

分配财富，不仅是为满足生活需求，更是为了激励人们努力参与财富的生产。因而财富分配原则在一个企业和社会中就极其重要。《华为公司基本法》提到的价值分配，其核心就是企业财富的分配，其第十九条写道：效率优先，兼顾公平，可持续发展，是我们价值分配的基本原则。其中还特别规定了按劳分配和股权分配的不同依据。按劳分配的依据是：能力、责任、贡献和工作态度。按劳分配要充分拉开差距。股权分配的依据是：可持续性贡献、突出才能、品德和所承担的风险。股权分配要向核心层和中坚层倾斜。

马克思认为分配财富的伦理观念是公平。我们现在的基本观念是"坚持效率优先、兼顾公平，既要提倡奉献精神，又要落实分配政策；既要反对平均主义，又要防止收入悬殊。初次分配注重效率，发挥市场的作用，鼓励一部分人通过诚实劳动、合法经营先富起来。再分配注重公平，加强政府对收入分配的调节职能，调节差距过大的收入。规范分配秩序，合理调节少数垄断性行业的过高收入，取缔非法收入。以共同富裕为目标，扩大中等收入者比重，提高低收入者收入水平"。

4. 追求财富

对于追求财富，韦伯持非常宽容的态度，他认为，"获利的欲望，对营利、金钱（并且是最大可能数额的金钱）的追求，这本身和资本主义并不相干。这样的欲望存在于并一直存在于所有的人身上，侍者、车夫、艺术家、贪官、士兵、贵族、十字军战士、赌徒、乞丐均不例外。对财富的贪欲，根本就不等于资本主义，更不等于资本主义精神。倒不如说，资本主义更多的是对这种非理性（Irrational）欲望的一种抑制或至少是一种理性的缓解"。马克思的角度则不同，他认为资本追求剩余价值即剥削充满了罪恶，"资本是不顾工人寿命长短的，它唯一关心的是：如何在一个工作日内最大限度地消费劳动力"，"资本主义生产方式的实质，就是剩余价值的生产，就是对剩余劳动的榨取"。不过，马克思在这里似乎批评的是资本家追求财富的方式，而不是追求财富的目的。韦伯对此说道："资本主义确实等同于靠持续的、理性的、资本主义方式的企业活动来追求利润并且是不断再生的利润。"他认为这不是应不应当的问题，而是必须的问题。"因为资本主义必须如此：在一个完全资本主义式的社会秩序中，任何一个个别的资本主义企业若不利用各种机会去获取利润，那就注定要完蛋。"

不过，韦伯明确区分了追求财富目的的不同而导致的伦理与否。"仅当人为了日后的穷奢极欲、高枕无忧的生活而追逐财富时，它才是不正当的。但是，倘若财富意味着人履行其职业责任，则它不仅在道德上是正当的，而且是应该的、必须的。"如果追求剩余价值的目的不是为了"日后的穷奢极欲、高枕无忧的生活"，那么，马克思和韦伯是否能在追求财富的观念上达成一致呢？

不是追不追求财富，而是为了什么目的追求，成了财富伦理的关键所在。马克思认为追求财富是资本的天性，而韦伯则认为这是新教徒的天职，各自立场不同。从人的角度看，为了信仰目的而不是世俗目的，如果资本的人格化所成的资本家把获利看成是一个职业责任，是这个社会秩序和企业生存所必须，那就和韦伯所说的天职观念接近了。

韦伯认为追求财富的伦理观念是天职。

中华人民共和国成立以来中国长期处于不太有利的国际环境，国内又长期使用"以阶级斗争为纲"的口号，比较轻视经济建设和对富裕的追求。终于在1978 年底，中共中央十一届三中全会上决定"拨乱反正"，停止使用"以阶级斗争为纲"的口号，作出把党和国家的工作重心转移到经济建设上来，实行改革开放的划时代决策。邓小平指出，"贫穷不是社会主义"，"社会主义的特点不是穷，而是富，但这种富是人民共同富裕"，而且提出了激励大家追求财富的方法，那就是"让一部分人先富起来"，先富带后富。"我们坚持走社会主义道路，根本目标是实现共同富裕，然而平均发展是不可能的。过去搞平均主义，吃大锅饭，实际上是共同落后，共同贫穷，我们就是吃了这个亏。"邓小平的致富思想和先富思想，不仅解放了人们对追求财富的思想禁锢，而且提出了激励人们追求财富的途径。华为公司后来提出的"按劳分配要充分拉开差距，股权分配要向核心层和中坚层倾斜"的原则，就是激励人们追求财富的有效做法。

本书在前面分析前人的四种财富观时，已经看到了国人对追求财富的原生欲望，但社会伦理和政治政策导向，会极大地阻碍或者促进人们的这种欲望。

社会主义也是追求财富的，追求共同富裕更是社会主义的目的之一。

5. 消费财富

韦伯在讨论消费财富时，分析了清教徒的财富消费观。对清教徒的禁欲主义来说，"贵族的穷奢极欲和新贵的大肆挥霍同样令人厌恶。一方面，它对中产阶级类型的节制有度、自我奋斗却给予了极高的道德评价"。清教徒发起了"一场反对非理性的使用财产的斗争"。"这种非理性的财产使用却体现在各种外在的奢侈品上，无论这些奢侈品在封建脑瓜看来显得多么自然，都被清教徒的信条谴责为肉体崇拜。而另一方面，他们又赞同对财产的理性的和功利主义的使用，认为这是上帝的旨意，是为了满足个人和公众的需要。他们并不希望把禁欲主义强加给有钱人，只不过要求他们处于需要和实际的目的使用自己的财产。舒适的观念极富特点地限定了伦理所许可的开支范围"。把合理地获取财富从传统伦理的禁锢中解脱出来，同时又反对非理性地消费财富，这就会余下更多的财富用于投资，创造更多的财富。韦伯说道："当着消费的限制与这种活力活动的自由结合在一起的时候，这样一种不可避免的实际效果就产生了，禁欲主义的节俭必然要导致资本的积累。"

其实，消费财富和分配财富、生产财富是密切关联的。消费财富换个角度说就是对财富的使用分配。有人是先投资，再消费，或者多投资，少消费，让钱生钱。有人则是先消费，再投资，或者多消费，少投资或者不投资。比如有人会购买超过自己日常生活需求的东西，或者为了面子和排场而消费，结果总是存不下用于投资的剩余资金。购买奢侈品就是这种类型。是用投资和资产增值的金钱去买，还是用本来要用于生活消费的钱去买，人们在这个最基本的消费观上有很大区别。享乐主义消费者可能会在不太有钱的时候，宁可减少自己的日常消费，也要去买奢侈品满足自己的虚荣心理，追求没有稳固经济基础的华而不实。

总体来说，中国人提倡节俭，储蓄率一直较高，这减少了消费支撑了投资，从而促进了财富的生产。但是，随着社会和个人财富的增长，中国正在成为消费大国，经济增长的三驾马车中，投资这匹马的拉力在下降，消费这匹马的拉力在上升。同时，"80 后""90 后"的消费观念也在发生与他们的前辈所不同的变化。消费能力和消费观念的双重变化，将使我国财富消费在社会发展过程中起到越来越大的作用，因此，研究和规范财富消费或财富使用观念和机制，就成为未来一段时间的重要课题。

韦伯认为消费财富的伦理观念是舒适，中国传统的伦理观是提倡节俭。

6. 交换财富

以马克思为主的政治经济学理论主要关注占有财富、分配财富和生产财富这三种，因而人们主要讨论财富的所有制、按劳分配和劳动创造价值，较少关注财富的交换。交换财富本质是市场问题。改革开放之前很长一段时间，中国实行的是计划经济，生产资料按照计划调配，生活物质按照配给供应，自然比较忽视市场，忽视财富的交换以及有效的财富交换也会创造财富的问题。

以物换物是最基本的财富交换，但在现代市场社会，以货币为中介来交换财富早就是常态，现在又进步到了使用信用卡或手机等无现金、移动支付手段。市场经济是复杂的，财富也不仅限于商品或者货币，人们之间存在着各种形式的财富交换，比如以技术换钱、以资源换钱、以时间换钱、以品牌换钱、以权力换钱等，关键就看各自交换的价格了。

财富的交换还可能是两方以上的参与，比如社会上常有的"羊毛出在狗身上，让猪买单"商业模式，互联网平台通过海量的数据，吸引广告主出钱，客户看一段广告，就可以得到免费的软件、电影或数据。当然这平台也可能在收集客户的数据卖钱。

人们普遍认为交换财富的伦理观念是诚信。

7. 评价财富

有人仅仅把财富看作金钱，专业一些则把存款、房产、有价证券、股权和工资等看作是衡量一个人或家庭财富多寡的主要指标。企业的财富基本等于企业资产，包括有形资产和无形资产两大部分。无形资产主要是专利使用权、商誉等。有形资产包括流动资产和固定资产，流动资产是指现金、银行存款、有价证券等资金、应收款等债权以及以实物形态存在的材料工具等，固定资产是指单位价值在一定数值以上的，能多次使用的房屋设备等资产。

企业财富或者价值的评价有时候是比较困难的，或者是容易做假的，比如某养殖行业上市公司的资产"扇贝跑了"等。商誉评价、品牌价值评价也是比较模糊的。

评价一个企业的价值，除了财务指标，还包括组织指标，比如企业的竞争力、成长力、影响力等。企业有时候还认为员工是企业的财富，甚至说员工是企业最大的财富。这是从企业组织的角度来说的。企业把人才当作企业的资本或资产看待，华为公司就提倡人力资本的增值优先于财务资本的增值。职业足球俱乐部则是以球员为资产的组织，俱乐部可以挂牌买卖球员。

人们普遍认为评价财富的伦理观念是合理。但什么是合理？公说公有理，婆说婆有理。关键在于确定核心价值观。《华为公司基本法》第二十条认为：衡量价值分配合理性的最终标准，是公司的竞争力和成就，以及全体员工的士气和对公司的归属意识。

8. 7 种财富观的 24 种细分类型

在表 10－3 中，只是简单地指出了 7 种财富观的一种导向，比如占有财富的伦理观是公有，生产财富的伦理观是勤劳，分配财富的伦理观是公平，交换财富的伦理观是诚信，消费财富的伦理观是舒适，追求财富的伦理观是天职，评价财富的伦理观是合理，并没有对这些伦理观做细分类和量化。同时本书介绍了代表思想家马克思和韦伯的理论，以及改革开放前后我国所提倡的观念及其转变，也介绍了包括华为公司在内的企业的实践。

表 10－3　财富伦理观的细分

	视角		三分法			单一法
1	占有财富		私有观	共有观	公有观	公有
2	生产财富		资本观	要素观	勤劳观	勤劳
3	分配财富	依据	按资观	要素观	按劳观	公平
		目的	效率观	公平观	平均观	
4	交换财富		市场观	强迫观	计划观	诚信
5	消费财富		禁欲观	满足观	享乐观	舒适
6	追求财富		无求观	适度观	无厌观	天职
7	评价财富		金钱观	财务观	组织观	合理

本书是以逻辑方法研究企业伦理的。形式逻辑的方法之一，就是进行分类和归纳，因此，需要再深入一层，对 7 种财富视角中的伦理观做出更细致的分类，以便更接近社会和企业的实践及其变化。

除了前面 7 种，本书把分配财富的观念分为财富分配依据和财富分配目的，然后按照三分法把每个视角的财富观分为三种，这样就有了 24 种类型。

单一法看起来则更理想一些，三分法比单一法更接近现实。三分法有着不同的分类方法：第一是对财富观念的不同结构分类，比如私有观、共有观和公有观。有人贬低国企、抬高民企，提出"国进民退"是不好现象的看法，就来自于他们对私有企业的喜爱。混合所有制则是居于私有和公有之间的形态，这种本质上属于"共有"的混合所有观念和做法能够融合人们对所有制的极端看法。第二是对财富观念的量化分类，比如有关追求财富的无求观、适度观和无厌观，从"无求"到"无厌"就是量的区别，区别大了就产生了人们对财富看法的本质不同。比如有人反对贪得无厌，有人反对无欲无求。这和人们对待消费财富的"三观"——禁欲观、满足观、享乐观颇为类似。第三是唯一和兼顾的分类，比如生产财富要素的资本观、要素观和勤劳观；分配财富的按资观、要素观和按劳观中，多种要素生产了财富，以及按照多种要素进行分配的观念就是兼顾，仅仅按资或者按劳则是唯一。第四是来自经济体制变迁史的分类。我国对交换财富的观念和体制，就是经历了从"计划"，到"有计划的市场"，再到"社会主义市场经济"的历史变迁，这里很难说遵循了平等交换的理想方式，尤其是各国历史上都曾经有过强迫性甚至暴力性交换的情况。

每个具体的观念没有对错，只要不违法，企业可以根据自己的观念进行选择，也可以根据环境的变化进行调整。比如评价财富，企业初期可能只需要看金钱，没有营收和现金流企业存活都有问题。而等企业发展到一定阶段，则可能需要从财务指标体系上或者四张财务报表上来评价企业财富，而不能只是看营收和现金流一张表。企业发展到有更大影响力和社会地位的时候，可能就需要从企业组织整体价值的观念来考虑问题了。

消费财富的观念也是如此，可能要随着社会发展而变化。社会主义的财富消费伦理之一就是反对享乐主义，反对骄奢淫逸、花天酒地、奢侈浪费的资产阶级的生活方式。在财富水平低的过去，财富观是提倡节俭，节俭不是禁欲主义，也不是享乐主义，而是满足基本需求即可。过去物质贫乏，生活拮据，甚至提倡过

"新三年，旧三年，缝缝补补又三年"的极俭消费观，老一代人也因此形成了过度节俭的消费习惯。现在进入全面小康社会，为了保证人民生活水平的提高，也为了扩大内需，开始提倡扩大消费市场，但是，形成节俭习惯的老年人拉动不了消费，倒是钱不多的年轻人成了消费主力军。因而，现在的财富消费观可能要由节俭换成满足或者舒适。

不同时代的企业家，对财富消费似乎也发生了一些变化。六七十岁的人，经历过缺衣少穿的苦难生活，就形成了比较固定的消费观念，即使现在企业很成功，钱花不完，但他们依然生活比较简单，甚至很节俭。他们尊崇一些古老的生活规则，不喜欢任何不实用的东西，把钱看得平淡，不喜欢花里胡哨和时髦的东西。就像娃哈哈公司的宗庆后先生说他一年个人消费只花五万元，现在不抽烟了连五万元都花不了。宗庆后坐高铁买二等座，任正非自己拉行李箱在机场挤摆渡车。他们不乱花钱，他们的典型的口头禅是："为什么要花没用的钱？""为什么要花冤枉钱？"其实，他们的心思好像没在花钱上。他们不是为钱而工作，更不是为消费而工作，而是把做企业变成了一种习惯和爱好，工作成了每天必需的事情，上班、下班、会议、出差等挤满了他们每一天的时间。当然，也有人买私人飞机，住豪华大院，出门前呼后拥。人各有志，各有所想，各有所爱。

比如IT界、互联网界的新生企业家力量，他们所秉承的财富观、价值观、人生观等与以往大不同，由于通信、交通、物流等技术进步引起的变化节奏加快，机会的增多与稍纵即逝，资本的积累以及风险投资的大量出现，他们敢为人先，勇于尝试，敢于打破原有游戏规则并创造新的游戏规则。在网络非常兴盛的时候，靠知识和智慧赢得了财富，出了名，致了富，获得了机会和地位，生活和工作的方式也与过去有很大的不同，飞机飞来飞去，出入楼堂馆所，讲究现代大企业的规范和内容。有的已经不仅是秉承中国传统文化和理念，而是和西方文化甚至世界文化有更多的嫁接，投资于世界，雇用各国员工，包括组建中外结合的家庭，在国际化、跨文化的立场和组织上吸收很多新的东西，包括企业的伦理管理模式。

追求和消费财富的适度、有度，是不容易界定的。因为人的财富目标差距很大，所以本书比较认可韦伯关于追求财富是天职的观念。

有天职观念的企业家认为：做企业既是为了赚钱也不是为了赚钱，在赚钱之外还有其他更有意义的东西。他们已经解决了为自己赚钱的问题，他们说，如果只是为了自己的财富和生活那就不再忙了，赚钱和本人的消费生活已经没有关系，多赚一千万、一个亿和自己也没关系。反过来说，如果赚钱是为了自己生活的话，最好不要赚钱了，因为它会影响自己的生活——如果生活就是日常的衣食住行、兴趣爱好、琴棋书画、休闲养生的话。他们赚钱是为了尽一个企业家的职责，作为一个企业家就是让财富获得合理的增值，财富贬值那是不可容忍的，那是他的失败，或者等于他的失德。让财富增值就能为社会做贡献，提高客户满意度，让更多的人有所成就。

这并不只是有了钱，才能投资做大事情，这里涉及企业家精神或者资本主义精神的作用。韦伯在谈到资本主义精神革命的时候讲道："至关重要的是，这场革命通常并不是由源源不断用于工业投资的新货币引起的，而是由于这种新的精神，即资本主义的精神已经开始发生作用了。……近代资本主义扩张的动力首先并不是用于资本主义活动的资本额的来源问题，更重要的是资本主义精神的发展问题。"

为什么他们能够做到追求财富又不为财富所俘虏？韦伯说："只有超乎寻常的坚强性格才能是这样一个新型企业家不至丧失适度的自我控制，才能使他免遭道德上和经济上的毁灭。……而且，只是因为这种新型的企业家具有确定不移且是高度发展的伦理品质，以及洞若观火的远见和行动的能力，他才在顾客和工人中间赢得了不可缺少的信任。"除了这种精神，"没有任何别的东西能够给予他克服重重障碍的力量，更重要的是，没有任何别的东西能够使他承担起近代企业家必须承担的无比繁重的工作。可是这样一些伦理品质却与那些适应传统主义的伦理品质有着天壤之别。"

华为公司就是一个不喜欢食利资本——风投、上市等，企业家精神很强大的公司。他们的发展动力来自于艰苦奋斗精神，来自于知识资本或者叫知识的投入和技术的创新。任正非说："资源是会枯竭的，唯有文化生生不息。一切工业产品都是人类智慧创造的。华为没有可以依存的自然资源，唯有在人的头脑中挖掘出大油田、大森林、大煤矿。"于是，我们可以把企业和企业家分为创造财富的企业和企业家、辅助创造财富的企业和企业家以及交换财富、转移财富的企业和企业家。前者多身处生产制造和科研领域，中者多身处金融和服务领域，后者多身处流通和营销领域。

第三节　追求财富的是非曲直

对于追求财富，国人一直在长期争论，没有形成过共识。但在企业管理中，这不应该没有共识，企业就是一个追求财富、创造财富的组织，如果连这个本质特征都看法不一致，企业本身的生存都会有问题的。所以，在企业中应该讨论的是如何追求财富。

一、君子爱财取之有道

古人追求财富讲道德，正所谓君子爱财，取之有道。君子不是不爱财，内心爱财嘴上反对致富的，那叫伪君子。爱财取之无道的，那是非君子。

首先，追求财富的欲望是道德的，社会发展的目的，就是为了满足人民群众日益增长的物质文化需要，这其中包括物质财富和精神财富。社会主义追求的是全面小康和共同富裕的社会，共产主义社会则是物质极大丰富、各取所需的社会。

其次，取之有道的追求方式是道德的。这个道应该分三条准则，即合法之道、合规之道、合德之道。合法、合规之道有法律和规则的严格规定，不必细说，而合德之道，也就是运用我们在前面所说的"柯维双赢五要领"和"杨杜义利兼得九法"。

二、自己先富带后富

企业管理中的财富之道，还会因人而异。比如党员干部对财富的追求要区别于一般员工。在改革开放初期，社会舆论对财富还处于"贬富"甚至"仇富"的阶段，要改变这个社会观念，需要党员干部正确处理好先富和后富、个人富和共同富的关系，也就是自己先努力致富，先富带后富，最后实现共同富裕。在精神层面是"先天下之忧而忧，后天下之乐而乐"，吃苦在前，享受在后，在行为层面却是自己要先富裕起来，然后支持和帮助员工富起来，而不是只考虑自己如何富，更不能利用手中权力谋取不正当的利益。这对干部的要求很高，因为收入增加具有带动改革的作用，做得好成为榜样，做得不好成为违纪违法的腐败分子。比如改革初期企业实行浮动工资制，打破"大锅饭"，这不是单纯地追求财富，而是具有改革先锋的意味，领导干部没有相当的修炼就容易出事。

三、不以财富分阶级

过去传统的革命伦理观中，有按照财富分阶级的做法，财富越多的人革命性越差，或者越是革命的对象。比如资本家、地主富农被定为剥削阶级，这个阶级出身影响着他们及其子女的社会地位，不能入党入团，不能担任重要职务等。因此，人们对追求和占有财富有一种恐惧感。改革开放一段时间之后，才改变阶级斗争的路线，在政策上逐步改革，不再以财富多少分阶级、定终身，只要不是违法得来的财富都逐渐和国有资产一样受到保护，企业老板也逐步开始入党入团，后来又可以进入人大和政协等。

在企业中，不会像政治一样按照财富多少划分地位，一般是根据投资比例决定经营权和收益权，但在某些高科技公司会通过章程等约定投资权和经营权的分离，限制投资对经营的影响，强化志同道合的事业合伙人对企业的控制——比如他们有权指定过半数的董事席位，有权决定分红比例，有权决定谁能持有或增持公司的股份，因为他们对企业的贡献可能高于资本对企业的贡献。

四、何为求财之适度

虽说追求财富要适度，但这个度是有不同标准的。到底是为生活需求的度，为企业成长的度，还是为职业使命的度？答案五花八门。比如韦伯认为新教徒是为上帝赚钱，偷懒反而愧对上帝赋予的使命和天职。但也有的人会牺牲健康去追求财富，有的人会违规违法追求财富，有的人不管不顾家人去追求财富，有的人会牺牲健康去追求财富，有的人甚至会不要命去追求财富。比如国企是为事业、为国家、为民族的繁荣昌盛强大而不被人欺负等目的，自然财富的度就有所不同。

不同的财富目标，就有不同的尺度标准。即使从个人消费需求看，有的人小富则安，有的人贪得无厌。个人生活需求有边界极限，资本增值需求则无止境。

追求财富可以从两个角度来看，一个是持续追求，另一个是过度追求。从企业本质、资本本质和企业家的事业心、天职的立场看，持续追求是道德的。但是，如果企业扩张过快，投资过度，或者事业心爆棚，企业可能掉进冒进陷阱，走向失败的境地。过度追求规模做大，过度多元化的企业即是如此。过度追求的情况是，企业成功了但不注意行业生态，过度搞赢家通吃，不能与客户、员工、行业合作伙伴和社会分享财富，得不到同行和社会的尊敬。得到了物质财富，丢失了社会财富也是过度追求。

但是，我们不能把企业财富伦理和个人财富伦理混作一谈。有些人会指责他人说：要那么多钱干吗呢？钻到钱眼里面去了？钱再多你也只能睡一张床。他是用人的最基本生活需求来界定财富追求的边界，超过这个边界还要，就是贪得无厌，就是不道德的。这和站在企业立场上的伦理标准是不一样的，站在企业立场，如果一个员工尤其是干部，够个人吃喝了就不干了，产生惰怠，不再奋斗，恰恰是不道德的。

所以，站在企业伦理的立场讲，追求是道德的，持续追求是道德的，造成企业失败和不受尊重的过度追求才是不道德的。

企业人的财富追求观是多样的。有的人赚到一定程度的钱，就不再努力了，哪怕管理者说给双薪甚至三倍的薪水，也不去多干。他希望去花钱享受，去国外旅游，去海边休假。可能是受宗教伦理的影响，欧洲发达国家尤其是基督教的天主教徒里，这样观念和生活方式的人很多。他们不像美国泰罗的科学管理所研究的那样，通过动作研究和时间研究，找出最优秀的工作方法，然后设定报酬激励制度，按业绩付酬，工人就拼命去工作了。给钱多也不干，是因为其脑中有一种伦理观念在里面：企业给我的刺激多，是诱惑我去赚钱，如果我真的拼命去赚钱的话，就上了你的套了。这个套就是"贪欲"，你越诱惑我，我越要抵制内心的贪欲——有贪欲是上不了天堂的。所以，有的人刺激欲望会努力工作，有的人刺激欲望反而不努力工作，有的人认为物质激励是对他的奖励，有的人觉得是对他的侮辱，这就是不同伦理观在起作用。管理措施要对症下药，才能有效。

五、富人思维的特征

除了前面表 10－1 中罗列的观念之外，富人在思维上有以下一些主要特征。

富人思维重视增值。致富之人重视增值，重视附加值，重视期望值。与此相对的匠人思维则关注制造工艺、产品质量、服务质量等。匠人关注一个东西本身的价值，富人关注这个东西的未来增值。比如买房子，一般人只会关注房子现在的价格高低，富人会更关注这个房子今后是否增值。

富人思维想方设法。致富之人遇到问题会当作自己的任务想办法，而不是怨天尤人找借口。他们较少有牢骚，不像有些没钱有才气的文人墨客，总是牢骚满腹，愤世嫉俗，总觉得自己天生有才没有用，或者生不逢时大材小用。富兰克林说过自己未曾见过一个早起勤奋谨慎诚实的人抱怨命运不好，良好的品格、优良的习惯、坚强的意志是不会被所谓的命运击败的。

富人思维用好他人。致富之人会通过组织，通过管理，利用别人的力量做事情，而不是什么事情都自己去做。富人不骄傲自己有多大能力，而是善于了解和用好周边人的能力；富人思维不是拉长自己的短板，而是发挥自己的长板，用他人的长板弥补自己的短板。

富人思维擅抓商机。富人善于察觉他人需求、市场机会，也就是商机。比如同样是学工商管理，富人思维的目的不是为了拿个学位找个好工作，也不是为了多增加一些商业知识，而是在学习中寻找商机，上学时就已经开始创业。当然，机会并不都是抓的，很多是碰上的。记得2003年"非典"时期，因为北京情况比较严重，外地企业的朋友时常给笔者打电话，有关心健康的，有询问家人的，有探知疫情的，也有人琢磨有什么机会的。深圳一个朋友打来电话说，他本来打算把一个厂子卖了，结果还没实施，突然来了"非典"疫情，那个厂子赚得盆满钵满，原来他要卖掉的那个厂子是生产消毒液的，一时间产品供不应求。这就是机会的惠顾。

富人思维重视时间。机会是偶然的、一时的，而重视时间是富人的一种习惯。时间就是生命，时间就是金钱。富兰克林说："你热爱生命吗？那么别浪费时间，因为时间构成生命的材料。"浪费时间是所有支出中最奢侈及最昂贵的。

富人思维聚焦专注。致富之人不会太注意和计较那些与自己现实利益关系不大的事情，不会去关心政治，妄议国事，也不去空泛地高估自己的能力。他能改变的就改变，能影响的就影响，却不会在自己不能改变、不能影响的领域投入精力。

富人思维比较理性。致富之人一般不会太风风火火，比如遇到抗震救灾，感情用事的人会一时兴起，志愿奔赴一线救灾，于是志愿者的私家车把去灾区的路堵得连抢险救灾车辆都进不去。富人不善情感冲动，而是重理性分析，他会花时间冷静思考，应该做些什么才能真正帮得上灾区，因而有时候富人会让人感觉比较无情。

第四节　德、财、才与财商

人们经常讨论道德与财富、才能与财富、财商与财富等的关系，本书的观点如下：

一、德与财的关系

《礼记·大学》有曰：君子先慎乎德，有德此有人，有人此有土，有土此有财，有财此有用。尽管中间隔着人和土，但这里试图说明德和财的相关关系——德可生财。有关企业伦理与企业绩效关系的研究大多表明，企业的伦理行为和经济绩效之间存在一种正相关关系。

培根在《论财富》的随笔中说："财富是德行的累赘。"他认为财富之于德能正如辎重之于军队。辎重是不可无，也不可抛弃于后的，但是它阻碍行军，有时候因为顾虑辎重而失却或扰乱胜利。培根讲的当然不是不要财富，而是财富并非越多越好，换句话说是不要过多。

1. 财富过多

什么叫过多？笔者认为至少有三个标准：第一个标准是超过了日常生活消费的需求；第二个标准是超过了你对财富的管控能力；第三个标准是你得到了不合法的财富。

但是，这些标准尤其是第一个标准是模糊的。比如虽然财富超过了日常生活消费的需求，但作为追求财富不断增值的企业家的职业需求，却不能说是过多了——用于消费够了，但用于投资却永远不够。这时候，人是否陷入"贪欲"的非伦理陷阱里去了呢？

其实有时候我们分不清什么是贪欲和奉献。为了上天堂而拼命做奉献是贪欲吗？谁都想上天堂，谁都不想死是奉献吗？佛学认为人有"贪、嗔、痴"三毒，戒三毒就要学佛。世俗的人们也否定贪的行为，比如批评某人贪得无厌，超出需求过度地追求财富为"贪财""财迷"。按照层次分，没有最坏只有更坏，偷懒、惰怠可能比贪更不适合于企业。只要这个"贪"所追求的财富是合法的，那么，不断追求更高的利润，不断扩张资产规模，为了更好的生活持续奋斗，这种"贪"反而是应该鼓励的了，总比"小富则安""吃饱了就不干了"的惰怠要好。

另外，人们讲到"贪"的时候，还可站在"短期利益与长期利益"的角度来看——追求短期利益的行为是"贪"，追求长期利益就是投资。说文解字，今天的贝为贪，次日的贝为资。但其实没有能活下去的短期利益哪来的长期利益？

不贪可能是廉洁，可能是节俭，但也可能是惰怠，可能是空想。

贪的另一个端，应该是奉献。人生四阶段——要钱、挣钱、花钱、捐钱，前三者都可能是贪，捐钱则是奉献。但没有前三阶段，哪来的第四阶段？

如果把违法的贪污也算进来。那么，一端是违法的贪污，中间是惰怠、廉洁、贪污、勤劳，奉献则是另一端。前端看法律，后端看信仰，中间是灰度，即伦理。

2. 财富过少

反过来说，财富过少也可能成为德行的累赘。

什么叫过少？对此也有三个标准：第一个标准是不足以支撑你和家人的基本生活需求；第二个标准是财富少得不足以支撑你完成工作；第三个标准是不足以支撑你更大的事业投资或社会公益。连自己的企业都支撑不下去的人，很难去做照顾员工、尽社会责任的事情。

社会上有一种理念，叫作学者要甘于清贫，否则是坚持不下去的。好像要做好学问和研究，就不能追求钱财，就应该像君子一样安贫乐道。这也有些极端。其实反过来说也对，学者要是一直清贫的话，做学问也是坚持不下去的，尤其是企业管理学问的研究，你自己都不能脱贫，证明你的管理学问没有价值，就没人出价购买你的知识。马克思能够潜心搞研究，离不开恩格斯的大力支持。

深一步说，不是不甘于清贫坚持不下去，而是很多事情没钱做不成。比如出差调研需要钱，请人帮忙需要钱，买试验设备需要钱。有人说，要是冲钱去，研究就不是学术研究了。这话没错。但知识不能变为金钱，不能帮上企业，又有什么价值呢？又怎么衡量价值呢？又比如给企业做研究项目，这个项目就不是为了纯粹的学问，而是花谁的钱为谁做，为了企业的需求去做的。先不说冲着钱去的研究道德不道德，也不说一分钱不投入如何做研究，现实中有些项目，投入的金钱不足都很难做出有价值的研究成果。

放在企业搞研究更是如此，企业没钱，就很难拿出足够的研究经费，雇用高水平的研发人员进行有效的研发活动。华为公司能够拿出不低于营业收入10%的研发经费，其前提条件除了企业的高追求和强制规则之外，必须具备较高的毛利率才行。

如此看来，笔者认为，财富不一定是德行的累赘，企业的伦理行为和经济绩效之间存在的所谓正相关关系也意义不大。不要以财富论德行，也不要以德行论财富。不要把企业伦理当作提升企业绩效的手段，德行是讲做人，财富是讲做事。那么，什么和财富的关系更紧密呢？

二、才与财的关系

本书认为，德和财的关系，应该不如才和财的关系更密切。

如果像培根一样把财富比作行军的辎重，那么，才能（知识和智慧）可以比作拉辎重的马。辎重成不成为行军的累赘，要看拉辎重的马的能力，财富成不成为德行的累赘，要看占有和使用财富的人的才能（知识和智慧）。

做人要德才兼备，做事要德、才、财兼备。有钱总是不错的，钱多也不一定成为累赘，只要有足够的掌握钱的才能（知识和智慧），财富则多多益善。

人和企业不被财富压趴下，是什么做支撑？是财富管理能力。人常说"厚德载物"，与其说是德行载物，不如说是知识、智慧和才能载物。有多少财富就得有多少财富管理的知识和能力，否则就像某些靠拆迁、继承或者中彩等方式，突然发了横财又很快失去的人一样。德配位，财配能。

2019年诺贝尔经济学奖获得者的主要贡献是研究贫穷经济学。笔者认为其主要结论是，贫穷是因为人们缺少知识。为了脱贫而勤劳，总比懒惰强，中国的改革开放，实行中国特色的社会主义市场经济，就是鼓励致富，鼓励先富，奖励勤劳，反对懒惰的。但勤劳可以脱贫，可以小康，难以致富。致富要靠知识，靠技术。未来中国能否成为富裕的发达国家，靠的是继续勤劳和奋斗基础上的知识和技术的创新。

没有知识和技术，就是佛学所讲的"痴"。为了能够工作省力，本性懒惰的人可以用知识创新一种工具和方法，照样可以少劳苦而致富。因此，对于致富来说，懒惰不如勤劳好，勤劳不如有知好。

本书认为，才能（知识和智慧）是拉财富之车的马。才能当然不能是潜在的，不能是资历学历等，必须是能表现出来知识、技术等业绩贡献。在华为公司这样的高科技企业，更多的是表现在知识创造和技术创造的价值，因而我们提出了"知识雇用资本"的机制，对有知识贡献和技术贡献的人才给予足够的财富激励，执行"人力资本增值优先于财务资本增值"的原则，并进行了知识资本化、知识职权化、知识资产化和知识商品化的"知本主义的企业机制"创新。

做一个有效的企业管理者，需要不低的智商、情商和不错的精力体力。但是，更需要的可能是财商，也就是对财富的职业理念，和运用财富、资本的知识和能力。政府和事业单位是花钱，企业单位则是挣钱。合法合理挣钱的多少就是财商高低的标准之一。

三、财商与财富的关系

财商，首先是一种理念，其次是一种才能和知识。学和做企业管理首先要思考自己适不适合这个职业，直接说就是适不适合经商。有的人可能对钱一点都不感兴趣，而对科研感兴趣，那可能适合在科学院做科学家，不适合在企业搞科研。有的人可能赚了钱总觉得内疚，不觉得是自己应该得的东西，这样的人在企业成功的可能性会比较小。

为什么？一个人一般不会长期干好一件自己不喜欢的事情。如果你现在很缺钱，不得不被动去做，你会坚持。但时间长了，一定要做自己喜欢的事情。当然，自律性、使命感很强的人，会把自己的喜好和职责分开干好。

做企业需要理解组织和资本的本质，优秀的企业领导者能够使自己成为马克思所讲的"资本的人格化"或者"组织的人格化"的人，他会按照资本和组织的运作规律来规范自己的行为，而不是按自己喜欢的那一套。

财商高的结果应该是有财之人。穷秀才有知识、有智商，但不算有财商。为什么在世界上会有不少在常人看来非常有才华，但生活上穷困潦倒的人呢？为什么有才能、有知识、有学历，就是没有钱呢？我们讲的才华只是讲智商，但他可能财商比较差。这种人可能在技术上、知识上、学术上非常厉害，但是他把东西研究出来，把书写出来却卖不出去，知识和技术没法商品化。他懂技术和知识的创造，但不懂技术和知识的销售，甚至懂了产品的制造，但不懂产品的销售，因而财富和他无关。这种人可能受人尊敬，甚至受人可怜。比如著书，社会上有的人特别会写书，有的人特别会印书，有的人特别会卖书，一般情况是会卖书的人最富，会印书的人次之，会写书的人最穷。过去曾有"搞原子弹的不如卖茶叶蛋的钱多"，就反映了改革开放初期这种知识和技术不大值钱的分配结构。现在知识和技术已经找到了自己的有效实现形式，情况已有了很大变化。

挣钱容易投资难。作为一个有一定水平财商的人来讲，挣钱是相对简单的事情，难的是花钱。当然不是消费的花钱，而是投资的花钱。创业的时候主要是早起晚归、废寝忘食地挣钱，但企业一旦做大或者上市之后，筹来的钱要主要用于投资时，出问题的企业就不少。挣钱致富和投资致富，运用的是不同的观念和知识，并不是每个人都能转换过来的。有的人只会做商人，不会做企业家，有的人只会做管理者，做不了投资人。一个人不能明白自己驾驭财富的核心能力和边界，是会失去财富的。

财富管理不仅是获得，更包括财富传承。在第一代创始人老去或退去的今天，财富的传承成为企业的一个重要课题。

笔者认为企业传承不仅是传财富，更要传精神、传规则、传组织。其中精神和规则中就包括了企业的伦理观念和伦理规则。目前，财富管理公司、银行的私人银行部主要是为富裕阶层做财富的传承，比如家族信托、家族办公室等，还没有形成符合中国家族传统、法律政策，又有企业特色的新时代财富综合传承模式。这是笔者将要重点研究和咨询的新课题。现在有《华为公司基本法》，如果能做成《中国家族基本法》，可能是一个有历史价值的成果。

第五节　商道

古人说，蜀道难，难于上青天！现在交通发达了，高铁都通了，蜀道不难了，但是，商道难，依然难于上青天。从个人看，企业经营者有着层出不穷的违反商业伦理甚至违反商业法律的行为，或清史留恶名，或锒铛入牢狱，令人叹息。从企业组织看，总有企业在产品质量、商业广告、市场竞争、金融投资等方面做出伦理甚至法律意义上的"坏事"，如假冒伪劣、污染环境；如电信诈骗、P2P赖账。技术有进步，人性永不变，天变人不变，人性好像是上帝、佛祖、老天爷不管的事。

在此还是不管天道，不管人道，只管商道。高有君子之道，中有历史之道，底有生存之道。

一、君子之道

人的思想可以活在理想国，人的身体必须活在现实国。圣人和君子是人们的理想追求，凡人和小人是人们的现实存在。

《镜花缘》中有一个君子国的故事：一隶卒在那里买物，手中拿着货物道："老兄如此高货，却讨恁般贱价，教小弟买去，如何能安！务求将价加增，方好遵教。若再过谦，那是有意不肯赏光交易了。"卖货人答道："既承照顾，敢不仰体！但适才妄讨大价，已觉厚颜；不意老兄反说货高价贱，岂不更教小弟惭愧？况敝货并非'言无二价'，其中颇有虚头。俗云：'漫天要价，就地还钱。'今老兄不但不减，反要加增，如此克己，只好请到别家交易，小弟实难遵命。"隶卒又说道："老兄以高货讨贱价，反说小弟克己，岂不失了'忠恕之道'？凡事总要彼此无欺，方为公允。试问那个腹中无算盘，小弟又安能受人之愚哩。"谈之许久，卖货人执意不增。隶卒赌气，照数付价，拿了一半货物。刚要举步，卖货人哪里肯依，只说"价多货少"，拦住不放。路旁走过两个老翁，作好作歹，从公评定，令隶卒照价拿了八折货物，这才交易而去。

故事的结果，隶卒和卖货人最终还是妥协了——付了标价钱拿了八折货，谁也没当成百分之一百的君子。如果他两继续在谁更有德行上争下去，这君子之道的买卖是无论如何也做不成的。

君子国争德，商人国争利。如果君子来到商人国，一定会激动——这商人国的人要钱不要德，所以君子国的人在商人国太容易得到他想要的德了。反过来，如果商人去到君子国，他也可能会乐疯——不用费劲在君子国就能拿到一大堆又便宜又好的东西。这可能就是国际贸易的好处。

因此，在有市场交易的现实社会中，都是商人的社会能成立，有商人也有君子的社会能成立，百分之一百君子的社会不成立。这种君子国只能存在于故事中、理想中。因此，可以说纯粹的、理想的伦理道德是用来追求的，不是来实践的。可以把企业伦理分为理想伦理、言论伦理和实践伦理，理想伦理只是一种伦理理念，只是心里想想而已；言论伦理是一种伦理概念，可以说出来和写出来作为提倡和号召；实践伦理是一种伦理行为，可以落实到行动上，产生实际的结果。

在企业伦理管理实践中，似乎应该务实一些，世俗一些，主要是从底线约束员工的行为，而不是从上线拔高员工的理想，或者只是在墙上贴一些做不到的伦理口号。当然，要想把言论和实践联系起来，就不要提"以人为本"的模糊口号，而要以规则为本，把行为按规则分类，通过伦理规则的制定和执行而把人进行分类，才能进行有效的管理。

在行君子之道时可以奉行以下原则：

（1）永怀君子之心。

（2）常说君子之言。

（3）偶行君子之为。

（4）制定伦理之规。

（5）实现企业之果。

二、历史之道

人类社会在不断进步，从奴隶社会、封建社会、资本社会，到社会主义社会。

1. 鹬蚌相争的结果

一般认为，是奴隶把奴隶主推翻了，雇农把地主推翻了，工人把资本家推翻了，就是没资产的人把有资产的人推翻了。但是，我们看到的是，奴隶和奴隶主斗争中，最后胜利的既不是奴隶也不是奴隶主，而是地主，人类从此进入了封建社会，地主代表了一种新的掌握财富和推动社会发展的力量。

在封建社会，又出现了农民和地主之间的斗争，他们争夺的就是土地资源。最后胜利的既不是农民也不是地主，而是资本家。资本家靠产业革命，通过大规模工厂化生产，使生产能力大幅度提高，农业社会变成工业社会，封建社会变为资本主义社会，资本家掌握了土地、资本和劳动力等资源，代表了一种新生力量。

资本主义也已经有了几百年的历史，到了现代的知识社会，人们更清楚了社会发展的一条基本规律，就是地主和资本家之所以胜出，是因为他们掌握了生产和管理财富的新知识。在奴隶和奴隶主阶层里，有一些掌握新知识的人脱颖而出，成了地主；在农民和地主的斗争中，又有一批找到了新知识的人脱颖而出，变成为了资本家。如果以前，知识这种资源的重要性还不是特别明显的话，随着知识社会的显现，"知本家"正在替代资本家而堂堂正正地走到前台，这就是当前人工智能、5G 通信、量子信息技术、机器人和数据科学等信息、数据、情报等相关的知识型产业、企业和知识阶层崛起的历史原因。以历史的规律类推，工人和资本家的斗争结果（包括美国通用汽车公司与工会的历次斗争等），不会是工人取胜，也不会是资本家取胜，而是"知本家"通过知识或技术完成对工人和资本的取代，形成知识替代劳动、知识雇用资本，以"知本家"占据社会舞台中心的"知本主义社会"。当然这不是一蹴而就的，但像华为这类型的公司，既不上市筹资，也不以股东利益为本，已经形成了具有划时代意义的"知本主义"的企业机制。既有星星之火，就有可能燎原。

2. 成为"知本人"

可能成不了"知本家"，但至少可以成为"知本人"，只要你思维模式改变，那就是不断学习和进步。

作为管理学者，笔者发现中国的企业家、管理者和员工比某些国家的企业家、管理者和员工对学习和成长的关注和投入要多得多，花高学费学习 MBA 和 EMBA 的现象能证明这一点。笔者认为这是中国经济和企业能够长期持续发展的重要原动力之一，他们的观念是高一维的。

第一，他们知道优秀企业的追求是超越利润目标的。把盈利当成唯一目标是一种非常浅显的思维方式，做企业是一种职业，是一种责任，说企业伦理是一种职业伦理，说做企业要有社会责任，就是如此。

第二，他们知道优秀的管理是超越专业和业务的。经营企业需要人、财、物和信息等各种要素，他们知道每个要素都重要，但都不如管理重要。管理能力是把这些要素联结起来，组织起来的能力，而不是干具体的专业和业务，因而他们不以某种专业和技术能力高为自豪，而是以企业组织价值实现为己任。

第三，他们知道优秀人才的投入是超越收入的。真正的人才不是在做交易，不是给多少钱干多少活，而是把工作看作学习过程，把困难的工作看作成长机会，把请战挑战看作敬业担当。真正厉害的人，不是你让我学、你让我干，更不是你逼我学、你逼我干，积极主动学习精进是他本来的生活方式——时刻在成长自己。

马克思说劳动创造价值，恩格斯认为劳动不仅创造了产品，更重要的是创造了自己，也就是劳动不仅创造了财务资本价值，还创造了人力资本价值。懂这个道理的人厉害，恩格斯有干企业的经验，雇用不是剥削。个人创造的价值中，资本拿走的是物质财务财富，员工拿走的是知识能力财富，大家共享企业的平台。这就是前面所说的"成长的员工不可能被剥削"的道理。

三、生存之道

搞经济，发展是硬道理。做企业，活着是硬道理。中华人民共和国成立以来，特别是改革开放以来，中国企业70年风雨兼程，砥砺前行，数以千万计的大小企业活下来了，而且很多企业活得还不错。笔者在《成长的逻辑》一书中曾经提出企业做强、做大、做快、做久、做新、做多、做局、做人八个成长方向，在该书的后记中提到企业的宿命、寿命和使命问题，其实，从企业成长与变革的底层逻辑看，做活——活着才是企业成长与变革的基础，是企业的最高纲领。换句话说，活着，是企业的最高伦理。

1. 企业生命体

企业所处的时代环境永远是不确定的，而且越来越不确定，因而企业经营管理不可能规划一条有既定前提的、科学量化的发展道路和战略，但企业必定需要"方向大致正确，组织始终保持活力"。华为公司是一家伟大的公司，它正是因为建立了"以生存为底线，以客户为中心，以奋斗者为本"的组织管理体系、技术研发体系和价值管理体系，所以才能扛得住外国企业的竞争和压力。

为客户而活，因奋斗而活。

客户需求是灵魂，奋斗精神是气，现金流是血液，利润是肌肉，管理体系是骨架，这五个要素构成了企业的生命体。企业家就是要"提着一桶糨糊"，把这些要素黏结到一起。

但企业这个生命体是活在环境之中的。企业与环境之间是生态关系，也可能是死态关系。做企业，必须知道谁可能会卡住自己的脖子。知道谁吃你决定着企业的生存，知道你吃谁决定着企业的发展。大量企业事件证明了这条真理。企业组织不比仁人志士，仁人志士死了会流芳百世，企业死了一了百了。

2. 丛林"三匹狼"

如果企业生存在"丛林环境"中，可能会遇到"三匹狼"，一匹是客户，一匹是供应商，还有一匹是政府。他们都可能成为决定企业存活的关键，企业必须分别制定应对策略。以客户为中心是第一要务，毋庸赘言。但仅有客户并不必然能活下来，如果供应商垄断着货源，将会决定性地阻碍你为客户服务。你的企业以客户为中心，供应商却以垄断为中心，有不同价值观的双方必然会有摩擦。同样，政府也会通过政策或法律等手段加以干涉。因此，企业要活下去，为了不被以垄断为中心的供应商或以国家安全为中心的政府卡住喉咙，就必须在以客户为中心的基础上，采取"货有三家，家有备胎"的生存策略。

封闭系统总是会死亡的，系统存续必须保持开放。而开放就要带来竞争和合作，这就需要企业建立有效竞争，抵御惰怠的生态环境，保住持续艰苦奋斗的这口气，企业的活力就在于这口气。

存在，就是合理的。活着，就是有伦理的企业。一直活着，就是一直有伦理的企业。

参考文献

［1］杨杜、许艳芳：《企业伦理》，中国人民大学出版社，2019 年版。

［2］杨杜：《文化的逻辑》，经济管理出版社，2016 年版。

［3］杨杜：《成长的逻辑》，经济管理出版社，2014 年版。

［4］郭锐：《道德、法律和公司：公司社会责任的成人礼》，中国法制出版社，2018 年版。

［5］郑琴琴、李志强：《中国企业伦理管理和社会责任研究》，复旦大学出版社，2019 年版。

［6］成中英：《文化、伦理与管理》，东方出版社，1991 年版。

［7］李健：《企业伦理论纲》，陕西师大学报，1994 年版。

［8］李占祥等：《矛盾管理学》，经济管理出版社，2000 年版。

［9］苏勇：《管理伦理》，上海译文出版社，1997 年版。

［10］叶保强：《金钱以外——商业伦理启示录》，中国友谊出版公司，1998 年版。

［11］龚群：《中国商德》，四川人民出版社，2000 年版。

［12］常亚平、阎俊：《企业道德守则》，中国经济出版社，2005 年版。

［13］吴成丰：《企业伦理》，中国人民大学出版社，2004 年版。

［14］朱金瑞：《当代中国企业伦理模式研究》，安徽大学出版社、北师大出

版社，2011 年版。

　　［15］骆祖望、陶国富：《企业伦理通论》，河南人民出版社，2009 年版。

　　［16］刘光明：《新商业伦理学》，经济管理出版社，2008 年版。

　　［17］徐大建：《市场经济与企业伦理论纲》，上海财经大学出版社，2003
年版。

　　［18］陈少峰：《企业文化与企业伦理》，复旦大学出版社，2009 年版。

　　［19］徐维群：《伦理管理：现代管理的道德透视》，学林出版社，2008
年版。

　　［20］叶陈刚：《公司治理层面的伦理结构与机制研究》，高等教育出版社，
2006 年版。

　　［21］曾萍：《企业伦理与社会责任》，机械工业出版社，2011 年版。

　　［22］黎友焕、潘江曼、王岩：《企业社会责任概论》，华南理工大学出版
社，2013 年版。

　　［23］杜维明：《新加坡的挑战：新儒家伦理与企业精神》，三联书店，1989
年版。

　　［24］王治平：《经济学阐释》，中国市场出版社，2002 年版。

　　［25］［美］P. 普拉利：《商业伦理》，洪成文等译，中信出版社，1999
年版。

　　［26］［美］柯维：《高效能人士的七个习惯》，中国青年出版社，2011
年版。

　　［27］［英］保罗·格里斯利：《管理价值观》，徐海鸥译，经济管理出版社，
2002 年版。

　　［28］［美］大卫·施沃伦：《财富准则》，王治河译，社会科学文献出版社，
2001 年版。

　　［29］［美］罗伯特·T. 清崎、莎伦·L. 莱希特：《富爸爸穷爸爸》，世界图
书出版公司，2000 年版。

［30］［英］亚当·斯密：《道德情操论》，韩巍译，中国城市出版社，2008年版。

［31］［美］罗伯特·F. 哈特利：《商业伦理》，中信出版社，2000年版。

［32］［美］查尔斯·米歇尔：《国际商业伦理》，上海外语教育出版社，2009年版。

［33］［美］理查德·T. 德·乔治：《信息技术与企业伦理》，北京大学出版社，2005年版。

［34］［美］林恩·夏普·佩因：《公司道德：高绩效企业的基石》，机械工业出版社，2004年版。

［35］［美］吉耶尔：《企业的道德：走近真实的世界》，中国人民大学出版社，2010年版。

［36］［美］詹姆斯·E. 波斯特、安妮·T. 劳伦斯、詹姆斯·韦伯：《企业与社会：公司战略公共政策与伦理》，中国人民大学出版社，2005年版。

［37］［美］曼纽尔·G. 贝拉斯克斯：《工商管理经典译丛：商业伦理：概念与案例（第7版）》，中国人民大学出版社，2013年版。

［38］［德］马科斯·韦伯：《新教伦理和资本主义精神》，三联书店，1987年版。

［39］［美］阿尔伯特·哈伯德：《致加西亚的信》，哈尔滨出版社，2002年版。

附 录
《华为公司企业伦理文件包》

说明

鉴于企业伦理建设的系统性和企业特殊性，本书把华为公司企业伦理相关文件附录在此。整理这些文件时，再次感受到当年刚进华为做顾问时，收集到任总那么多的讲话文件的兴奋，就像发现了一个管理思想的宝库。华为公司的企业伦理相关文件，为中国企业提供了一整套系统的企业伦理建设的文件范本，衷心感谢华为公司对中国管理实践和理论的巨大的历史性贡献。《华为公司企业伦理文件包》有以下 8 个文件：

第一是《致新员工书》。开门见山，进门见佛，自新员工一进公司就向其开诚布公地说明了华为公司的理念，机制和期望。新员工则要做出留下还是走人的选择。

第二是《华为人行为准则》。这一文件强调员工作为组织人、社会人的职业规范和社交礼仪。

第三是《华为公司董事会自律宣言》。董事会是公司的最高决策机构，要求其成员具有高度的使命感和自律性。

第四是《华为公司 EMT 自律宣言》。通过公司的高层管理团队的宣誓仪式和个人的宣誓词，公开表明 EMT 成员对组织的郑重承诺。

第五是《华为员工商业行为准则》。这是每一位正式员工须遵守的商业行为准则，每位华为员工均要签署、学习、掌握并遵守，做出按照准则接受公司奖惩的承诺。

第六是《华为合作伙伴行为准则》。这是华为公司在国内尤其是企业业务的合作伙伴共同准则，表明了华为公司希望和合作伙伴能够：①熟悉并遵守法律；②保持高标准的商业道德；③与华为公司共同成长。

第七是《华为供应商社会责任行为准则》。主要是就劳工权益、健康和安全、环境保护、商业道德以及管理体系等对供应商提出的合作准则。

第八是《华为公司可持续发展报告 2017》，由于篇幅较长，本书不在此附录全文，只列出报告简介和概览。

这些文件，加上本书第五章所介绍的《华为公司干部八条》和《华为公司员工二十一条军规》，构成了一家现代公司比较全套的伦理管理文件包。如果再加上 20 多年前出台的经典企业文化文件《华为公司基本法》（参看杨杜著《文化的逻辑》一书），共 10 个文件，就构成了一个现代企业有关文化建设和伦理建设的整套文件，应该很有借鉴意义。

在此衷心感谢华为公司提供了这么系统的企业伦理管理相关文件，这些文件在网络上都是可以公开搜索到的。

一、《致新员工书》

您有幸加入了华为公司，我们也有幸获得了与您合作的机会。我们将在相互尊重、相互理解和共同信任的基础上，与您一起度过在公司工作的岁月。这种尊重、理解和信任是愉快地进行共同奋斗的桥梁与纽带。

华为公司共同的价值体系，就是要建立一个共同为世界、为社会、为祖国作出贡献的企业文化。这个文化是开放的、包容的，不断吸纳世界上好的优良文化和管理的。如果把这个文化封闭起来，以狭隘的自尊心、狭隘的自豪感为主导，排斥别的先进文化，那么华为一定会失败的。这个企业文化黏合全体员工团结作，走群体奋斗的道路。有了这个平台，您的聪明才智方能很好地发挥，并有所成就。没有责任心，缺乏自我批判精神，不善于合作，不能群体奋斗的人，等于丧失了在华为进步的机会，那样您会空耗了宝贵的光阴。

公司管理是一个矩阵系统，运作起来就是一个求助网。希望您们成为这个大系统中一个开放的子系统，积极、有效地既求助于他人，同时又给予他人支援，这样您就能充分地利用公司资源，您就能借助别人提供的基础，汲取别人的经验，很快进入角色，很快进步。求助没有什么不光彩的，做不好事才不光彩，求助是参与群体奋斗的最好形式。

实践是您水平提高的基础，它充分地检验了您的不足，只有暴露出来，您才会有进步。实践再实践，尤其对青年学生十分重要。只有实践后善于用理论去归纳总结，才会有飞跃的提高。要摆正自己的位置，不怕做小角色，才有可能做大角色。

我们呼唤英雄，不让雷锋吃亏，本身就是创造让各路英雄脱颖而出的条件。雷锋精神与英雄行为的核心本质就是奋斗和奉献。雷锋和英雄都不是超纯的人，也没有固定的标准，其标准是随时代变化的。在华为，一丝不苟地做好本职工作就是奉献，就是英雄行为，就是雷锋精神。

实践改造了，也造就了一代华为人。"您想做专家吗？一律从基层做起"，已经在公司深入人心。一切凭实际能力与责任心定位，对您个人的评价以及应得到的回报主要取决于您的贡献度。在华为，您给公司添上一块砖，公司给您提供走向成功的阶梯。希望您接受命运的挑战，不屈不挠地前进，您也许会碰得头破血流，但不经磨难，何以成才！在华为改变自己命运的方法，只有两个：第一，努力奋斗；第二，做出良好的贡献。

公司要求每一个员工，要热爱自己的祖国，热爱我们这个刚刚开始振兴的民族。只有背负着民族的希望，才能进行艰苦的搏击，而无怨无悔。我们总有一天，会在世界舞台上占据一席之地。但无论任何时候、无论任何地点都不要做对不起祖国、对不起民族的事情。不要做对不起家人、对不起同事、对不起您奋斗的事业的人。要模范遵守所在国家法规和社会公德，要严格遵守公司的各项制度与管理规范。对不合理的制度，只有修改以后才可以不遵守。任何人不能超越法律与制度，不贪污、不盗窃、不腐化。严于律己，帮助别人。

您有时会感到公司没有您想象得公平。真正绝对的公平是没有的，您不能对这方面期望太高。但在努力者面前，机会总是均等的，要承受得起做好事反受委屈。"烧不死的鸟就是凤凰"，这是华为人对待委屈和挫折的态度和挑选干部的准则。没有一定的承受能力，今后如何能做大梁？其实一个人的命运，就掌握在自己手上。生活的评价，是会有误差的，但决不至于黑白颠倒，差之千里。要深信，是太阳总会升起，哪怕暂时还在地平线下。您有可能不理解公司而暂时离开，我们欢迎您回来。

世上有许多"欲速则不达"的案例，希望您丢掉速成的幻想，学习日本人踏踏实实、德国人一丝不苟的敬业精神。现实生活中能把某一项业务精通是十分难的，您不必面面俱到地去努力，那样更难。干一行，爱一行，行行出状元。您想提高效益、待遇，只有把精力集中在一个有限的工作面上，不然就很难熟能生巧。您什么都想会、什么都想做，就意味着什么都不精通，做任何一件事对您都是一个学习和提高的机会，都不是多余的，努力钻进去兴趣自然在。我们要造就一批业精于勤、行成于思，有真正动手能力和管理能力的干部。机遇偏爱踏踏实实的工作者。

公司永远不会提拔一个没有基层经验的人做高层管理者。遵循循序渐进的原则，每一个环节对您的人生都有巨大的意义，您要十分认真地去对待现在手中的任何一件工作，十分认真地走好职业生涯的每一个台阶。您要尊重您的直接领导，尽管您也有能力，甚至更强，否则将来您的部下也不会尊重您。长江后浪总在推前浪。要有系统、有分析地提出您的建议，您是一个有文化者，草率的提议，对您是不负责任的，也浪费了别人的时间。特别是新来者，不要下车伊始，动不动就哇啦哇啦。要深入、透彻地分析，找出一个环节的问题，找到解决的办法，踏踏实实地一点一点地去做，不要哗众取宠。

为帮助员工不断超越自我，公司建立了各种培训中心，培训很重要，它是贯彻公司战略意图、推动管理进步和培训干部的重要手段，是华为公司通向未来、通向明天的重要阶梯。您们要充分利用这个"大平台"，努力学习先进的科学技术、管理技能、科学的思维方法和工作方法，培训也是您们走向成功的阶梯。当然您想获得培训，并不是没有条件的。

物质资源终会枯竭，唯有文化才能生生不息。一个高新技术企业，不能没有文化，只有文化才能支撑它持续发展，华为的文化就是奋斗文化，它的所有文化的内涵，都来自世界的、来自各民族的、伙伴的，甚至竞争对手的先进合理的部分。若说华为有没有自己的核心文化，那就剩下奋斗与牺牲精神算我们自己的吧！其实奋斗与牺牲也是从别人那里抄来的。有人问我，您形象地描述一下华为文化是什么。我也不能形象地描述什么叫华为文化，我看了"可可西里"的电影，以及残疾人表演的"千手观音"后，我想他们的精神就叫华为文化吧！对于一个新员工来说，要融入华为文化需要一个艰苦过程，每一位员工都要积极主动、脚踏实地地在做事的过程中不断去领悟华为文化的核心价值，从而认同直至消化接纳华为的价值观，使自己成为一个既认同华为文化，又能创造价值的华为人；只有每一批新员工都能尽早地接纳和弘扬华为的文化，才能使华为文化生生不息。

华为文化的特征就是服务文化，谁为谁服务的问题一定要解决。服务的含义是很广的，总的是为用户服务，但具体来讲，下一道工序就是用户，就是您的"上帝"。您必须认真地对待每一道工序和每一个用户。任何时间，任何地点，华为都意味着高品质。希望您时刻牢记。

华为多年来铸就的成就只有两个字——诚信，诚信是生存之本、发展之源，诚信文化是公司最重要的无形资产。诚信也是每一个员工最宝贵的财富。

业余时间可安排一些休闲，但还是要有计划地读些书，不要搞不正当的娱乐活动，为了您成为一个高尚的人，望您自律。

我们不赞成您去指点江山，激扬文字。目前，在中国共产党领导下，国家政治稳定、经济繁荣，这就为企业的发展提供了良好的社会环境，我们要十分珍惜。21世纪是历史给予中华民族一次难得的振兴机会，机不可失，时不再来。

"21世纪究竟属于谁"，这个问题的实质是国力的较量，国际间的竞争归根结底是在大企业和大企业之间进行。国家综合国力的增强需要无数大企业组成的产业群去支撑。一个企业要长期保持在国际竞争中的优势，唯一的办法便是拥有自己的竞争力。如何提高企业的竞争力，文章就等您们来做了。

希望您加速磨炼，茁壮成长，我们将一起去托起明天的太阳。

注：《致新员工书》最早发表于1994年12月25日第11期《华为人》，多年来任总都是亲自修订，更新数次，这是2015年任总再次对此文做出的最新修订。

二、《华为人行为准则》

（一）公司宗旨

【追求】

华为的追求是成为电子信息领域的世界级领先企业，为实现客户的价值观而持续发展。

【员工】

管理有效的高素质的集体奋斗员工群体是最重要财富。

【技术】

在独立自主发展核心技术基础上，开放、合作。

【精神】

爱祖国、爱人民、爱事业、爱生活是我们凝聚力的源泉。敬业、创新、团结、企业家精神是我们企业文化的精髓。实事求是是我们行为的准则。

【文化】

资源是会枯竭的，唯有文化是生生不息的。

【利益】

华为主张在顾客、员工与合作者之间结成利益共同体。努力探索按生产要素分配的内部动力机制。我们绝不让雷锋吃亏，奉献者定当得到合理的回报。

【社会责任】

华为为产业报国和科教兴国做不懈的努力，以公司的发展为所在社区作出贡献。为伟大祖国的繁荣昌盛，为中华民族的振兴，为自己和家人的幸福而不懈努力。

（二）华为人职业行为规范

【尽职尽责】

需要员工全身心地投入到工作中去。

1. 坚持原则，一切从公司利益出发，不感情用事。

2. 干一行，爱一行，专一行，脚踏实地，一丝不苟，精益求精，不断地把事情做得更好。

3. 各级主管有责任根据公司发展的需要为在本职岗位上表现出色的员工提供更多的发展机会。

4. 对工作目标及结果负责，积极努力去实现既定目标。

5. 主动承担工作责任，出现问题时首先讲内部不讲外部，讲自己不讲别人，讲主观不讲客观，把解决问题作为首要任务。

6. 敢于暴露自己工作中的问题，敢于讲真话，不捂盖子，不文过饰非。

7. 苛求自己，苛求产品，不犯重复错误，把事情一次做好。

【团结协作】

胜则举杯相庆，败则拼死相救。团结合作、集体奋斗是华为文化的精髓，只有团队成功才有个人的成功。

1. 小我融入大我，在团队的平台上发挥个人特长。

2. 从自身做起，积极参与集体活动，努力营造团结紧张、严肃活泼的团队气氛。

3. 襟怀坦白，包容他人，认同别人的长处，了解彼此的短处是团结协作的基础。

4. 资源共享，积极支持和配合他人工作，积极求助于他人，同时无私地帮助他人，在互助中共同进步。

的稳定性，功能的先进性，低成本、高品质，满足可生产性、可维护性、可采购性、可升级性……从对科研成果负责转变为对产品市场成败负责，在设计中摒弃幼稚，构建质量、成本、服务优势。

3. 生产过程是直接的产品制造过程，生产目的是要制造出用户满意的产品。为此在生产的每一环节都要急用户所急，重用户所重，保质保量，按时准确地将产品送达用户。

4. 及时有效的服务是我们拓展市场的基础。这种服务不单指售后服务，而是包括一切与用户相关的服务：交货服务、咨询服务、接待服务、运输服务、培训服务……每一次服务都要体现出用户是上帝的服务宗旨，我们向顾客提供产品的终生服务承诺。

5. "下一道工序是我们的用户"，我们不仅对外有市场意识和服务意识，永远想着最终用户；对内也要有市场意识和服务意识，为下一道工序、下一个接口、下一个环节提供良好的服务。

【质量、成本意识】

树立品质超群的企业形象，质量是企业的生命，质量是我们的自尊心。具有竞争力的成本是增强企业核心竞争力的重要因素之一。公司倡导成本意识是为了追求可持续的最佳投入产出比。

1. 技术上保持与世界潮流同步。

2. 创造性地设计、生产具有最佳性能价格比的产品。

3. 从最细微的地方做起，充分保证顾客各方面的要求得到满足。

4. 充分利用公司的各种公共资源是降低成本的最有效途径。

5. 加强主人翁责任感，厉行节约，减少浪费，爱护公司的公共财物。

6. 人力资源的浪费是最大的浪费，减少无效劳动，杜绝人浮于事，合理配置人力资源，是降低成本的重要途径。

7. 时间是最宝贵的资源之一，时间的浪费是最容易被忽视的浪费。工作无计划、计划和方案的草率造成工作不断返工，是时间浪费的最大根源之一。制定计划和方案的过程中充分讨论、系统分析，尽量让计划、方案臻于完善；在实施计划、方案过程中严格遵守规则，及时沟通协调是减少时间浪费的有效办法。

【知识产权与保密意识】

所有商业秘密和技术秘密是经公司巨大投资，经集体奋斗所获得的知识产权。对我们这样一个高科技企业而言，这笔无形资产是公司赖以发展、员工福利得以保障的基石。每个有责任心的华为人要像爱护自己的眼睛一样，来保护我们的商业秘密和技术秘密，严厉打击故意泄密的行为，谨防无意泄密。

1. 员工有义务保守公司的商业秘密与技术秘密，遵守公司保密规范，保护公司的知识产权。

因职务取得的知识成果应及时汇报，协助公司取得知识产权。

对于不该知道的秘密不打听、不猜测。

保守机密，在任何场合、任何情况下，对内、对外不得以任何方式向任何未授权人员泄露公司机密。这些机密包括但不限于纸质或胶片上的文档、工作笔记、会议纪要、文件、图表、目录、磁盘、光盘等。

妥善保管、使用、交还有关秘密文件及实物。

对外宣传、对外交流时，讲究方法与策略，严格保守公司的秘密信息。不在公共场合随意谈论公司信息，防止无意泄密。

不论是否离开公司，不得利用公司机密为自己或他方谋取利益。

2. 发现可能泄密的情况，按公司的有关规定处理，及时报告，及时采取有效措施。

3. 员工应尊重他人的知识产权，不得非法获取、使用他人的知识财产（如机密信息、软件等）。

4. 当员工合法持有他人的有机密性或有使用权限的信息时，除合同条款允许范围外，不得复制、散布或泄露这些信息。

5. 员工在接受软件、使用网络上的资源，必须严格遵守授权合同的条款规定。

6. 员工因私人拥有的计算机而取得的软件（尤其是有版权问题的软件），不得置入华为所属的任何计算机系统中，亦不可将它带入华为的办公场所。其他侵犯他人知识产权的物品不得存放于华为的办公场所。

【安全与资源保护】

增强安全意识，保障员工人身安全及公司财产安全，是每一个华为人的义务。

1. 员工须遵守公司制定的安全管理条例，严格执行身份卡识别制度、消防管理制度、物品投递管理制度、携物出门管理制度。

2. 要妥善保管私人财物，不在办公场所（办公桌、柜子里、电话或计算机系统中）存放私人物品、存折或文件，公司安全管理部或上级部门有权开启并检查。确保个人权限密码安全（包括信息系统密码、保险柜密码等）。如丢失或被盗，责任自负。

3. 员工进公司必须主动出示工卡，在公司内部要随身佩戴工卡。接待非公司人员进入公司必须为来宾在总接待台或安全岗领取贵宾卡、来宾卡等身份识别卡，来宾在公司活动期间，必须佩戴身份卡于醒目位置。经常出入公司的非公司人员应在安全管理部和知识产权部的联合审批下办理临时通行证，进入公司必须佩戴有效通行证。

4. 公司有专职保卫人员负责公司的日常保卫工作，运用有效的手段防破坏、防盗窃、防火灾、防爆炸。发觉工作地点有任何异常情况或自己及他人的安全出现问题，有责任立即向安全管理部门报告。

5. 门禁系统主要用于中研、中试等技术保密部门，相关人员凭授权工卡可以通过门禁出入相应部门。任何人不得随意破坏门禁设施或将授权工卡借给他人。公司核心技术部门及其他重要部门都加装有闭路监控系统。

6. 在工作区域严禁吸烟，员工吸烟必须在指定地点进行。在生产区域和库房严禁烟火。员工在非吸烟区吸烟发现一次处以 1000 元以上罚款，并写书面检讨。视认识态度好坏给予辞退、降工资、点名通报、不点名通报等行政处理。

7. 出现火灾应及时报警，外线报警拨 119，内线报警拨 3119，或拨安全岗电话。报警时应报告火灾的位置及性质，并及时获取灭火器材，设法将火扑灭。

【道德情操与自律】

勿以善小而不为，勿以恶小而为之。

1. 上班时间不从事与工作无关的个人活动，不打私人电话。

2. 不利用工作机会和便利谋求私利，不损公利己。

3. 自觉维护公司形象，不传播或散布不利于公司、部门和同事的言论。

4. 珍惜他人劳动、节约公司资源，爱护工作和生活环境。

5. 生活作风检点，严格遵循社会道德准则。

6. 重伦理，爱家人，公司提倡将在华为的第一个月工资寄回家里，孝敬父母。

7. 关注国家、民族的命运，乐于向遭受各种灾害的地区或急需经济援助的同胞捐献钱物。

【利益与关系处理】

公司倡导廉洁、自律、守法、诚信、敬业的职业道德。

员工的一切职务行为都必须以维护公司利益、对社会负责为目的。

【贪污受贿禁止】

1. 员工在经营管理活动中，不准直接或间接索取业务关联单位的礼物或利益；不许向业务单位提与公司工作无关的要求；不许接受业务单位任何回扣、佣金、小费等。遇到类似情况应及时上报。

2. 员工不得挪用公款谋取个人利益或为他人谋取利益。

3. 员工在财务报销中要实事求是，不得虚报冒领、私费公报。

【兼职禁止】

员工禁止在公司外兼任任何工作，尤其严格禁止以下兼职行为：

1. 兼职于公司的业务关联单位或商业竞争对手。

2. 所兼任的工作构成对公司的商业竞争。

3. 在公司内利用公司的时间资源和其他资源从事兼任的工作。

【经营行为限制】

1. 员工不得超越本职业务和职权范围，开展经营活动。禁止超越业务范围和本职权限，从事投资业务。

2. 员工除本职工作外，未经公司总裁授权或批准，不得从事下列活动：

以公司名义提供担保、证明。

以公司名义考察、谈判、签约。

以公司名义对新闻媒介和外界发表意见、消息。

以公司名义出席各种会议或其他公众活动。

【个人投资限制】

1. 禁止以各种名义进行个人投资：

投资于公司的客户或商业竞争对手。

以职务之便向投资对象提供利益。

以亲属、朋友名义从事上述二项投资活动。

以个人名义或与他人合伙办公司。

向公司供应商投资或持有其股份。

2. 不从事社会炒股炒汇等金融投资投机活动。

【交际应酬限制】

1. 公司对外的交际应酬活动，应本着礼貌大方、简朴务实的原则，不得铺张浪费，严禁涉及违法及不道德的行为。

禁止过于频繁或豪华的宴请。

不安排客户、业务单位到低级的场所（夜总会、歌舞厅等）或不安全的场所就餐和活动。

2. 不允许自己开车接送客人，由此引起的安全事故由个人承担全部责任。

3. 员工在与业务关联单位进行业务联系过程中，对超出正常业务联系所需要的交际活动，应谢绝参加。

不允许参加具有赌博性质的活动。

不允许参加对方旨在为了从我方取得不正当利益的活动。

4. 公司内部的交际应酬活动，应提倡热情简朴，不准用公款进行宴请及相关活动。

【与竞争对手的关系限制】

1. 华为提倡与竞争对手之间的公平竞争的行为。

2. 避免与竞争对手的员工产生、保持可能不利于公司的关系，如有疑问向公司人力资源部或知识产权部咨询、反映。

3. 不得同竞争对手讨论公司的保密信息。

4. 不允许在客户面前或外界攻击竞争对手。

5. 禁止用不正当方式获取竞争对手的商业秘密。

（三）华为人礼仪

【言谈】

接受别人帮助时，衷心表示谢意；给别人造成不便时，真诚致以歉意。

与人交谈，避免"一言堂"，要给对方谈话的机会，善于倾听对方的发言。

交谈时注意力集中是对他人尊重的表现，切勿东张西望。

交谈的语气和言辞要注意场合，掌握分寸，力求简洁、明了。

研究工作时，坦诚地发表自己的见解，就事论事，不随意议论、攻击他人。

在公共场所语言温和平静，注意不影响他人。

回避某些不宜交谈的话题：他人个人私生活，他人工资、奖金、股金，他人工作岗位需保密的信息，他人长短的话题。

【仪容仪表】

保持健康、积极的心态：自尊、自信、自爱、自重。

举止文雅大方、稳健庄重。

服饰要整洁、得体、大方。在办公环境内，禁止男士着短裤、背心和拖鞋，女士着无袖衣裙、超短裙裤和拖鞋等奇装异服。

发型大方得体，不留怪异发型，不染怪异颜色的头发。

正确佩戴工卡。应用卡带串起来，挂在胸前。

【电话礼仪】

听到电话铃声，应及时接听，并首先向对方问好。电话铃响三次内接起，如果稍迟，应主动致歉。

拨出电话应主动报出自己的姓名、单位，告知对方自己要与何人通话。

接打电话，声音要清晰、热情，音调适中，彬彬有礼，切忌语言生硬。

通话简明扼要，讲求效率。市内通话一般不超过 5 分钟，长途电话一般联络不应超过 3 分钟，特殊情况不宜超过 5 分钟，事前应准备通话要点；如果沟通内容较长，建议使用邮件或传真。

在接打电话中，要注意遵守公司的保密制度。

接听重要电话，要养成作电话纪要的良好习惯。

周围的同事不在时，主动代接电话。

【会议】

会议的准备工作要充分、细致。

准时到会，最好是在会议开始前几分钟到达。

先征得主席的允许方可使用录音机。

避免干扰别人发言；不垄断会议程序。

积极参与会议讨论，若是强调不同意别人的意见，则应谨慎地控制消极情绪的流露。

会议发言紧扣主题，有条理地陈述自己的见解，以免浪费时间。

参加会议时，应将通讯工具关闭或交秘书接听。

【就餐】

在规定的时间就餐，在规定的时间内结束就餐。

取餐时遵守秩序，排队轮候，举止文明，不大声喧哗。

厉行节约，按量取饭，并尽量保持文明、安静的环境。

用餐后自觉清理桌面，座椅推回原位，餐具送回洗碗间。

办公期间不准在办公场所就餐和吃零食。

【乘车】

自觉遵守秩序，排队上下车，女士、长者优先。

发扬友爱精神，不以任何理由抢占座位。

保持车内卫生，不随意乱扔杂物、吐痰，严禁车内吸烟。乘坐班车不得要求司机在非公司站点停车或更改指定路线。

【乘电梯】

乘电梯时，先下后上。

电梯内没有人时，在客人之前进入电梯，按住"开"的按钮，请客人入内；电梯内有人时，无论上下都应以客人、女士和长者优先。

先上电梯的应靠后站，以免妨碍他人乘电梯。

电梯内不可大声喧哗或嬉笑吵闹。

与其他单位共用电梯时礼让他人先上。

三、《华为公司董事会自律宣言》2013 年版

华为承载着历史赋予的伟大使命和全体员工的共同理想。多年来我们共同奉献了最宝贵的青春年华，付出了常人难以承受的长年艰辛，才开创了公司今天的局面。要保持公司持久的蓬勃生机，还要长期艰苦奋斗下去。

我们热爱华为正如热爱自己的生命。为了华为的可持续发展，为了公司的长治久安，我们要警示历史上种种内朽自毁的悲剧，决不重蹈覆辙。在此，我们郑重宣誓承诺：

1. 正人先正己、以身作则、严于律己，做全体员工的楷模。高级干部的合法收入只能来自华为公司的分红及薪酬，不以下述方式获得其他任何收入：

绝对不利用公司赋予我们的职权去影响和干扰公司各项业务，从中谋取私利，包括但不限于各种采购、销售、合作、外包等，不以任何形式损害公司

利益。

不在外开设公司、参股、兼职，亲属开设和参股的公司不与华为进行任何形式的关联交易。

不贪污，不受贿。

高级干部可以帮助自己愿意帮助的人，但只能用自己口袋中的钱，不能用手中的权，公私要分明。

2. 高级干部要正直无私，用人要五湖四海，不拉帮结派。不在自己管辖范围内形成不良作风。

3. 不窃取、不泄露公司商业机密，不侵犯其他公司的商业机密。

4. 绝不接触中国的任何国家机密，以及任何其他国家的任何国家机密。

5. 不私费公报。

6. 高级干部要有自我约束能力，通过自查、自纠、自我批判，每日三省吾身，以此建立干部队伍的自洁机制。

我们是公司的领导核心，是牵引公司前进的发动机。我们要众志成城，万众一心，把所有的力量都聚焦在公司的业务发展上。我们必须廉洁正气、奋发图强、励精图治，带领公司冲过未来征程上的暗礁险滩。我们绝不允许"上梁不正下梁歪"，绝不允许"堡垒从内部攻破"。我们将坚决履行以上承诺，并接受公司监事会和全体员工的监督。

四、《华为公司 EMT 自律宣言》2012 年版

与前一个相应的是华为高管团队 EMT 的自律宣言，内容有稍微不同。而且每位 EMT 成员要有个人的宣誓。

（一）EMT 自律宣言

华为承载着历史赋予的伟大使命和全体员工的共同理想。十八年来我们共同奉献了最宝贵的青春年华，付出了常人难以承受的长年艰辛，才开创了公司今天的局面。要保持公司持久的蓬勃生机，还要数十年地继续艰苦奋斗下去。

我们热爱华为正如热爱自己的生命。为了华为的可持续发展，为了公司的长

治久安，我们要警示历史上种种内朽自毁的悲剧，决不重蹈覆辙。在此，我们郑重宣誓承诺：

1. 正人先正己、以身作则、严于律己，做全体员工的楷模。高级干部的合法收入只能来自华为公司的分红及薪酬，除此之外不能以下述方式获得其他任何收入：

绝对不利用公司赋予我们的职权去影响和干扰公司各项业务，从中谋取私利，包括但不限于各种采购、销售、合作、外包等，不以任何形式损害公司利益。

不在外开设公司、参股、兼职，亲属开设和参股的公司不与华为进行任何形式的关联交易。

高级干部可以帮助自己愿意帮助的人，但只能用自己口袋中的钱，不能用手中的权，公私要分明。

2. 高级干部要正直无私，用人要五湖四海，不拉帮结派。不在自己管辖范围内形成不良作风。

3. 高级干部要有自我约束能力，通过自查、自纠、自我批判，每日三省吾身，以此建立干部队伍的自洁机制。

我们是公司的领导核心，是牵引公司前进的发动机。我们要众志成城，万众一心，把所有的力量都聚焦在公司的业务发展上。我们必须廉洁正气、奋发图强、励精图治，带领公司冲过未来征程上的暗礁险滩。

我们绝不允许"上梁不正下梁歪"，绝不允许"堡垒从内部攻破"。我们将坚决履行以上承诺，并接受公司审计和全体员工的监督。

（注：EMT：公司级别的行政管理团队，英文名称 Executive Management Team 的缩写）

（二）EMT 个人宣誓

成员1：

从我创办华为担任总裁那一天起，就深感置身于内外矛盾冲突的旋涡中，深感处在各种利益碰撞与诱惑的中心,同时也深感自己肩上责任的沉重。如何从容地应对各种冲突和矛盾,如何在两难困境中果断地决策和取舍,如何长期地抵御住私欲的诱惑和干扰,唯有彻底抛弃一切私心杂念。否则无法正确平衡各方面的关系。这是我担任总裁的资格底线,这也是我们担任公司高级干部的资格底线。

只有无私才会公平、公正,才能团结好一个团队;只有无私才会无畏,才能坚持原则;只有无私才敢于批评与自我批评,敢于改正自己的缺点,去除自己的不是;只有无私才会心胸宽广,境界高远,才会包容一切需要容纳的东西,才有能力肩负起应该承担的责任。

我郑重承诺:在任期间,决不贪腐,决不允许亲属与公司发生任何形式的关联交易,决不在公司的重大决策中,掺杂自私的动机。

成员2:

我们是公司的领导核心,一言一行都会对公司的发展产生影响。我在公司的这个职位上,在管好自己的同时,还要教育好自己周边的人,自律与坚持原则是一项最起码的要求。不能利用职权间接或直接影响和干扰公司各项业务。不以任何形式损害公司利益。要以身作则,严于律己,要把精力集中在公司的发展上。

我承诺在公司工作期间:

1. 决不利用职权从中谋利,不贪污腐败。

2. 自己不开设公司、参股、炒股。不允许亲属与公司发生关联交易。

3. 正直无私,不拉帮结派,防止不正之风在公司形成。

4. 提高自我修养,做一位朴实的好公民。

严格遵守EMT宣言中的各项内容,并接受公司和员工的监督和检查。

成员3:

我宣誓严格自律,恪守公司EMT自律宣言。

职责与权力是公司的信任与托付,也是考验。职责和权力只能用于公司的利益,不得以权谋私。我现在负责分管的终端、战略合作、法务、信息安全等业务,敏感而复杂,且很多工作事关全局,在此,我郑重做出以下承诺,并愿意接受全体员工的监督和公司的审计。

1. 严于律己，以身作则，绝不利用手中职权去影响公司业务以谋取私利，绝不干扰各种采购、销售、合作、外包等正常决策；

2. 积极约束自己的家人，不与华为进行任何形式的关联交易；

3. 以身作则，恪尽职守，不断保持创业激情，持续艰苦奋斗；

4. 正直无私，自律严谨，树立正气，用人五湖四海，不拉帮结派；

5. 增强批判与自我批判的能力，每日三省吾身，勇于指出和批判组织中不健康的行为，不在自己管辖的范围内形成不良作风。

成员4：

我们一定要在公司内部建立廉洁正气、奋发图强、励精图治的工作风气。绝不允许"上梁不正下梁歪"，绝不允许"堡垒从内部攻破"。作为公司最高层管理团队的成员，我庄严地写下我的敬业宣言：

1. 严格自律，杜绝贪污腐化、不搞关联交易。我承诺我的收入只能来自华为的分红及薪酬，除此之外将不以下述方式获得其他任何收入：

绝对不利用公司赋予我的职权去影响和干扰公司各项业务，并从中谋取私利，不以任何形式损害公司利益。

绝不允许亲属开设和参股的公司与华为进行任何形式的关联交易。

2. 坚决与贪污腐化做斗争，严禁关联交易。我承诺在我负责管理的业务领域，将建立严密的内控制度，防止与杜绝腐败贪污的事件发生，并严格稽查关联交易，一旦发现有任何人做出违背公司利益或者通过搞关联交易获取私利，我将决不姑息，不讲情面，不捂盖子，上报公司，严肃处理。

3. 持续奋斗，保持自我约束能力，坚持自我批判。我会将全部精力聚焦在工作上，保持持续的工作热情与奋斗精神。并时刻保持用干部岗位职责和职业道德标准要求自己，加强自律和自我约束能力。通过自查、自纠、自我批判，不断促进自我完善，杜绝在自己管辖范围内形成不良作风。

在我们事业发展的关键时期，我将抛开一切个人私心杂念，全身心地投入到工作中去。我将以诚信的态度，信守我的敬业宣言，并接受公司的审计及全体员工的监督！

成员 5：

作为公司的干部，我深深地体会到，唯有在人事和财务上排除私人的利益和不掺杂自私的动机，才能做到坚持原则，并带领好自己的下属，承担起管理的责任。

我郑重承诺严格遵守 EMT 宣言：不贪污腐化、不搞关联交易，经济上、财务上廉洁自律，不损害公司利益，任何时候忠诚于公司的事业，并自觉接受大家的监督和公司的监督。

成员 6：

今天我在这里宣誓遵守并签署 EMT 自律宣言，有一种神圣的使命感。

作为公司的高级干部，公司赋予了我很多职权，特别是主管采购供应体系，每年的采购额超过几百亿。采购业务是滋生腐败及关联交易的易发区域，在这个岗位上，我自己首先要严格自律，心底无私，不以任何方式谋取私利，不搞关联交易，不腐败，严格遵循集体决策、分层决策、角色分离等采购内控原则，增加透明度，同时对采购业务中的腐败行为坚决打击，对触犯法律者绳之以法，决不让采购腐败行为有存在的空间。

在干部队伍建设上，认真执行和落实干部管理的三权分立的管理规定，用人正直无私、五湖四海，不拉帮结派，树立正气，严格有效管理，加速运作交付体系干部和员工队伍的全球化和职业化步伐。

作为公司的高级干部，我将严格自律，廉洁正气，艰苦奋斗，努力修炼。特别要加强组织理解力、人际沟通理解能力及业务能力的发展，围绕着公司2007～2009 年 EMT 优先重点工作，认真履行职责，坚守对公司的承诺，愿意接受公司审计和全体员工的监督。

成员 7：

今天，我在此庄严宣誓：为了使公司避免内朽自毁的悲剧，我将严格履行

EMT 自律宣言，绝对不利用公司赋予我的职权去影响和干扰公司各项业务，并从中谋取私利和腐败；绝对不会自己与家属搞关联交易；

绝对不拉帮结派，不惰怠，不无作为，因为惰怠、无作为也是腐败。坚持自查、自纠和自我批判。

请大家监督。

成员 8：

华为取得成功的重要因素之一是最高管理层的无私奉献，其表率作用又影响着全体员工，使不自私、奋斗与奉献成为企业文化的主流，公司处在快速全球化的过程中，这种文化对于公司的持续发展是非常重要的，作为公司的高级管理者之一，我应该而且愿意成为这种文化的实践者与推行者，并希望以我的行动为我的下属做出表率。

为此，我今天郑重地向公司的全体员工做出承诺：我将保证不在外开设或参股其他公司，或未经公司批准在其他公司兼职；更不允许我本人及亲属以任何方式与公司发生关联交易。为实践这个承诺，我会注意从小事做起，严格要求自己和自己的亲属，"勿以恶小而为之"，不能让"人情难却"成为破坏原则违反制度的借口。同时，不但是我自己，还要帮助我的亲属清醒地认识到，我手中的权力是公司赋予的责任，这种权力只能用来为公司创造价值而不能沦为谋取私利的工具。

我愿意就上述承诺内容主动接受各方面的监督，并通过我的行动巩固公司持续进步的基础。

成员 9：

我们看到太多企业兴衰、自毁长城的悲剧，其根本原因不在于行业的变迁，竞争的加剧等外部因素，而是内部腐败，特别是管理层的腐败。

为了华为公司长治久安、持续的发展，为了华为公司在面临不断加剧的行业竞争中，战胜困难、走向胜利，为了历史赋予华为的伟大使命和全体员工的共同理想，我在此郑重承诺：

1. 以身作则，不仅自己做到坚守道德准则、公司行为准则，坚守承诺，同时对损害公司利益的行为，要坚决阻止。

2. 廉洁奉公，一切以是否有利于公司、是否符合公司利益为原则，决不利用公司赋予的职权，不以任何形式（包括但不限于采购、合作、外包等）损害公司利益，谋取私利。

3. 光明磊落，坚持原则，不为自己、亲友以及利益相关者牟取不当利益。目前为止没有在外开设公司、参股以及兼职，没有亲属、利益相关者开设的公司与华为进行任何形式的关联交易，今后也不会有。

4. 正直无私，不拉帮结派，热爱公司，为了公司的兴旺发展，毫无保留地奉献全部智慧与精力。

五、《华为员工商业行为准则》（1.0 版）2011 年 10 月

1.0 前言

每位华为员工在公司商业行为中遵守法律规定和道德规范，是华为能够长久发展的重要保障之一。公司在研究已发生的案例和公司面临的全球化环境后，对员工在商业行为中应遵循何种规范进行了深入讨论，讨论结果形成了华为员工商业行为准则，该准则是帮助我们遵循法律与道德标准的指导规范。

华为员工商业行为准则是所有华为员工应该遵守的一般性商业行为规范，除此之外，华为员工还应遵守公司、所在部门或所从事业务领域的其他规则。其他规则与华为员工商业行为准则不一致的，以华为员工商业行为准则为准。世界是不断变化的，公司的经营以及我们所处的世界不断发展，新的道德和法律问题不断涌现，没有任何一套规范是绝对适用于所有情况的。公司将根据情况及时修订华为员工商业行为准则，随着新问题的出现，华为员工商业行为准则或具体业务规则在解释或适用上可能在其基本理念范围内被赋予新的含义。如果您对准则或业务规则有解释上或适用上的问题，应向直接主管咨询。如果直接主管不能清楚解释或您对直接主管的答复仍有疑义，直接主管或您可通过以下渠道向人力资源部员工关系部咨询：

E – mail：BCGinquiries@ huawei. com

华为的业务覆盖全球，公司商业行为准则是按照遵从华为业务所在各国法律要求的原则来制定的。但是由于各个国家的法律、法规千差万别，宗教习惯也不一样，如果公司商业行为准则中某一项或几项规定与相关法律、宗教的强制性规定相冲突，则以该强制性规定为准，同时并不影响其他规定的效力。华为员工商业行为准则适用于深圳市华为投资控股有限公司及其全球范围内直接或间接控股子公司的员工。其他人员可由相关业务部门参照适用。华为员工商业行为准则对公司具有重要意义。每位华为员工均应签署、学习、掌握并遵守华为员工商业行为准则的各项要求。华为员工如有违反本准则的行为，将会受相应处罚（包括解除劳动合同、追究法律责任等）。

如您发现有任何违反本准则的行为，请通过以下渠道进行投诉：

NOTES：BCG complain/huawei

Email：BCGcomplain@ huawei. com

华为对相关举报将展开调查，且绝不允许任何人对举报者采取打击报复行动或进行威胁。华为员工商业行为准则由人力资源部负责解释并定期维护。

2.0 基本准则

所有员工均应诚实守信，遵守商业行为准则，诚实劳动、恪尽职守、严禁欺诈。每位员工应做到：处理所有华为业务活动与业务关系时，要诚实、守信；遵守适用的、与华为业务经营活动相关的法律和法规；保护并正当使用华为资产，尊重他人知识产权；维护公司利益，正确处理公、私利益关系；尊重差异，对来自全世界客户、供应商、业务伙伴以及员工的文化、宗教信仰，应予以尊重和公正对待。

3.0 对内业务行为

3.1 维护工作环境

3.1.1 禁止歧视和其他困扰

公司不允许工作环境中有以下行为：因种族、肤色、宗教、性别、年龄、国籍、遗传、残障或其他与华为合法利益无关的歧视或差别对待；任何性骚扰的言论或行为；不适宜的评论、玩笑、行为等。

3.1.2 禁止违法行为

以下行为可能违反法律或破坏工作环境，因此公司禁止：胁迫；暴力行为；造成、鼓动或引起工作环境冲突、恐怖的行为；持有任何形式的武器；使用、分发、贩卖或持有非法药物、毒品、其他非经核准供医药用途的管制品。

3.1.3 禁止含酒精饮料

受到禁药、管制品或含酒精饮料的影响的员工，不得在华为办公场所或其他工作场所出现。不得在华为办公场所饮用含酒精饮料。

3.2 保护华为资产

华为有多种资产，包括有形资产和无形资产。公司的知识产权，尤其是技术秘密与商业秘密，是公司最重要的资产，是全体员工辛勤劳动的果实。资产的遗失、被盗或被滥用，均将危害到公司的未来，所以妥善保护资产至关重要。华为员工有责任保护公司的一切有形资产、知识产权、技术秘密与商业秘密以及其他无形资产，同时应对华为资产的不安全隐患保持警觉，发现异常情况应立即向直接主管或相应管理部门报告。

过去的一些案例显示，华为的有形资产和知识财产存在被非法或未经授权使用的情形。在个别案例中，个别人员（包括已离职的华为员工）曾因他们的行为被起诉，并因参与窃取、侵占华为资产而被追究刑事责任。

3.2.1 有形资产

华为的有形资产，如厂房、设备、系统、设施、公司信用卡、用品等，只能用于华为业务或经相关管理层授权使用目的。

3.2.2 华为信息通信系统

华为的信息通信系统，包括与外部网络的连接，对于华为的业务经营非常重要。华为有权对其信息通信系统进行监控，以保证信息通信系统的安全。任何不正当使用华为信息通信系统的行为，是对华为资产的滥用。员工只能将华为信息通信系统用于华为业务或经相关管理层授权使用的目的。华为员工未经授权不得利用华为的信息通信系统访问与工作无关网站。每位员工均有责任确保为正当目的使用华为的信息通信系统。任何员工不得因不当使用华为的信息通信系统而影响自己或他人的工作效率。

3.2.3　华为专有信息

华为专有信息指由华为所有的信息，包括但不限于华为各数据库中包含的信息。与华为目前或未来产品、服务或研究有关的技术或科技信息、业务或营销计划或预测、营业收入或其他财务资料、人事资料（包含主管或组织变更）、源代码形式的软件、华为从顾问公司等第三方获得的咨询成果或资料、教材等均属于华为专有信息。此类信息，尤其是华为的保密信息，使华为在市场竞争中占有优势。一旦华为专有信息未经授权泄露、被竞争对手或其他行业人员利用，华为将遭受严重损害。

3.2.3.1　华为员工必须遵守公司各项信息安全制度，未经授权不得披露公司的专有信息，也不得在从事华为业务外使用。无论专有信息是否本人开发，作为华为员工均应对华为专有信息承担保密义务，并且在离职之后也仍然负有保密的义务。

3.2.3.2　华为员工也应避免无意地泄露华为专有信息。为了避免无意泄密，员工不得和任何未经授权的人员讨论华为专有信息，在任何有未经授权人员的场合，不得谈论华为专有信息，如在交易会、机场等公共场所，或在使用移动电话、无线电及其他电子媒体或数据库时。在与家人或朋友谈话时，也应避免谈及华为的保密信息，因为他们可能在不知情或疏忽的情况下，向别人透露信息。

3.2.3.3　透露少量的保密资料也可能导致严重的泄密事件，因为所泄露的片段消息，可与其他来源的片段消息组合，构成完整的信息。

3.2.4　华为知识产权

华为的知识产权包括但不限于专利、商标、版权、商业秘密和其他信息。员工应遵守公司知识产权和信息安全政策，保护和合法使用华为知识产权。华为员工从事管理、技术、产品规划、程序设计、科学研究、培训教学或其他工作所获得的智力成果的一切权利与利益均归华为所有。这些智力成果包括但不限于：与华为现在或未来业务或研发有关的构想、发明、设计、计算机程序以及各种技术文件等，以及华为员工从事华为业务或代表华为时所产生的构想、发明、设计、计算机程序、技术文件等。如产生了上述智力成果，员工应向华为报告。

华为员工在被聘于华为期间：在开发新产品或服务、使用新产品或服务的名称之前，应确认是否存在知识产权问题；在申请专利前，应征询知识产权部门意见，并应将已申请或已取得专利的复本提交给知识产权部门；在配合公司知识产权部门完成专利申请之前，不得擅自介绍或披露有关新产品或服务的信息；如果员工认为该构想、发明、设计或计算机程序不在华为现在或未来的业务范围内，也不是从事华为工作而产生的，员工应该与知识产权部门讨论确定。

3.2.4.1　参加外部的与标准相关的组织。华为员工参加任何外部的与标准相关的组织和活动之前，必须获得相关管理层的批准，并应同时听从华为知识产权和标准主管部门的意见。参加与标准相关活动的员工须承担以下责任：了解并遵守华为和员工本人对与标准相关的组织的承诺及义务的责任；保护华为知识产权的责任，尤其是在向某个组织有所承诺或贡献时；避免任何利益冲突的责任。

3.2.4.2　开放源代码软件活动。参与或介入任何开放源代码软件活动的行为均可能导致与华为利益相冲突的问题或不恰当的转让、转移华为知识产权的问题。因此，任何员工在参与或介入开放源代码软件活动时，或希望使用开放源代码时必须向相关管理层和知识产权部门寻求指导，并遵守华为关于参与或介入开放源代码活动的规定和要求。

3.2.4.3　离开华为的交接。华为员工无论因何种原因离开华为，必须向公司移交所持有的所有华为财产，包括但不限于文件及任何含有华为专有信息的介质等，并且不得泄露或使用华为专有信息。在员工离职之后，华为仍将继续拥有员工在聘用期间创作所产生的知识产权。员工离职不能带走和使用任何华为公司的资产、文档、代码、技术和其他专有信息，即使这些资产文档、代码、技术和其他信息是该员工本人在华为期间所产生或创造的。

3.3　信息记录、报告与保存

华为员工应正确并诚实地记录和报告信息。每位员工都会制作某种记录并提交给公司。如产品工程师的产品测试报告、营销人员的销售报告、会计人员的营业收入及成本报告、研发人员的研究报告、客户服务工程师的服务报告等。

3.3.1　费用报销单是华为员工常用的一种重要报告。员工可报销公司制度许可范围内的花费，但必须是真实的、为业务而发生的费用。不得对任何未实际发生的费用，或任何非业务原因发生的费用进行报销。虚假报销是不诚实的行为，是绝对禁止的。

3.3.2　根据相关法律，华为必须对各种业务交易保存账册记录，这些账册记录必须真实、准确。禁止向管理层、稽核部门或审计人员提供不实报告。

3.3.3　对外提供财务报告、环境监测报告或其他提交给政府机关或由政府机关保存的文件时，或合同履行报告（尤其是对政府机构提供产品或服务）时，员工必须确保这些报告上没有错误、不实或误导的陈述，否则可能会为自身及华为带来民事甚至刑事责任。

3.3.4　华为员工应遵守华为记录管理的相关制度，正确保存及销毁所处理的文件。该制度适用于储存于任何介质上的信息，包含纸质文件或电子邮件等电子记录。

3.4　个人信息与个人物品

3.4.1　个人信息

华为及授权的员工将获得和保存与您受聘有关的个人资料。由于华为是一家全球性的公司，其业务流程、管理结构和技术系统是跨国界的，因业务开展需要，华为可能会将您作为华为员工的个人资料传递到华为有业务的国家。员工应认可这种个人信息的传递。这些资料将会严格限制在业务上有必要知悉的人员范围内使用。凡曾经接触员工个人资料的人员，非因业务需要并经相关管理层同意，不得将该资料透露给他人。

3.4.2 个人物品

凡属私人物品、留言或资料，都不宜存放于华为办公场所，如电话系统、办公系统、电子文件、办公桌、柜子、保密柜或办公室中。华为公司有权开启该设备以及华为提供的任何其他设备。为了保护公司的员工和公司资产，华为可以要求检查员工存放在办公场所的个人物品，包括摆放在华为办公场所或从该场所带走的公事包、手提包等。员工对此检查应予以配合。员工未经授权，不得侵犯其他同事的工作空间，包括电子文件等。

4.0 对外业务行为

华为员工从事华为的所有各项业务时，不论是采购、销售还是其他情形，都必须遵守商业道德及适用的法律。华为与其他组织、实体或个人有着各种关系，这些组织、实体或个人包括客户、经授权的业务伙伴、OEM 厂商、政府部门等。无论员工接触何种类型的组织、实体或个人，也无论这些组织、实体或个人与华为的关系如何，员工在从事对外业务时都应遵守以下准则。

4.1 代表华为对外做出承诺或签约的权限

华为的合同签署流程和授权机制是为保护华为资产及提供适当的管理控制，以使华为能有效地执行与客户、业务伙伴、供应商及其他第三方业务而制定的。任何华为员工不得在正当流程和授权外作出商业上或其他方面的承诺或约定。即华为员工在未取得相关授权之前，不得向第三人做出任何口头或书面的承诺，如达成新合同或修改现有的合同。

4.2 避免错误说明

建立在明确沟通基础上的诚信，是道德行为中不可或缺的部分，而由此产生的信赖，对维持稳定而持久的关系极为重要。员工在对外的业务交往中，不得向任何人士作错误说明或不实陈述。如员工认为别人可能存在误解，应立即更正。

4.3 与供应商交易

在选择供应商时，应毫无偏私地衡量所有决定因素，从公司最大利益出发选择最优供应商。无论华为员工在哪个部门从事采购工作，也无论采购量的多少，都应坚持公正原则。

4.3.1　不管华为员工的职位是否能影响供应商的选择与评估，不应运用或试图运用自身的影响力，使特定供应商得到"特殊待遇"。只要员工表露此意，就会破坏华为既有程序的公正。华为员工不应将交易交给关联供应商，特别是亲属拥有或管理的供应商。当员工的亲友与华为的某一供应商存在利益关系时，员工应主动申报并回避与该供应商的交易活动。

4.3.2　供应商的报价和其他资料，以及华为对这些资料的评估，均视为保密信息。如无华为管理层的书面许可，员工和离职员工均不得在华为工作以外运用这些资料。让供应商相信华为的选择过程是公正的，是十分重要的。

4.4　市场竞争

华为以积极进取的态度争取业务。员工从事华为的营销或服务活动时，公司要求员工参与市场竞争时，不仅要积极、有效，也要合法及符合商业道德。华为的政策是以产品或服务的优异特点来争取客户。华为员工在市场竞争中不应对竞争对手或其产品、服务进行错误或误导性陈述、影射，这种行为会引起客户和竞争对手的不满。与竞争对手或其产品、服务质量的比较，必须根据事实作出，且必须完整、正确。

4.5　与其他组织的关系

4.5.1　与竞争对手的业务接触

华为员工可能会时常与竞争对手碰面、交谈或参加相同的产业或协会有关会议。在遵照公司既定准则的前提下，华为员工可与竞争对手进行接触，包括出售产品给同业、向同业购买产品、参与共同投标及参加商业展览，或与建立标准有关的机构或贸易协会联系。

华为员工与竞争对手接触时，不应讨论定价政策、合同条款、成本、存货、营销与产品计划、市场调查及研究、生产计划与生产能力等，也不应讨论其他任何华为专有信息或保密信息。

与竞争对手讨论或就前述事项进行合作可能违反相关法律。如竞争对手论及其中任何一项，即使是轻描淡写或是无意提及，华为员工应立即反对并停止谈话，同时告诉对方不能谈论这些事项。如有需要，华为员工应离开该会议。

4.5.2 与政府部门或政府官员的关系

政府部门可能向华为采购产品或服务。在政府部门采购过程中，华为员工应了解和完全遵守有关政府采购的相关法律，不得违反。华为员工在业务开展过程中，不得向政府官员提供金钱，或任何可能导致被怀疑与该政府单位有特殊关系的礼品。

4.5.3 与新闻媒体、司法人员及其他各界的联系

除非获得公司相关主管部门的授权，华为员工不得接受记者、咨询顾问等人员的采访或访问，回答与华为有关的问题；未经授权，华为员工不得以公司名义在新闻媒体上发表意见、发布消息，也不得代表公司出席公众活动；当接到律师、司法人员、调查人员或其他执行人员的要求，需提供与华为业务有关的资料时，您应该将此要求转交华为法务部门处理；当接到政府官员或机构的请求，则应将其转交华为政府事务部门处理。

4.6 尊重他人知识产权

尊重他人知识产权是华为的重要政策。华为员工应了解并遵守业务所在国关于商业秘密、专有信息及其他知识产权的法律法规，尊重他人知识产权，避免因不当使用他人知识产权而导致的对个人或对公司的经济或刑事处罚。

4.6.1 他人所拥有的信息

其他公司和组织与华为一样，都有需要保护的知识财产，包括保密信息。为了业务开展需要，其他公司或组织可能愿意透露并同意他人使用自身的专有信息。如华为员工接受他人的专有信息，应谨慎处理，必要时向知识产权部门寻求指导，以免华为被控告非法或未经授权使用他人专有信息。华为员工未经第三方授权和经华为公司同意，不得将第三方专有信息或其他拥有知识产权的信息带入华为公司或用于华为公司的业务。对于华为与第三方签署的具有保密义务的信息，在华为工作期间及离职后均应遵守保密义务。

4.6.2 接受有机密性或有使用限制的信息

为避免华为被控非法或未经授权使用他人的保密或限制性信息，当华为员工合法持有该保密信息或限制性的信息时，均应谨慎处理。除合同条款允许范围外，不得使用、复制、散布或泄露这些信息。如华为员工认为所持有的信息可能是第三方的保密信息或有使用限制的信息，应立即向华为法务部门咨询。

4.6.3 获取他人软件

华为员工应确保所使用的第三方软件均经合法授权，并且在使用时遵守许可合同的条款规定。在接受他人软件、使用网络上的软件或资料或签订许可合同之前，必须遵守既定的流程，如请华为法务部门对许可合同进行法律评审；不得将为私人设备而取得的软件用于为华为开发的工作项目，也不得将其复制安装于华为的任何计算机系统中，也不可将它带进华为的办公场所。

4.6.4 使用他人商标

许多公司如同华为一样，都拥有自己的商标（包括文字、名称、标记或图样等），用来凸显与区别公司的产品或服务。商标包括注册商标和未注册商标。在业务开展的国家或地区，华为员工均应认知和适当使用其他公司的商标，确保根据商标所有人的商标政策使用其商标。如果您对如何适当使用商标有疑问，应该咨询华为知识产权部门。

4.7 馈赠与款待

不同公司所提供的礼品差异很大，小至可以接受的价值不高的宣传赠品，大至绝对不能接受或提供的贿赂。馈赠不仅是指物质，还包括服务、优惠和折扣。华为员工不得提供或接受超出一般价值的馈赠和商业款待。以下是华为员工应遵守的华为馈赠与商业款待的行为准则。

4.7.1 商业款待

华为员工可接受或向他人提供正常的、符合商业惯例的款待，例如餐宴等，但费用必须合理，且不为法律或已知的客户、商业伙伴、供应商的商业惯例所禁止。经常性地接受款待会影响员工代表华为的客观判断力。华为员工须谨慎处理外部的各种宴请和交际应酬活动，如果觉得某一邀请不合适，应拒绝或由员工自己付费。

4.7.2　接受馈赠限制

华为员工应该避免受贿或者使人怀疑受贿的行为。员工及家属不能接受可能影响与华为业务关系的任何赠礼。严禁直接或间接索取业务关联单位的礼物或利益。严禁接受任何回扣、佣金、小费等。在某些特殊情况下，员工因一时推脱不掉，而收到金钱或异于一般商业惯例的礼品，应马上报告主管，并上交公司。

4.7.3　不得收受介绍费、佣金或酬劳

在华为，只有被授权部门才能向客户或其他公司、组织推荐供应商或合作伙伴，如华为的指定经销商、协作厂商、软件公司或金融机构等。未经授权，华为员工个人不得推荐，更不得因推荐而接受介绍费、佣金或酬劳。

4.7.4　遵守馈赠的法律和习惯

公司要求员工遵守各适用国家关于馈赠、送礼的法律法规和习惯。员工不得向供应商、客户或任何组织的主管或员工送金钱或贵重礼品，以至可能影响或令人怀疑将影响其与华为关系。但提供符合法律及已知的客户业务惯例的、价值一般的礼品除外。

4.8　遵守法律

华为业务遍及全球多个国家，员工的国籍也各不相同。华为的政策是开展业务经营时遵守所在国家、地区或区域经济共同体的法律及国际商业惯例和认可的标准。这些法律、惯例或标准涉及投资、贸易、进出口、外汇、劳工、环境、合同、消费者保护、知识产权、会计、税务等各个方面。

4.8.1　竞争法规

在华为经营业务的许多国家，当地政府均有管制竞争的法律。华为的政策是遵守业务所在国家或地区的竞争法规。华为员工应遵守华为员工商业行为准则，遵守竞争法规的有关要求。如对竞争法规有疑问，应向华为法务部门咨询。

4.8.2　进出口法规

华为是一家全球性的公司，在世界上很多国家均有进出口业务。公司从事进

出口业务的华为员工，应了解和遵守适用的进出口法律法规、出口控制法律，不得有违反进出口法律法规的行为。不遵守进出口法律法规，会导致公司受到严厉处罚，包括罚款、丧失进出口权利，甚至被追究刑事责任。员工不能利用从事进出口业务的便利，夹带、走私物品，无论是公司物品还是个人物品。

4.8.3 环境保护法规

华为致力于环境保护，并遵守所有适用的环境保护法律法规。每位华为员工均应遵守环境保护法律法规及华为的环保政策，增强环保意识，养成良好的环保习惯，成为环境的保护者，而不是破坏者。如果华为员工的工作涉及环境保护，如负责测量、记录或报告影响环境的排放物，或处理有害废弃物时，必须遵守环保规定及许可，且确保所作的报告准确完整。

4.8.4 财务信息报告法规

每位华为员工应：遵守财务信息报告相关法律法规；如在财务报告方面负有相关责任或有任何介入，必须理解并遵守财务报告相关规则；不得帮助他人不适当地记账或做虚假、误导的财务信息报告；准确、完整地记录并报告所有信息，不得帮助任何人记录或报告任何不准确或有可能误导的任何信息；不得给华为之外的任何人（包括客户、供应商或合作伙伴）提供关于他们应如何记录及报告他们自己收入、支出、成本及其他资产和负债的意见。违反财务信息报告相关的法律法规将会导致罚款、惩罚或刑罚。如华为员工意识到有与财务信息报告相关的不适当的行为，应当按照华为的投诉渠道告知华为。

5.0 个人行为

华为员工在其生活的任何活动中，不得与其作为华为员工的责任发生冲突，不得滥用华为的资源或影响力，损害华为的良好声誉。

5.1 避免利益冲突

华为尊重员工的私人生活。然而，如果员工从事的活动损害华为的利益，或者利用华为的资源和影响来谋取个人私利，就会引发利益冲突。华为员工应该避免利益冲突的情形发生。以下列举几种常见的利益冲突情形，以帮助员工做决定：

5.1.1　不帮助竞争对手

协助华为目前或未来产品或服务的竞争对手，是一种明显的利益冲突。未经华为书面同意，华为员工不得在竞争对手任职、担任顾问、董事会成员或以其他任何方式为竞争对手提供服务，也不得向竞争对手提供信息。

5.1.2　不与华为竞争

华为员工个人不得以任何形式销售与华为现在或未来的产品、服务相竞争的产品或服务。如果员工不能明确判断所从事的活动是否会与华为利益相冲突，则应该在从事这些活动前，咨询直接主管或华为法务部门的意见。

5.1.3　不在华为供应商兼职

非经相关管理层批准，华为员工不得担任华为的供应商或华为供应商的代表，也不能为华为的供应商工作，或担任其雇员、顾问、董事或股东等。华为员工也不得因为向供应商提供有关华为业务的建议或服务而接受金钱或任何形式的利益。

5.1.4　恰当地使用华为的时间与资产

华为员工不得在华为办公场所或在华为上班时间内从事非华为业务相关的其他工作，也不得使用华为的资产（包括设备、电话、用品、资源及华为专有信息等）来从事非华为的工作。

5.1.5　不滥用华为影响

华为员工不应滥用在华为的职位或影响，去促进或协助自身或他人的活动。未经公司授权或批准，员工不得以华为公司名义或华为员工名义进行考察、谈判、签约、招投标、竞拍、为自身或他人提供担保、证明等相关业务活动。

5.1.6　不从事第二职业

从事第二职业可能会让员工难以专注于在华为的工作，容易影响职业判断，进而影响员工正确和勤勉地履行华为工作职责，也可能会占用工作时间或华为工作资源，因此通常情况下华为不允许员工从事第二职业。如果华为员工有这方面的问题或要求，应事先告诉直接主管并征得公司的同意。

5.1.7 个人经济利益冲突的处理

由于可能导致与华为利益的冲突，华为员工不得在与华为有业务交易或与华为有竞争关系的机构中享有经济上的利益。前述机构包括但不限于供应商、竞争对手、客户、经销商等。在某些情况下，员工的配偶或其他与员工关系密切的人是华为的竞争对手或供应商，或者受聘于他们。虽然每个人都有选择及发展事业的权利，然而上述情况会引起安全、保密和利益冲突的特殊考虑。这类密切关系可能使您无意中妥协而牺牲了华为的利益。如果员工存在上述情形，应告知您的直接主管，以评估问题的性质及寻求解决办法。在有的情况下，您和亲人其中一人必须改变职务。

5.2 不利用内幕消息及进行内幕交易

华为员工由于从事华为业务，可能会知悉或了解华为或其他公司尚未公开的内幕消息。华为员工及其家人不得利用华为或因工作原因知悉的其他公司的内幕消息谋取经济利益，因为这不仅是不道德的行为，也可能触犯法律。华为员工及其家属不得：利用华为或其他公司的内幕消息谋取经济利益；借他人名义进行投资，以规避禁止内幕交易的准则；向其他无关人员包括华为员工透露内幕消息。

5.3 政治活动或社区活动

员工参与政治活动或社区活动，可能会占用华为工作时间、利用华为的资产或资源；可能会影响其履行职务，影响其职业判断；可能会让人误解为是华为公司的行为，给公司造成影响。因此，华为公司应在商言商，员工未经批准不得参与政治活动，发表政治言论，不得以华为公司或华为员工的名义进行任何社区活动，如果因此给公司造成不利影响，员工应辞去在华为的工作，以免造成冲突。

5.4 个人行为约束

5.4.1 员工个人品德操守直接影响公司的形象与信誉，一个品行操守低俗的人，很难想象他在工作上能够担当重任，在与客户、同事相处时能够获得信任。华为员工不得有违反道德规范，或可能触犯当地法律，从而可能会使公司声誉遭受影响的个人行为。

5.4.2　华为员工可能因跨国出差经常会出入海关，因此应该了解并遵守各国对于走私、违禁品的法律规定，避免触犯法律。例如，在很多国家，携带象牙、钻石、动物毛皮、黄金等出入海关可能面临严重的刑事责任。

5.4.3　除遵守法律外，华为员工还应该了解和尊重所在国的宗教教义和习惯，避免冒犯有关宗教的要求。本人确认已经仔细阅读并完全知悉、清楚华为员工商业行为准则内，并将遵照执行。

姓名：

身份证件号码：　　　　　　工号：　　　　　　　　日期：

六、《华为合作伙伴行为准则》

（一）目的及适用范围

为了保障华为公司与合作伙伴的持续健康发展与良性循环，并建立与业务相适应的合规标准和道德要求，特发布华为公司中国地区部企业业务《合作伙伴行为准则》（以下简称《行为准则》）。

本《行为准则》适用于华为公司的所有合作伙伴及其员工、临时雇员、代理商和分包商等。华为合作伙伴，是指销售华为产品的任何一方，以及向华为提供产品或服务的任何一方。华为公司期望合作伙伴能够：①熟悉并遵守法律；②保持高标准的商业道德；③与华为公司共同成长。

（二）遵守法律

1. 一般法律遵从

合作伙伴应守法经营，遵从注册地、业务所在地适用的法律、法规等，遵从适用的国际法律和规则，确保不会因法律遵从问题而影响与华为公司的合作。

2. 劳工保护

合作伙伴应为自己的雇员营造健康的、有尊严的、公平的工作环境，同时确保员工不会因肤色、种族、性别、宗教、政治派别等因素而受到任何歧视或威胁。

3. 政府客户

合作伙伴应当注意，在与政府、公共机构或国有企业进行交易时，需要遵从所适用的政府采购及招投标法律。

4. 营销宣传及广告媒体

合作伙伴在进行营销宣传过程中，不得进行虚假陈述、夸大某产品功能，未经华为公司同意，不得对媒体擅自披露与华为公司的合作项目情况。

合作伙伴在对外的业务交往中，不得向任何人作错误说明或不实陈述。

5. 反商业贿赂

合作伙伴不得为获取、保留业务或者试图不当影响决策人的决策等目的对政府公职人员、政党团体、其他商业主体等直接或间接给予、承诺给予贿赂，或者收受贿赂，包括不得为获取不当或者非法利益而提供任何超标准、不恰当的礼品馈赠、商务招待、雇佣机会等。不得通过华为员工或第三方进行贿赂。

6. 反垄断及反不正当竞争

合作伙伴不得独自或伙同其他合作伙伴进行垄断市场或不正当竞争的行为，禁止行为包括但不限于：通过协议或共谋分割市场、固定转售价格、串通投标、捆绑销售、滥用市场支配地位等侵害最终用户权益的行为。

7. 网络安全

合作伙伴应严格遵守所在国家关于网络安全和个人数据保护的法律规定，不得侵害最终用户的通信自由和隐私权。

8. 出口管制

合作伙伴应严格遵守所在国家及包括美国在内的出口管制相关的适用法律、法规或决议，并严格遵守华为公司传递的出口管制义务。

（三）正当商业行为

1. 如实提供资料

合作伙伴必须保证向华为公司提供的一切材料都是真实、合法、有效的；如材料中涉及第三方保密信息，合作伙伴保证已经获得第三方授权。合作伙伴同时必须保证，其向华为公司所提供的所有信息，包括但不限于订单、销售报告、特价申请、返利、付款申请、公司重要事项变更等，都是真实、准确、完整的。

2. 禁止收入造假

禁止合作伙伴通过虚假项目、虚增客户需求、阴阳合同以及提供虚假签收单、虚假验收单等方式协助华为员工确认虚假收入、提前确认收入、故意延迟确认收入等。禁止合作伙伴通过任何形式伪造华为公司印章和公文函件。

3. 合法获取和使用竞争信息

合作伙伴不应以任何非法或违反商业道德的手段获取和使用他人的商业秘密或其他保密信息，包括但不限于以不恰当的方式从客户、竞争对手的雇员或者其他方收集或接收他们自有的或第三方的保密信息等。

4. 配合华为审计

合作伙伴不得隐瞒任何可能对华为公司利益造成影响的信息，为了确保合作伙伴严格遵守本《行为准则》，合作伙伴需要配合华为公司的审计。

5. 渠道政策及供货路径遵从

在当地法律允许的范围内，合作伙伴应严格遵守华为公司的渠道政策，包括但不限于渠道管理、渠道激励、供货路径等政策和规定，并认同华为公司对前述政策、规定的单方制定和最终解释权。

6. 禁止越权承诺

合作伙伴不得越权向最终用户、任何第三方承诺未经授权的事项，同时，如果合作伙伴发现有任何华为员工私自对其做出越权承诺时，应当直接拒绝并向华为公司举报。

因合作伙伴越权承诺或未拒绝华为员工私自越权承诺而造成的任何损失，应由该合作伙伴独立承担；给华为公司造成损失的，越权承诺的合作伙伴及华为员工应向华为公司进行赔偿。

为了有效杜绝越权承诺，合作伙伴应知晓并接受：华为公司将不会履行双方所签署的协议/订单内容以外的任何条款。

在项目投标过程中，即使华为公司在制造商授权函中承诺对授权的合作伙伴承担连带责任，华为公司仅按与合作伙伴的约定对其提供的产品承担产品责任，其他全部责任应由合作伙伴自行承担。

7. 禁止诽谤

合作伙伴应坚持诚信经营原则，不得诽谤、诋毁华为公司的商誉，同时也不得诽谤、诋毁竞争对手的商誉。禁止合伙伙伴对竞争对手或其产品、服务进行错误或误导性陈述。

8. 禁止贿赂华为员工

合作伙伴不得为试图获得不正当利益、保持与华为公司的合作等向华为员工行贿或输送不当利益，包括但不限于现金、有价证券及支付凭证等，同时禁止给予华为员工不合适的商业礼仪或馈赠，包括但不限于贵重物品、高价值文化礼品、旅游、高规格接待等。判断某商业礼仪或馈赠是否合适，应当考虑假如该礼仪或馈赠被当事人以外的社会公众知悉，是否会引起当事人的尴尬。

本条规定同样适用于华为员工的家庭成员及亲属。

9. 禁止关联关系

合作伙伴不得让华为公司在职员工及其家属参股。如果华为公司在职员工或其主要亲属正在为合作伙伴工作，或担任其雇员、顾问、董事、高管或者股东等，合作伙伴应当及时向华为公司报告。

若合作伙伴与某客户的股东、董事、总经理、其他关键决策人员或上述人员的亲属等存在法律上的关联关系，则在华为公司涉及该客户的项目中合作伙伴应予以回避。

10. 知识产权及保密信息

合作伙伴应当尊重华为公司的知识产权，同时，未经允许不得披露在与华为公司正常交易过程中获得的保密信息。

（四）合规管理

1. 建立合规体系

华为公司鼓励合作伙伴建立自己的合规管理体系，以确保合作伙伴更好地遵从当地法律、履行正当商业行为以及遵守华为公司的政策。

2. 传递华为准则

合作伙伴应当将本《行为准则》传递给下一级合作伙伴，或者制定不低于本《行为准则》标准的类似规范文件。

3. 严格约束员工

合作伙伴应当严格约束自己的员工，遵守合作伙伴内部制定的商业行为准则，并督促员工同时遵守本《行为准则》。

（五）结束语

1. 违反准则后果

任何合作伙伴违反任何上述行为准则，都将会影响其可能享受的激励计划，或者被华为公司直接终止合作。同时，华为公司保留向合作伙伴追究其因违反本《行为准则》而给华为公司造成的全部损失的权利。

2. 版本更新

为了使合作伙伴以及更多潜在的合作伙伴了解本《行为准则》，华为公司将在官方网站中公布（网站：http：//enterprise. huawei. com/cn/partners/index. htm? tabs = 1）。与此同时，华为公司保留随时进行进一步补充、修订的权利，以网站上更新的版本为准。

3. 投诉路径

如果合作伙伴对本《行为准则》有任何疑问，或者基于善意及合理怀疑发现任何违反本《行为准则》的行为，请反馈至如下电子邮箱：Tell_ EBBG@ hua-wei. com 或 BCGComplain@ huawei. com。为了保障合作伙伴利益，请实名反馈上述疑问或可疑行为，华为公司只对实名举报案件进行立项调查。

4. 华为承诺及提醒

华为公司郑重承诺，华为公司将对实名举报人的个人信息严格保密，切实保障实名举报人的合法权利，严禁任何人对实名举报人进行任何直接或间接的歧视、刁难、压制或打击报复等行为。

华为公司提醒实名举报人员，请保证反馈信息的真实性和准确性，如有必要，请您协助华为公司针对您所反馈信息进行的内部调查与核实。如果反馈信息属于明显的误导性恶意诽谤，可能会导致华为公司立即终止与您的合作。

七、《华为供应商社会责任行为准则》

华为是全球领先的信息与通信技术（ICT）解决方案供应商，消除数字鸿沟，促进经济、环境和社会的和谐与可持续发展是华为一直以来的可持续发展愿景。为此，华为不仅支持联合国可持续发展目标的实现，还同时与供应链上下游的客户和供应商密切合作，致力于构建一个可持续的、更美好的全连接世界。

《华为供应商社会责任行为准则》（下称"本准则"）根据客户要求，参照《责任商业联盟行为准则》（*Responsible Business Alliance Code of Conduct*）、《电信行业供应链可持续指南》（*JAC Supply Chain Sustainability Guideline*），结合华为供应商 CSR 审核及认证标准拟制。华为公司要求供应商必须遵守其经营所在国家/地区的所有适用的法律法规，并以此作为与华为合作的前提条件。华为公司鼓励供应商采用国际认可的行业标准和行业最佳实践，持续提升 CSR 管理水平。

在合理通知的情况下，华为有权对供应商的现场进行审核，以评估供应商对本准则遵守的情况。华为将 CSR 纳入采购业务全流程，包括物料认证、供应商的认证、选择、日常管理、绩效评估、退出的全生命周期管理，将 CSR 纳入供应商的绩效考核。对于 CSR 表现好的供应商，华为公司在同等条件下提高采购份额，优先提供业务合作机会；对于 CSR 表现差，尤其是违反 CSR 红线要求的供应商，华为公司要求限期整改，同时降低采购份额或限制业务合作机会，直到取消合作关系。

本准则适用于向华为投资控股有限公司及/或其子全球范围内的子公司、关联公司（统称"华为"）提供产品及/或服务的供应商。此准则适用于所有员工，包括临时工、外籍劳工、学徒工、学生工、合同工、直接雇员和其他类型的工作人员。

本准则包含五个部分：劳工权益、健康和安全、环境保护、商业道德以及管理体系。

1. 劳工权益

1.1　自由择业

供应商必须确保所有员工纯属自愿被雇用。供应商不得雇用任何形式的奴隶（包括现代奴役劳工）、强迫劳工、抵债劳工、被贩卖人口或监狱劳工。供应商不得限制人身自由，不得扣留身份证明文件，不得贩卖人口，包括不得通过威胁、强迫、强制、诱拐或欺骗方式运送、窝藏、招聘、转移或接收此类劳工或服务。员工不得被要求向雇主或代理支付押金、招聘费或其他费用。

1.2　童工和未成年工

1.2.1　供应商应遵守所有适用的当地和国家的有关最低工作年龄的法律法规，不得使用童工。"童工"按以下顺序定义：

（1）低于国家/地区的最低就业年龄的人；或在无相关法律规定的情况下；

（2）低于完成义务教育年龄的人；或在无相关法律规定的情况下；

（3）未满 15 周岁的人。

1.2.2　年龄低于 18 周岁的未成年工不得从事可能危及其健康或安全的工作。

1.2.3　供应商应按照适用的法律法规要求保护学生工或学徒工，尤其是可能出现的童工和未成年工。

1.3　工作时间

供应商应遵守所有适用的与工作时间及休息相关的法律法规，所有加班必须自愿。标准工作周（不含加班时间）应当根据法律确定但不可以超过 48 小时，并且每周的总工作时间不得超过 60 小时。员工每连续工作 6 天应至少有 1 天休息时间。

1.4　薪资福利

供应商向员工支付的薪酬应符合所有适用的工资法律，包括有关最低工资、加班工资和法定福利在内的各项法律。供应商应足额、按时向员工本人支付工资并提供清晰易懂的工资单。

1.5 人道待遇

供应商不得使用暴力,包括但不限于言语侮辱、威胁、体罚、性骚扰或肉体胁迫员工,不得非法搜身或异性搜身,亦不得威胁实施此类行为。

1.6 非歧视

供应商不得因人种、肤色、年龄、性别、性取向、性别认同和性别表现、种族或民族、残疾、怀孕、宗教信仰、政治派别、社团成员身份、受保护的基因信息或婚姻状况等在聘用、薪酬、升迁、奖励、培训机会、解雇等用工行为中歧视员工。不得要求员工或准员工接受可能带有歧视性目的的医疗测试或体检。

1.7 自由结社

供应商应根据当地法律,尊重所有员工自愿组建和加入工会、进行集体谈判与和平集会以及拒绝参加此等活动的权利。供应商应建立有效的劳资沟通机制,定期与员工或员工代表沟通。员工和/或其代表应能与管理层就工作条件和管理实践公开交流沟通并表达看法和疑虑,而无须担心会受到歧视、报复、威胁或骚扰。

2. 健康和安全

供应商应提供安全和健康的工作环境。杜绝任何严重危及生命安全或健康的工作条件,防范任何重大火灾或爆炸事故发生,防范作业现场发生致命事故。

2.1 工作条件

2.1.1 供应商应取得、维护并更新所有必要的健康和安全许可,并遵守这些许可的相关规定。

2.1.2 供应商应识别、评估可能存在的职业健康安全风险(包括消防、工业卫生、强体力型工作、机器防护等),通过消除危害、替代、工程控制、预防性维护和安全工作流程(包括上锁/挂牌),来消除或降低风险,必要时,提供适当的个人防护用品。此外,还应采取适当的措施保护女工,尤其是孕妇和哺乳期女工的安全健康。

2.1.3 供应商应制定必要的程序和体系以预防、管理、跟踪和报告工伤和疾病，并实施纠正措施以消除影响，帮助员工重返工作。

2.1.4 供应商应采用当地语言向员工提供适当的健康与安全培训，在工作场所张贴健康与安全相关信息。

2.2 生活条件

供应商应为员工提供干净的卫生间设施和饮用水，必要时提供干净卫生的食物、储藏与用餐设施。员工宿舍应保持洁净安全，以及合理的生活空间。

2.3 应急准备

供应商应识别并评估可能发生的紧急情况和紧急事件，包括但不限于火灾、爆炸、致命事故、集体中毒等，并通过实施应急方案及应对程序，包括：紧急报告、现场急救、通知和撤离程序、定期训练与演习和复原计划等，最大程度降低对人身、环境和财产的影响。

2.4 绝对规则

供应商应遵从以下安全规则，确保所有员工全面了解并遵从，同时监督其执行：

2.4.1 高空作业：

（1）除非经过适当的培训并取得相应资质，绝不从事任何高空作业；

（2）高空作业时始终穿戴适当的个人防护装备；

（3）绝不在吊装物下行走或站立；

（4）高空作业时绝不抛掷工具或其他物品。

2.4.2 驾驶作业：

（1）驾驶或乘坐车辆时始终系好安全带；

（2）驾驶过程中绝不使用手提电话；

（3）绝不超速行驶；

（4）绝不疲劳驾驶。

2.4.3　带电作业：

除非经过适当的培训并取得相应资质，绝不从事带电作业。

2.4.4　酒精或药物：

绝不在酒精或药物影响期间工作。

3. 环境保护

3.1　环境许可与报告

供应商应获取、维护并更新所有必需的环境许可证（如排放监测）、批准文书及登记证，并遵守其关于运营和报告的要求。

3.2　产品环保要求

供应商应遵守所有适用的有关禁止或限制性物质的法律法规和客户要求，如ROHS、REACH 等，采取有效措施禁止或限制在产品中或/和制造过程中使用特定的物质。

3.3　预防环境污染

供应商应遵守所有适用的有关污染物（包括废水、废气、固体废物）的法律法规，包括相关的制造、运输、存储、处理和排放等方面的要求，从源头上降低或消除污染的产生和排放，禁止违法排放有毒有害污染物，预防噪声污染。

3.4　节能减排

供应商应采取节约和替代措施，降低对能源、水、自然资源的消耗，以减少温室气体排放。

4. 商业道德

4.1　诚信廉洁

禁止供应商发生腐败和不诚信事件，做到"不关联、不行贿、不以次充好、不偷工减料、不弄虚作假、不商业欺诈、信守承诺"，即"六不一守"。详见《诚信廉洁承诺书》/《诚信廉洁协议》。

4.2　知识产权

供应商应尊重知识产权，应以保护知识产权的方式进行技术、经验、知识或信息的转让，且应保护客户信息。

4.3 公平交易、广告和竞争

应秉持公平交易、广告和竞争的标准。必须以适当的方式保护客户信息。

4.4 身份保护和无报复政策

除非法律明令禁止，应制定程序以保护上游供应商和员工举报者并确保其身份的机密性和匿名性。供应商应制定沟通程序，让员工能够提出疑虑而无须担心遭到报复。

举报者：是指揭发某公司的某位员工或官员，或者某公务人员或官方机构的不当行为的任何人。

4.5 负责任的矿物采购

供应商应承诺并采取合理的行动，防止其产品中所含的钽、锡、钨、金和钴等金属的开采和贸易以直接或间接的方式助长非法武装冲突，或支持侵犯人权、危害环境、存在健康安全隐患的行为。供应商应对这些矿物的来源和产销监管链进行尽职调查，并按照法规或客户要求提供所采取的尽职调查措施。

4.6 隐私

供应商应承诺保护所有业务相关人员，包括供应商、客户、消费者和员工的个人信息的合理隐私期望。供应商在收集、存储、处理、传输和共享个人信息时应遵守隐私和信息安全法律及法规要求。

5. 管理体系

5.1 公司承诺和管理责任

供应商高层管理应用当地语言发布企业社会责任政策声明，应承诺遵守适用的法律法规，承诺满足客户要求，承诺遵守本准则的要求，并承诺持续改进。

供应商应明确指定一名高层管理者负责企业社会责任，识别和控制风险，定期进行内审和管理评审，建立内部考核问责机制，推动持续改进。

5.2 风险评估与风险管理

供应商根据适用的法律法规及客户要求（包括本准则的要求），识别与供应商运营相关的企业社会责任风险和可能的影响，根据风险的相对重要程度，实施适当的程序和实质控制措施，以控制和最大程度降低风险、消除影响。

5.3 对上游供应商管理

供应商应建立采购 CSR 管理体系，将本准则要求作为采购要求纳入上游供应商管理，包括要求上游供应商签署书面承诺，作为上游供应商选择认证标准，定期审核，确保持续合规、推动持续改进。

5.4 内部审核和管理评审

供应商应定期审核自身工厂及其上游供应商，以确保符合法律和本准则的要求。供应商高层管理者应定期评审自身及上游供应商的社会责任管理体系，以确保其持续的适宜性、充分性和有效性。

华为保留对本准则的解释权。

八、《华为公司可持续发展报告 2017》

华为投资控股有限公司（以下简称"华为""公司"或"我们"）主动向社会公众报告公司的可持续发展状况，让全社会了解、监督华为的可持续发展工作。自 2008 年起，华为每年向社会发布可持续发展报告以披露华为的可持续发展理念和实践，促进华为与利益相关方以及社会公众之间的了解、沟通与互动，实现企业的可持续发展。

本报告的组织范围涵盖了公司对财务和运营政策及措施有控制权或有重大影响的所有实体，并与公司年报所覆盖的范围一致；除非有特殊说明，本报告描述报告期间内（2017 年 1 月 1 日至 12 月 31 日）华为总部和所有分支机构在经济、环境和社会方面的全球运营情况，所用数据来自华为的正式文件和统计报告。

本报告参照全球报告倡议组织（Global Reporting Initiative，GRI）*GRI Standards* 核心"符合"方案进行编写，为了保证报告的可靠、公正和透明，公司聘请了外部审验机构 BV 对报告进行审验并出具独立的审验报告。

作为独立的可持续发展报告，本报告于 2018 年 7 月以中、英文版同时发布（上期报告于 2017 年 6 月发布），分为印刷版和电子版，如需在线浏览或下载本报告，敬请访问：www. huawei. com。

如对本报告有任何建议和意见，请通过以下方式与华为联系：

电话： +86 - （0）755 - 28780808

电子邮箱： sustainability@ huawei. com

1. 可持续发展管理

包括可持续发展管理、商业道德与诚信、利益相关方参与。概览内容如下：

（1）开展 CSD 成熟度评估（SMA）：2017 年，华为 CSD 评估覆盖公司主要业务部门，评估结果经过第三方验证，较 2016 年持续提升。

（2）坚持合规运营：2017 年，华为持续优化区域合规监管体系，并通过海外子公司基本制度的建设，夯实子公司法人维度合规管理基石。

（3）知识产权保护：截至 2017 年 12 月 31 日，累计共获得专利授权 74307 件。华为累计申请中国专利 64091 件，外国专利申请累计 48758 件。其中 90% 以上专利为发明专利。

（4）持续强化反腐败和反商业贿赂管理体系建设：华为要求所有员工学习、签署并遵从《华为员工商业行为准则》（BCG）。2017 年，员工 BCG 签署率 99.5%；同时华为向合作伙伴传递反商业贿赂相关要求，要求合作伙伴学习和签署诚信廉洁协议。

（5）利益相关方参与活动：2017 年，华为开展了多场利益相关方参与活动，了解其观点、诉求和期望，及时有效地做出回应。例如华为联合 CSR Europe 召开了第三届可持续发展大会，以合作伙伴的身份参加了第十一届 CSR ASIA 峰会，与英国电信投资 2500 万英镑成立剑桥研发小组。

（6）可持续发展倡议：华为当前已经是联合国全球契约（UNGC）、联合国宽带委员会、全球电子可持续倡议组织（GeSI）、负责任的商业联盟（RBA）、CSR Europe 等组织成员。

2. 可持续的产品和服务

包括绿色产品与服务、循环经济、创新促进可持续发展、网络安全和隐私保护。概览内容如下：

（1）高能效产品和解决方案：NE9000 骨干路由器以业界领先的高能效获得 Interop Carrier/ISP Networking 领域银奖。

（2）TubeStar 创新节能站点：TubeStar 解决方案赢得"绿色移动奖"（Green Mobile Award）。

（3）绿色产品认证：5 款手机通过了 UL110 最高等级金级绿色认证；3 款笔记本电脑、7 款服务器获得能源之星认证。

（4）助力 BT 节能减排目标实现：在 NGA2.0 项目的 5 年周期内，可实现 CO_2 排放量平均减少 11% 和能源消耗减少 8%。

（5）提高网络设备产品再利用率：2017 年华为产品再利用率达到 81.2%。

（6）开展消费类产品回收中心建设：已覆盖全球 48 个国家和地区，回收站点总数达到 1025 个。

（7）创新促进世界可持续发展：积极在 5G 方面投入和创新，助力全球经济走上更可持续的发展道路。

（8）网络安全标准贡献：安全技术标准方面华为持续取得显著成绩：贡献 3GPP SA3 安全标准提案 186 篇。

（9）开展全员隐私保护培训：开展全员培训，营造全公司范围内的隐私保护意识教育和文化氛围。

3. 可持续的运营

包括关爱员工、安全运营、绿色运营、可持续的供应生态链。概览内容如下：

（1）海外员工本地化率：华为在海外聘用的员工总数超过 3.5 万人，海外员工本地化率达到 70%。

（2）全球员工保障投入：全球员工保障投入 126.4 亿元人民币，较 2016 年增加约 12%。

（3）采购 9.32 亿度清洁能源电量：华为采购 9.32 亿千瓦时的清洁能源电量，将实现碳减排逾 45 万吨。

（4）ISO50001能源管理体系认证：华为深圳园区顺利通过ISO50001能源管理体系认证。

（5）太阳能电站建设：华为在东莞和杭州建成19.3MW太阳能电站，年度发电1700多万度，碳减排1.5万多吨。

（6）落实温室气体减排目标：2017年，单位销售收入二氧化碳排放量为3.11吨/百万元人民币，温室气体排放强度较基准年下降9.3%。

（7）第三方全球EHS审核：2017年，专业第三方对全球4100多个站点进行EHS现场审核。

（8）负责任钴供应链管理：开展钴供应链调查，并发布《华为负责任钴供应链声明》。

（9）供应商可持续发展大会：召开主题为"CSR/可持续发展创造商业价值"的第八届全球供应商大会，逾210名供应商高层代表出席。

4. 可持续的世界

包括消除数字鸿沟、保障网络稳定运行、促进当地社区发展。概览如下：

（1）RuralStar 2.0创新农网：华为联合泰国、加纳、尼日利亚和墨西哥等8个国家和地区的12家运营商成功部署RuralStar 2.0创新农网解决方案，用移动信号助力偏远地区经济发展。

（2）WTTx让人人享有宽带成为现实：WTTx解决了传统固网在人口密集的城市地区和人口稀少的农村地区面临的"后一公里"接入问题，使得接入成本降低75%。

（3）智慧城市解决方案：华为智慧城市解决方案已经服务全球40多个国家和地区，120多个城市。

（4）华为ICT学院：来自58个国家和11个地区超过55000名学生参加了华为ICT学院项目，其中12000多名学生通过了华为认证。

（5）保障客户网络稳定运行：2017年，华为支持客户1500多张网络的稳定运行。

（6）重大事件/自然灾害保障：保障全球近 200 个重大事件/自然灾害中的网络稳定，如墨西哥地震、沙特麦加朝觐等。

（7）开展社区公益活动：2017 年华为在全球 100 多个国家和地区开展了 200 多个社区公益活动。

（8）"未来种子"项目：截至 2017 年底，华为未来种子旗舰项目已经覆盖 108 个国家和地区，为社区培养 ICT 人才。

（9）年度最佳 CSR 项目奖：在阿联酋举办的第十二届 CommsMEA Awards 颁奖典礼上，"未来种子"项目荣获"年度最佳 CSR 项目奖"。

后　记

写完书稿，越发感受到了"逻辑地"思考企业伦理的不容易。

主要原因之一是因为企业伦理是灰度的。伦理不像相对明确的信仰、法律或者科学技术，假定你笃信某种宗教时，假定你身处某个法律管辖范围之内时，假定你用实验证明了科学技术成果时，白就是白，黑就是黑，真就是真，假就是假。但伦理更像是假作真时真亦假，白为黑处黑还白。

正如保罗·格里斯利所说，我们经常遇到这样的状态：我们经常不能真正理解自己的伦理观；忠诚并非总是最好的原则，有时候它甚至根本就做不到；对良好的行为予以奖赏会侵蚀一个人的价值观；道德标准是僵硬的东西，用于管理是靠不住的；"企业伦理"作为一套理念，几乎总是产生相反的效果。

尽管不像保罗·格里斯利说得那么极端，但在我们的调研中，确实发现人们只关心几十条伦理准则中的一两条，甚至根本就漠不关心。大庭广众之下，人们会喊出几条口号，私下基本上只关心和自己利益相关的东西。人们多是对别人提出伦理要求，对自己则缺少自律；人们很少按照提倡的做，大多只是按照考核的做。所以，企业就尽量把伦理准则规定得详细一些，尽量往制度规定和法律上靠，并通过具体的仪式进行落实。社会也倾向于把伦理要求纳入法律规定，比如赡养老人的传统道德成为在经济上供养、生活上照料和精神上慰藉的法律义务。

主要原因之二是因为企业伦理是复杂的。就像封面的超立体的三维投影图，花了不少时间才勉强画了出来。我的研究可能有六个阶段：第一阶段研究企业线性成长的《企业成长论》；第二阶段研究一分为二的《矛盾管理学》；第三阶段研究实践—经验—思考—理论循环的四象《现代管理理论》；第四阶段研究《成长的逻辑》中的成长八卦图；第五阶段研究《文化的逻辑》中 4W1F1H 的动态周易法；第六阶段研究《伦理的逻辑》的超立体框架。认知在深化，思考在复杂，表述在升维。

伦理管理虽然很复杂，但也只是企业管理中的一个部分，企业管理比伦理管理更为复杂。由此我们感叹企业管理的成功有多么的不容易，甚至我们不得不说企业的成功包含了较大比例的运气、命或偶然的因素。

但我们不是毫无可为，我们可以也能够找到方法来正确看待和有效处理伦理问题。

第一，如何正确看待伦理问题，可能需要"四原则"。一是不无视伦理，二是不惧怕伦理，三是不以伦理为荣，四是要正视和积极管理伦理。

不以伦理为荣，需要做个解释。你或你的企业认可或坚持的伦理观和行为，只是多种伦理中的一种，可以在客户、求职者等相关利益群体询问时做出说明，但不必大张旗鼓地宣传，有人批评时也尽量不去反驳，更不必贬低其他人或企业的不同伦理观和行为。

第二，如何有效地处理伦理问题，可能需要"四学会"。一是学会框架性思考，二是学会流程化推动，三是学会焦点式解决，四是学会循环式改进。换句话说就是，升维思考，降维行动，零维解决，换维前进。

第三，后置伦理判断。遇到事情不要一上来就进入对错、好坏、善恶的伦理判断，而要先把时间用于关注事实本身。比如花就是花，不要马上进入"你喜欢不喜欢的花"的情绪判断；人就是人，不要马上就进入"好人还是坏人"的伦理判断；财富就是财富，不要马上进入"财富是道德的累赘"的负面判断；等等。也就是采取事实判断先于伦理判断的思维模式，甚至只做事实判断的思维模式。

　　伦理问题介于信仰和法律问题之间，伦理方法可能介于逻辑和非逻辑之间。这叫什么？是半逻辑，灰逻辑，还是超逻辑？理解伦理需要逻辑，需要灰度，还需要悟性。社会正在走向虚拟，新闻与小说已经分不清，事实与虚构已经模糊，虚拟现实也是现实，何况伦理。伦理判断是灰度的，分类边界更不清楚，程度测量更不准确，而且更是易变不确定的。

　　你越是把伦理视作黑白分明，你越是高调提倡某种伦理，你会找到更多自己的朋友，但同时你也会树敌越多。不同伦理问题的处理方法是：只须确认，不须讨论；只须照办，不须解释。这和企业文化问题、政治问题的处理方法有些接近。

　　祝您德高！祝您望重！祝您命好！祝您成功！

杨　杜

2019 年 10 月 28 日